像FBI一样能读懂别人

张宏大◎编著

XIANG FBI YIYANG NENG DUDONG BIEREN

中国商业出版社

图书在版编目(CIP)数据

像 FBI 一样能读懂别人 / 张宏大编著.—北京：中国商业出版社，2011.6

ISBN 978-7-5044-7292-2

Ⅰ.①像…　Ⅱ.①张…　Ⅲ.①心理交往—社会心理学—通俗读物　Ⅳ.①C912.1-49

中国版本图书馆 CIP 数据核字(2011)第 072637 号

责任编辑　唐伟荣

中国商业出版社出版发行

010-63180647　www.c-cbook.com

（100053　北京广安门内报国寺 1 号）

新华书店总店北京发行所经销

浙江云广印业有限公司印刷

*　*　*　*　*

710×1000 毫米　16 开　21.75 印张　270 千字

2011 年 11 月第 1 版　2011 年 11 月第 1 次印刷

定价:32.80 元

*　*　*　*

(如有印装质量问题可更换)

前 言

在社会竞争越来越激烈的今天，不管是生活还是工作，我们将会接触到越来越多的人，也会与各种形形色色的人打交道，这就要求我们能够识人、识才，正所谓：读万卷书，不如行万里路；行万里路，不如阅人无数。只有那些懂得观察并且快速读懂别人的人，才能够更好的与人相处，才能在生活和工作中获得成功。

由于社会的复杂，人心的变幻莫测，导致了人与人之间的距离越来越远，已经有太多的事例都在告诫人们“不要与陌生人说话”，于是很多人的设防心理也就愈加严重，而“与人交往”、“读懂一个人”就成了一件看似简单实则却是非常困难的事情。当虚伪的人和恭维的话越来越多，我们如何能练得一双慧眼，如何能洞察人心，如何像 FBI 一样，能够轻松的读懂别人呢？

也许你会说，看人谁都会看。但真正能读懂别人的又有几个呢？如果想要完全读懂一个人，就必须要做很多的“功课”。最关键的是要培养出一双独特的慧眼，能够识破别人虚伪的面具、隐蔽的动作，以及那些违心的语言背后究竟隐藏了什么等等。如果想要尽量不被别人制造出的假象所迷惑，就应该学会如何洞悉人性，看清楚潜藏在人们行为背后的真实动机是什么，并能够预知到你的言行可能会带来的反应与后果，这样才可以在人际的迷宫中自由穿行。那么，在这里首先要做的就是在身处混乱的人际社会中时，懂得察言观色，从对方每一个小动作中去看这个人的整体究竟是怎样，以此来推测

出他内心的真实想法。

很多时候，会不会看人，几乎成了是否能够成就一番事业的关键所在。即便是那些已经阅人无数，并且眼光如矩的商界精英们，也不得不把大量时间都花在看人上，担心一不留神自己会因为看走眼、用错人而导致全局的失策。某心理学家曾经这样说：“看人，进而懂人，也是在让别人懂你。这样不仅可以避免看错人，也可以避免被伤害、被欺骗，同时还可以避免伤害到别人。”

看人，变成了需要我们用一生去做的一门功课，更是需要用心去品味的一门学问。本书教你如何通过一个人的容貌和肢体语言等去了解和读懂一个人，教你在生活和工作中如何练就一双慧眼，传授你高超的看人、识人，以及处世技巧，教你如何像 FBI 一样读懂别人。

让我们跟随本书一起去揭开人类神秘的面纱吧！

目 录

第一章 别装了！我知道你心里在想什么

如果你看不懂别人的心，你也许会失去机会，得罪别人，错交朋友，办砸事情。所以，懂得看透人心是一项很重要的处世智慧。当你看透了人心，你就能在工作和生活中左右逢源，铺筑通往成功的捷径！

第二章 人可貌相，观其表象而知其人

俗话说："观人于细，察人于形！"事实也正是如此，世界上有善良的人，也有残忍的人，同样也有很多不可理喻的人。也可以说，人是一种非常复杂并且很难懂的动物。然而，虽然人很复杂，但并不是说就是不可识别的。毕竟，世上任何事都是有迹可循，并有端倪可察的，人自然也不会例外。很多时候，一个人的外在表现其实就是内心情感的一种流露。只要你能够留心观察，你自然就能够练

就“一眼望穿”的高超识人技巧。

第三章 习惯看人，你的动作出卖了你的心

习惯，往往是一个人思想无意识的表达。习惯的力量又是无比巨大的，它甚至可以决定一个人的思维方式和行为方式。也就是说，有什么样的思想，什么样的行为，久而久之，自然就会形成一种无意识的习惯思维。那么，如果你想彻底看懂一个人，从他的习惯入手，自然就会了解得更多。

第四章 言为心声，听懂话语中的表情

第五章 知"心"朋友，快速洞察他人内心世界

第六章 认清小人，揭穿披着羊皮的狼

面对人性的复杂、自私，以及贪婪，在社会生活中就会出现小人这一角色。有多少人都是遭遇小人而有苦无处诉。面对小人当道，会让你防不胜防。这就需要你能够从蛛丝马迹开始，从小人的惯用伎俩入手，去一步一步识破小人的真实面目，揭开他们的神秘面纱。

第七章 看穿对手，把握人生的发球权

如果你有看穿对手的本事，就意味着你可以掌握他人的长短优劣，辨人于弹指之间，察其心而知其人；观人于咫尺之内，识其言而审其本，潇洒自如地辗转于人生的竞技场中，把人生的发球权紧紧掌握在自己手中！

第八章 读懂上司，让晋升水到渠成

同样在职场拼命，有的人青云直上，步步高升，甚至很快就能成为企业的高层管理者；但更多的人依旧是“当一天和尚撞一天钟”，随波逐流、碌碌无为。两者天差地别，原因是什么？其实，晋升的关键就在于你能不能得到上司的赏识，这对于你的职业生涯很重要。因此，读懂上司，你才能步步高升！

第九章 洞明同事，他是你的“最佳拍挡”

人生一世，与你的生命轨迹发生交叉的人能有多少？作为上班族，每天大部分的时间都是和同事在一起度过的，假如可以把同事变成朋友，而你又可以通过对方的人际关系认识更多的人，这样一来你的人脉网就会得到更好的充实。和同事在一起，不但有共同语言，而且能增加沟通和了解，提高工作效率。读懂同事，你就能收获工作带来的惊喜！

第十章 辨识贵人，你不是一个人在战斗

有贵人相助是人生的一大幸运，就连算命先生在发售各式“定心丸”时，都拿“命中有贵人”当个灵丹妙药。一个人能够抓住身边的贵人，是获取成功的捷径之一。假如你能得到贵人的帮助，你就会发现，成功其实并不是不可企及！

第一章

别装了！我知道你心里在想什么

如果你看不懂别人的心，你也许会失去机会，得罪别人，错交朋友，办砸事情。所以，懂得看透人心是一项很重要的处世智慧。当你看透了人心，你就能在工作和生活中左右逢源，铺筑通往成功的捷径！

1.教你如何看透一个人的心

现代人的社会关系异常复杂，扑朔迷离，很难认识，人们通常很喜欢知人知心、坦诚相对的人，却极其讨厌口是心非、虚情假意的人。常言道“画虎画皮难画骨，知人知面不知心”，这就告诉我们，认识一个人很容易，了解一个人却很难。当下的社会十分复杂，正所谓人心难测、海水难量，社会复杂的关键是人心的复杂，正是不同的人组成了这个复杂的社会，所以要想认清这个社会，就要先看清这个世界的芸芸众生。

人心难测也可测

常言说得好，“路遥知马力，日久见人心”。但有些人，我们可能用一辈子的时间，也未必能够真正地了解这个人，特别是在这个快节奏的社会里，什么样的事情都可能发生，可能你和一个人昨天还称兄道弟，今天可能就拔刀相向；上午还勾肩搭背，下午就形同陌路。人与人之间，难得知心相交更遑论生死之交了。人们常说的一句话就是：江湖险恶，人心难测。但是，只要你留心，人心难测也是可测的，什么事情都不是我们想象的那么绝对的。在这个世界上，方法总比问题多。

南北朝太子萧统就是被小人陷害含冤而死的。鲍邈之是太子身边一个太监，深得太子信任，一次太子为病故的母亲做“生忌”，就

派鲍邈之守夜，不料他擅离职守被太子发现。太子念往日对他的信任就没治他的罪，但是却疏远了他。谁知这小太监不知恩图报反而对此耿耿于怀，他得到消息皇上身体欠安，便借此诬告太子请道士做法诅咒皇上早日归西，企图篡夺王位。太子蒙冤，百口莫辩，悲愤交加，不久便撒手人寰，时年31岁。此太子便是编著《昭明文选》的昭明太子，想不到竟死在如此卑鄙的小人之手。

昭明太子的宽厚仁慈却遭小人陷害，可见，就算心肠再好，遇到不知好歹的人，不但得不到别人的感激，反而会被报复。萧统堂堂一国太子被小人设计陷害，不是因为自身愚钝无能，否则也不可能会有《昭明文选》的流芳百世，只是因为一些卑劣之辈用心叵测，令人防不胜防。其实，对付小人并不是那么难，毕竟邪不压正，以其人之道还治其人之身是比较强硬的手段，也是小人应得的下场，但有时候防患于未然是阻止事情发生的根本，在交友和用人时要谨慎，以免养虎为患。

有时候揣摩人的心理并不是一件很难的事情，一个真正宅心仁厚的人，从内心散发出来的气质是任何东西都掩盖不住的，相反一个卑鄙小人再怎么修饰也散发不出来那种心胸洒脱的气质。更何况小人的卑劣行径和扭曲的心灵是经不起考验的，闪烁的眼神，惺惺作态的表情，为人处世时的小聪明，这些都是一种信号，即这个人是危险的。

在人际交往中，虽然每个人都带着一张不同的“面具”，但并不是所有人都能完完全全地把自己掩藏在面具的后面，他的一言一行，一举一动，甚至一个眼神，都会暴露他的心理和性格。对于一个有心的人来说，要看透一个人的心理，也并非一件不可能的事。

那么，如何在这个纷繁的世界看透一个人呢？怎么才能知道这个人究竟是一个什么样的人？一般来讲，一个人不管在什么样的情况下，都会将他们的面部表情、姿势、打扮等展示给我们，我们也总是通过这些表面的感官来对这个人做最直接的判断，以此来决定我们对他的第一印象。比方说，一个靠做生意发家的初中毕业生，不管他如何地刻意修饰自己，都不会有学者的风范，即使装得和真的一样，他也会在不经意间流露出“马脚”。这是因为文化的修养是无论如何也装不出来的。

首先，面部表情是一个人的态度、情绪和动机等心理因素的外在表现形式，通过对一个人的面部表情的观察和分析，我们可以了解他的内心情绪、想法和状态，同时可形成对他的初步认知。大家都知道，人的心理活动是很微妙的，但这种微妙会从他的面部表情里表现出来。最常见的就是一个人遇到高兴的事情的时候，他脸颊的肌肉会松弛，但遇到悲哀的状况的时候，他会自然地泪流满面。也有些人，极其会掩饰自己，从表面上看，很难看出这个人的真实意图。但是眼睛是心灵的窗户，眼睛被称为“五官之王”，他的眼睛会在不经意之间出卖了他的心，读懂一个人的眼睛也就看穿了他的内心状况。所以，我们在初步与人交往中，想从面部表情看穿他的内心的话，最应该注意的就是他的眼睛。

其次，我们可以通过一个人的服饰、发型等，看出这个人的喜好、性情、素养与审美。有时候，一个人的姿态也能表现这个人的心情、态度等一些内部特征。

最后，我们可以根据自己的需要，把和我们有关的人建立一个人际档案，从自己对人的认知角度，把这个社会的人进行一下划分。

第一种人就是离你比较近的人，这些人常常是你的亲戚朋友。当你摔倒或者遭遇不幸的时候，对他们也没有什么影响，因为他们和你有距离，这时他们拉你一把也是很容易做到的。但是这种人在有求于你的时候，也会毫不犹豫地向你求助，他们对你来说可谓是一把双刃剑，你们是互惠互利的关系。

第二种就是离你最近的人，他们可以是你的爱人，你的家人，但不完全是。他们会在你摔倒或者有困难的时候，毫不犹豫地过来帮你，甚至心甘情愿地和你一起面对所有的一切，有难同当。这些人是你在这一生中最难得的人，他们与第一种人有一点不同的是，他们不求你太多的回报，只是一心一意地想着怎么对你好。

第三种人是与你有矛盾，或者和你对立的那部分人，他们可能是你的对手、敌人，他们时时刻刻注意着你的一切，就是想找出你的错误，一旦抓住你的小缺点，就立刻夸大利用，随时准备将你排挤出去，甚至落井下石。他们对你惟一的好处，就是会让你时刻保持警惕，让你知道你的生活不是安安稳稳的，促使你不断地提高自己。

如果能将身边的人正确归类，不但能使你认清每个人的真面目，还有助于你在困难的时候更快地找到帮手，在得意的时候找到正确的分享者。

他的眼睛出卖了他的心

曾经有人开玩笑说“中国五千年的沧桑全写在脸上了”，这样的说法当然是很夸张的，但是一个人的经历确实会显示在一个人的脸上。一般来讲，面部皱纹多的人，他的经历比较坎坷，由此我们可以判断，这个人做事踏实求稳，待人亲切和蔼；嘴唇厚的男人比较木讷，但心地是很善良的，情感也很细腻；眉毛又细又长的女人，一般是多才多艺的，但是很容易发火，性格也特别急躁。除了这些固有的面部特征外，我们可以从一个人表情变化来读懂他的内心。一般来讲，一个人的面部微微泛红，是他羞涩或者激动的表示；脸色发青发白则是由于生气、愤怒或者受到惊吓而异常紧张导致的；皱眉则是他对某件事不同意、烦恼甚至是烦闷；扬眉一般表示兴奋、惊奇等；眉毛闪动一般表示欢迎或加强语气；耸眉的动作比闪动慢，眉毛扬起后短暂停留再降下，表示惊讶或悲伤。我们还可以注意观察一下：当一个人对一件不可知的事情很感兴趣或者吃惊时，他的眉毛会不由自主地高挑，额部会产生横向的额纹；而当他全神贯注于某件事情时，他的眉间会出现纵向的纹路；当人们在痛苦或愤怒时，他的眉毛也会攒聚起来，像一座山峰。

从一个人的面部表情的确可以看出这个人微妙的心理变化，但是单从面部表情来看也是很容易出现失误的。这是因为从医学上来讲，眼睛是五官中最为敏锐的一部分，大概占感觉领域的70%以上，被称为“五官之王”。而一个人心中深层次的欲望和感情，首先反应在一个人的视线上，视线的移动、方向、集中程度等都表达不同的心理状态，观察视线的变化，有助于人与人之间的交流。

梅赛因是德国著名的心理学家，他说：“眼睛是了解一个人最好的工具。一个人的语言可以说谎，但他的眼睛不会。”有人曾专门针对眼睛的问题做过一个社会调查，他们的调查结果是这样的：

一、两眼对称，外形稳定，并且和面部表情搭配比较和谐的眼。这种人做事比较中规中矩，能够合理安排调度自己的时间和工作，往往是一个成功者的代表。

二、眼窝深陷，眼球四周有较大的凹陷空间。这种人考虑事情比较详细周到，虽是如此，但是他所经历的挫折困难也是连续不断。孙中山就是一个很好的例子。

三、眼球外凸，眼睛大而明亮。这种人个性很强，智商也很高，在学习上往往是佼佼者，业务上也是独一无二的领头羊。目光显露天真无邪的人，他的人缘比较好，不仅聪明而且还很够朋友；目光比较敏锐的人，是领导能力很强的人，他们能够运用自己的手腕控制局势，是个事业型人才。

四、眼睛偏小，眼睑往下走，白眼球较多的人，心思细腻，变化多端，不容易被把握。这种人做事往往出人意料，不按照常理走，交朋友的时候也比较功利，不讲究感情。

五、有眼袋，眼角向上翘的人。这种人有很好的异性缘，很受长辈的喜欢，能够快速适应环境的变化，和周围的朋友打成一片。

社会交往中，尤其是谈话时要看对方的眼睛。美国的成功学奠基人卡内基曾说过："谈话时看对方的眼睛是最佳的沟通技巧。"注视对方的眼睛，不仅是一种社交礼仪，同时也是沟通、认识、了解别人的一种途径，因为，透过一个人的眼睛你可以看到更多他的言语之外的东西。

2.泄露一个人心里秘密的行为

在与人交往的过程中，我们所与之交往的对象时时刻刻都在进行着一场攻心战，只不过，有些人可以迅速意识到，进而调整行为状态，握以胜券；而有些人意识不到，以致对方取胜收兵他才明白，悔恨自己当初没有看透人心。

其实，在很多时候，我们的"输"，并不是输在实力，也不是输在能力，更不是输在魅力，仅仅只是输在：你没有了解对方的"心"。有时候，一个细微的动作可以泄露一个人深藏内心的秘密，一个不易察觉的行为会告诉你此刻对方的心里正发生着巨大的变化。大千世界，人心是最有趣味的。而忙碌于世间的人，也只有看得懂人心，才能做对事情。而你在这个瞬息万变的世界，看得懂人心吗？

行为背后的心理“秘密”

有一句话说得好：征服一个人，先征服他的心。或许你会说，每个人的心都像海底针一样，深不可测，我又如何知道，更别说去征服他的心了。其实每个生活在这个社会上的人，他们都有自己的想法，并且在大多数的时候，他们会把自己内心的真实想法掩藏得很深，在平时很不容易被发现。但一个人的一些小动作还是会在不经意间泄露他的想法，你只要足够细心，还是能够从中发现一些蛛丝马迹的。

在大多数的情况下，一个人的思想决定一个人的行为，而一个人的心理秘密也是通过他的不经意的一些行为体现出来的。当你在和一个人（特别是陌生人）交谈之前，不妨注意一下他在谈话中所表现的下面的行为，它们可以帮你更深入地了解你所交往的这个人。

一个人若是不管和谁说话总是有说有笑的，他一般会让你觉得很轻松，给你的印象是这个人很开朗，很健谈。事实上也是如此，他们对人，对生活的要求不苛刻，富有人情味，感情专一，对友情、亲情特别珍惜，他们的人缘也比较好，大多数喜欢平静的生活。

一个人在说话的时候总喜欢用脚或脚尖使整个腿部抖动，表明这个人比较自私，很少考虑别人，凡事都是以利己为做事的原则，对别人很吝啬，对自己却很知足。但他们也是很擅长思考的，经常会提出一些意想不到的问题。

一个人若是在说话的时候喜欢拍打头部，这种人一般对事业有一种开拓进取的精神。但他对人很苛刻，通常是个心直口快、为人真诚、富有同情心的人，并且他乐于助人，守不住秘密是他的缺点。

一个人若是喜欢摆弄饰物，则表示他比较内向，不轻易外露他

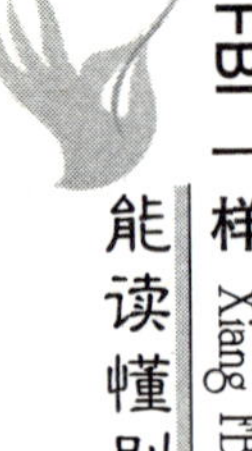

的感情，这多属于女性的行为。而他的另一个特点就是做事认真，大凡有座谈会、晚会或者舞会，人们都散了，最后收拾打扫会场的肯定是他们。

一个人若是在谈话中常常耸肩摊手，这样的行为表示他本身无所谓，这类人大都为人热情，而且诚恳，富有想像力，会创造生活，也会享受生活，他追求的最大的幸福是生活在和睦、舒畅的环境中。

一个人若是在谈话中习惯抹嘴捏鼻，这种人大多喜欢捉弄别人，却又不能做到“敢做敢当”，喜欢哗众取宠。但他最终是被人支配的人，别人要他做什么，他就可能做什么，购物时常常拿不定主意。

一个喜欢低头的人，他不管做事还是交朋友都是很慎重的，讨厌过分激烈的事，并且很勤劳。

一个喜欢两手腕交叉的人，他对事情时常保持着独特的看法，常给人冷漠的感觉，属于容易吃亏的人，并且稍微有些自我主义。

一个人在说话的时候喜欢摇头晃脑，这种人特别自信，以至于到了惟我独尊的程度。他在社交场合很会表现自己，对事业一往无前的精神常常受人赞叹。

不管一个人的心里藏有多深的秘密，都是会在不经意间表现出来的，我们之所以不知道，很大程度上在于我们并没有足够地用心去留意他们。所以，要想在与人交往的过程中，掌握主动权，我们很有必要多锻炼一下我们的眼睛，因为只有“火眼金睛”才能洞穿一切虚假的表象，也只有这样，我们才能明白对方心里的真实想法，进而正确决定我们下一步的行为。

泄露心里秘密的小动作

你虽然不是心理专家，但还是可以通过对一个人所表现出来的特定行为，做出一个最基本的判断，并且这些行为所表现出来的心理状况，一般要比他所说的语言要真实很多。英国心理学家莫里斯研究发现：人体中离大脑越远的部分，它所表达的信息的可信度就越大，而离大脑最近的却是最不诚实的。我们在与人交往的时候，最常注意的是他的脸，所以，我们也总是在一颦一笑间撒谎，掩藏我们的内心。可脚是离大脑最远的地方，也是我们最不常注意的地方，但它所反映的信息通常是最真实的，它构成了人们独特的心里泄露——脚语。

脚可以反映一个人的性格品质，如一个姑娘长得端庄秀美，但走起路来匆匆忙忙，脚步重并且紊乱，你可以依此来做出推断：这是个性格开朗，心直口快，不留心眼的痛快人。相反一个五大三粗走路小心翼翼的人，一定是个外粗内细的精明人，他做事往往以豪迈的表情来掩盖严密的章法。还有一点就是一个人的心理指向常常是通过脚语泄露出来的，如果一个人坐下来就跷二郎腿，表明他有种不服输的对抗意识；如果一个女人跷二郎腿，则表明她对自己的容貌有足够的信心；人在站立时，脚往往朝着主体心中惦念的或追求的方向或事物。譬如，有三个男人站在一起，表面看来他们在专心交谈，谁也没有理会站在一旁的漂亮姑娘，但实际上不是这么回事，每个人都有一个脚的方向对着她。也就是说，每个人都在注意她。他们的专心致志只是一种假面具，而真情被隐蔽着，但他们的脚语却把各自的秘密泄露了。

除此之外，不同的坐姿也可以表明一个人不同的心理特征，它会通过人的不同的坐的形式反映这个人性格特点和内心秘密等，这是由美国的心理学家经过长时间的观察和试验得出的结论。

一个正襟危坐的人，他待人比较诚恳真实，胸怀坦荡，并且做事有条不紊，但容易较真，力求完美周密，甚至有洁癖的倾向，这就难免让他们在待人处世的时候，过于拘泥于形式而呆板；虽然从表面上来看，他们比较冷漠，但事实上，他们通常都是古道热肠的人，他们只不过喜欢做有把握的事，从不冒险行事。

一个人跷着二郎腿坐着，并且一条腿勾着另一条腿，说明他是一个谨慎矜持的人，如果没有足够的自信，做事会显得有些犹豫不决。他让周围的人觉得他的性格太复杂，但是因为他对吸引力和分寸的把握还是比较好的，所以他的人缘还是比较好的。

一个脚尖并拢，脚跟分开坐着的人，他做事的时候常常犹豫不决，有时候过分的细心可能会影响到他的变通性，这种人喜欢独处，交往对象也常常局限在最亲近的人的范围内。不过，这种人很有洞察力，能最快地对他人的性格做出准确的分析和判断，也不免会因此对他自己做出较高的评估。

一个把双脚伸向前，脚踝部交叉的人，他喜欢发号施令，有较强的嫉妒心理，这是一种很难相处的人，但有时候也是一种控制情感、控制情绪和恐惧心理，很有防范意识的一种坐姿。

一个能够敞开脚坐下来的人，他很可能有主管一切的偏好，有指挥者的气质和支配性的性格，但是如果女性这样做的话，很可能表明她缺乏生活经验，是自以为是的一种做法。

不同的动作和姿态泄露了不同的心理秘密，有时候甚至几个动作共同泄露一个人同样的心理秘密，这些都是需要我们认真细心地观察的。与人交往，最重要的就是知人心，知人心才能在与人交往中掌握主动权，而知人心关键就是要学会察言观色，学会从一个人不经意的一些动作中了解更多的东西，明白这些动作背后的含义，会让你在这方面少走很多弯路。

3.看懂人心，才不会雾里看花

每一个人都是生活在这个社会上的个体，都是一个自然人，他们都有各自的心理特征和性格特点，他们可能会因为各种各样的原因，运用不同的方式方法，掩藏内心真正的想法。你只有练就一双穿透人心的慧眼，才能让你在最短的时间内，识破在他人虚伪的面具下，矫揉造作的动作中，以及违心的话语中，或者频繁的示好中所隐藏的真实的一面，以便让自己在这个变幻莫测的社会里更好地生存下去。

怎么才能让我明白你的心

在与人交往的时候，有的人为人厚道，有的人为人豪爽，有的人为人大方，有的人为人小气，有的人为人阴险，有的人为人狡诈，有的人苛刻，有的人宽容……每个人的处世哲学不同，每个人处世的方式方法就不同，其结果也是不同的。你可以决定你自己为人处世的底线，但是你不能掌控别人的一切，所以，你要想让自己在这有限的生命里生活得愉快，工作顺利，你除了充分了解自己以外，还要能够看透他人的心，明白他人的真实想法。

贤者曾说过这样的话："事之至难，莫如知人；事之极大，亦莫如知人。"为人处世，知人确实是一件难事，一件大事。从辨别一个人的言论的真伪，到察觉一个人的思想境界是否高尚，其间无不

渗透着人的精明与智慧。

没有一个人愿意忍受灵魂的孤独，没有一个人希望这个世界冷漠如冰。可是在实际生活中，我们与太多的人隔着心与心的距离，在单位里工作，大家可能会因为一个职位，而彼此闹得形同陌路；出门在外，两个陌生人会因为一言不和，挥拳相向；街头巷尾，一些人遇到需要帮助的人，可能会绕道而走，连打个急救电话都觉得多事……你看到这些场景的时候，或许会在心里问了无数个为什么，但最终还是无法得到一个让自己满意的答案。其实，这个答案可能你永远都无法知晓，也可能你在瞬间就可以了悟所有的一切，这就看你是否能够读懂人心。

人心，是这个世界上最难懂的一部分。中国有句俗语叫做“宁可不识字，不可不识人”，“识人”二字，看似简单，却直接关系到一个人的成败。然而，识人之前，重在观人。观人重在言与行，识人重在德与能，不细观则不能明识，不能明识则不能善用。只有知人才能善任，因为对一个人了解越深入用起来就越得当。

大家都知道，我们不可能孤立地生活在这个世界上，而人与人的相处中自然会有扯不断的是是非非，但你在很多的时候又没有先知先觉的本领，常常是经过了才知道行为的对错，况且与人交往难免感情用事，受情景影响或迷惑，产生错觉，所以在其中受到伤害的人也不乏其例。所以，为了你的人生精彩而不孤单，为了你的心灵不受伤害，你需要具备一双慧眼，练就一套“识人”的过硬本领。

唐宋八大家之一苏轼是个识人的高手，当时有个叫做谢景温的人，和苏轼的关系不错，两人经常在一起游玩。可是有一次，当他和苏轼一起出外办事，在路上恰巧看见一只小鸟从树上掉下来，苏轼刚想着要把这只小鸟拾起来，却不料被谢景温一脚踢到了一边。苏轼当时心里就暗自思忖，他可能是个轻贱生命，损人利己的人，不能深交，于是，他也就慢慢地疏远了谢景温。

果然就和苏轼预料的一样，后来，谢景温为讨好王安石诬陷苏轼营运私盐，企图将苏轼治罪。

一个真正聪明的人，不会凭借一面之词去褒贬一个人，也不会凭借表面的认识批评人，而是通过自己的观察和体验，去认识这个人，苏轼正是通过谢景温一个细小的动作，就看穿了他的心，预测到这个人不是正人君子，实属不易。事实上，纵观古今中外，能成大事的人，没有谁不是读心的高手。读不懂风浪，就不能扬帆沧海；读不懂鸟兽，就不能纵横山林；读不懂古今，就不能明白得失；读不懂终生，就不能左右逢源。

你要学会的几招“识人”之术

人其实没有三六九等之分，但却有主次轻重之别，我们在与人交往的时候，如何才能得到人们的支持，得到人们的心呢？在这个世界上，最容易读懂的心恐怕就是婴儿的心了，婴儿的每一次啼哭都是有所要求，细心的母亲自然会明白其中的含义。

但是随着年龄的增长，人也变得越来越复杂，要想再把一个人的心看透，恐怕就没有看婴儿的心那么简单了。即使难，我们也要努力地去做，因为你不让自己学着去看懂人心，你自己的生存可能都是一件极其困难的事。看人的心，是一门学问，会看的人看本质，不会看的人看表面；会看的人看全局，不会看的人看局部。历史上也有很多因为看准一个人，并重用他而富国强民的，也有因为误看一个人而祸国殃民的，这些实例不胜枚举。

中国古人总结了很多看透人心的方法，这些方法，一直流传沿用至今。其中比较著名的有以下三种：

第一种，李悝的“五视识人读心法”。当时，魏文侯向李悝征询

宰相候选人的意见，李悝当时说："宰相是君主的助手，应该是您自己挑选才是。"他只是给魏文侯提了五种意见供魏文侯参考。

(1) 居视其所亲。看他平时亲近哪些人，因为物以类聚，人以群分。

(2) 富视其所与。看富裕时他是怎么花钱的，是贪图个人享受，花天酒地；还是广散钱财，招贤纳士。

(3) 达视其所举。看他身居高位有权势时推举重用什么样的人，是个人的酒肉朋友、七姑八姨；还是不论亲疏，举贤荐能。

(4) 穷视其所不为。看他交厄运时能否坚守信念，不拿原则做交易。

(5) 贫视其所不取。看他处于贫困境地时能否洁身自好，不取不义之财。

第二种，诸葛亮在他的《心书》一文中讲到的读心识人七法，这也是比较著名的一种。

(1) 问之以是非而观其志。即从其对是非的判断来考察对方将来的志向，看看是否胸有大志。

(2) 穷之以辞辩而观其变。即提出尖锐的问题诘难他，看他能否随机应变。

(3) 咨之以计谋而观其识。即就某方面的问题咨询对方的看法和对策，看他知识经验如何，具不具备分析问题和解决问题的能力。

(4) 告之以祸难而观其勇。即观察对方在困难面前的表现，看他有没有知难而进的勇气和处事不惊的良好心理素质。

(5) 醉之以酒而观其性。即以美酒款待，看对方个人品德如何，是否两面三刀，阳奉阴违。

(6) 临之以利而观其廉。即观察对方在金钱财富面前的表现，看其是否能经得住物质的诱惑，是否能保持良好的心态。

(7) 期之以事而观其信。即托付对方办事以视他信用如何，是一诺千金，还是信口开河。

第三种，秦国时期的吕不韦所著的《吕氏春秋》中提到的“六验法”识人术也是颇为经典的，实际上就是看人在不同的情绪中的行为表现，来达到读透这个人的目的。具体是指：

(1) 喜之以验其守。让他欢喜，验其节制能力，看他是否不变操守，不得意忘形。

(2) 乐之以验其僻。让他高兴，验其癖性爱好，看他是否有不良癖好，是否会玩物丧志。

(3) 怒之以验其节。引他发怒，验其控制能力，看他能否控制好自己的情绪，不失去理智。

(4) 惧之以验其特。在恐惧的情况下考验他是否能够坚持到底，验其能否勇于负责，当铮铮好汉。

(5) 哀之以验其人。悲哀之时，看他是否节哀自制，验其是否悲观失望，怨天尤人。

(6) 苦之以验其志。处于艰苦环境，看他是否胸怀大志，验其是否有坚忍不拔的气度，能否吃苦耐劳。

古代的这些读人读心法，虽然年代久远，但是对于当世的我们来说，不能不说是一份宝贵的财富，至今在与人交往的过程中仍发挥着巨大的作用。我们不管是在生活还是工作中，只要能够对其中一法运用得当，熟练自如，就能够练就一身自己独到的“识人之术”，你也会因此在和人交往的时候，掌握更多的主动权。

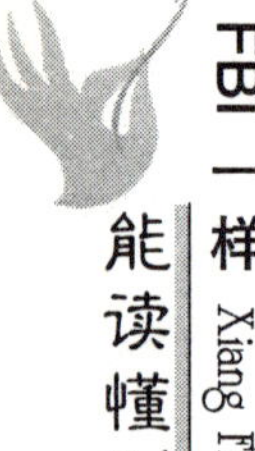

4.擦亮眼睛，不要被表面的假象所迷惑

在这个社会生活的时间越长，我们就越会有这样一种认识：人不易识，识人不易。我们有时候难免会被表象所迷惑，会被一些耀眼的光环蒙蔽了自己的眼睛。你能否穿越纷繁的表象，直达事物的本质，正确地认知这个世界，以及这个世界上的人，找回一个真实、完美的世界呢？

王安石在《知人》一书中说："贪人廉，淫人洁，佞人直。"意思是说，越是贪婪的人越善于伪装，越是荒淫的人伪装得越纯洁，越是奸佞的人越会花言巧语。在识人察人时要擦亮眼睛，不要被表象所迷惑，不以貌取人，不凭印象选人，而要像九方皋相马一样，"重其精而略其粗，得其神要而忘其形"，由表及里，去伪存真，使劣才、假才、庸才显露原形，让真才、良才脱颖而出。

看人要看到他的本质

喜欢看古装戏的朋友可能都知道这样的情景：皇帝微服私访的时候，常常会被看作一般的小民，以致闹出被地方官拘押或者被恶霸欺压的故事。正是因为他外貌一般，衣着平常，一旦出了紫禁城，他的皇帝身份没有人知道，免不了被地方官员以他的外貌来评判他的个人价值。而只有等他重新穿上那身龙袍，处置贪官恶霸的时候，才能证明他的身份。就比如说最常出现在电视荧幕上的康熙皇帝，他本人长得脸颊瘦削且有麻子，如果脱了龙袍，不认识他的人谁也不敢相信他就是康熙。

然而，现代的我们又何曾没犯过这样的错误呢？我们看人的时候，习惯性的思维往往让我们不愿意把好的外表和愚蠢、无知联系起来，所以在现实生活中，相貌好的人求职或工作的时候，常常比相貌差的人占优势。比如说：一个人俊美的外貌和漂亮的衣着，很容易赢得我们的好感和尊重，或许他可能是个金玉其外败絮其中的人物。相反，一个人若是穿得很寒碜，又其貌不扬的，虽然他身怀绝技或者满腹经纶，也很容易被我们忽视或轻看，我们在和他交往的时候，恐怕先是因其衣着平常而冷淡以待，等发现这个人的不凡之处后，又鞠躬作揖，并且自责“有眼不识泰山”，前倨后恭之类的事常有发生。这是我们的眼睛和我们开的玩笑。

《旧约·撒母耳记上》有言：“耶和华不像人看人；人看外貌，耶和华看内心。”这句话也可以这样理解，耶和华看人不像人看人；人看外表，耶和华看本质。我们看人的时候，一定要注重看他的内心或者本质，只有这样我们才能少犯以外表取人而忽视本质的错误。

莎士比亚曾说过：判断一个人，绝不是光凭眼睛，光用耳朵，还要经过深思熟虑，并不轻信所见所闻。在生活中，越是能说会道的人，可能也是最不轻易开口的人；越是有真才实学的人，可能把自己表现得愈加愚钝；而那些喜欢在人前卖弄、夸夸其谈的人，可能就是一个实实在在的大草包。

要想准确地辨别一个人，首先就要学会冷静地观察，冷静地思考，冷静地判断，而不是单凭一时一事，或者几件事就武断给一个人做出盲目的定义，这既是对他人的不公平，也是自己不成熟的表现。光是做到冷静地看人还远远不够，除此之外，你还要做到不仅要看这个人说得如何，一定要看他是怎么做的，因为在这个现实社会中，会说的不一定会做，会做的不一定会说，大多数人只是光说不做，有的则是做得比说得要好的多得多。所以，看人一定要看他说什么话，做什么事；在什么场合、对着什么人说话；在什么情况下、为什么人做事。再就是，看这个人，也要看一看他常和一些什么人来往，常去什么场合。只有这样，才能基本看清一个人的本来面貌。

看人之道

在待人处世的时候，我们常常会因为难以把握所要交往的这个人或者整件事情的真相，而错失过很多机会，得罪过很多朋友，错交过很多朋友，办砸过很多事情；但是也有很多有能力的人，很善于品评他人的性情，了解他人的特点，掌握他人的习惯和嗜好，他们能够从别人的举手投足间了解其意，能够从一些微小的变化揣测出整个事情的未来走向。也许你会不解，为什么别人能够做到，而你却总是束手无措？其实，这里面也没有什么玄机，只要你学会了，你也一样可以不怕看错人，办错事，交错友，轻信那些心术不正的“坏人”了。

我们要知道，在一个人的一生里，不管他如何变化多端，但总有一些东西是不变的。比如说他的本性，江山易改本性难移，掩藏得再久也有露出真面目的一天，因为戴面具是有意识的行为，面具戴久了他自己都会觉得累。而看人是一个过程，“路遥知马力，日久见人心”。任何人，包括那些最奸诈、最虚伪的小人，他们也只能骗人一时，不可能骗人一世；只能欺骗一部分人，不能欺骗所有的人。本性是人与人之间最大的不同，也是一个人最难以改变的东西，古人在几千年前就教导我们“以不变应万变”，我们只要在一个人的万千变化中认识到他最本真的东西，做任何事情都会很顺利。

公元前498年，吴王夫差率兵大举进攻越国，大败越军。越王勾践走投无路，只得向夫差屈膝求和。越国战败后，勾践及其大臣范蠡等三百人到了吴国，为吴王服役。越国的王后也做了吴王夫差的女奴；勾践为吴王驾车养马，他的夫人为吴国打扫宫室。他们住在囚室，粝衣恶食，极尽屈辱而从不反抗，极尽卑躬屈膝而甘心情愿。吴王看到勾践毫无斗志的样子，就信任了勾践，三年后便放越王君臣回国去了。回国后，勾践一反在吴国萎靡不振的精神，而是卧薪尝胆，励精图治。公元前473年，勾践终于灭掉了吴国，夫差在极其悔恨中结束了自己的生命。

在历史上，吴王夫差被表象所迷惑，以致失去家国天下的故事，虽已流传千年，在今天的我们读来，还是会不禁觉得心寒意颤。你不能不说吴王是一个英雄人物，可是他仍旧被勾践的忍辱负重和卑躬屈膝所欺骗。胜利的喜悦使他头脑发昏，骄傲自满，贪图享受，目空一切，“遍江南独我尊，气凌空将湖海吞”，这便是得胜后的吴王的性情。勾践正是看透了他的本性，才能够“对症下药”，给自己留下足够的时间来休养生息，以待有朝一日重整河山。

历史教训是深刻的。在现实世界中，习惯于看到事情表面现象，也是很多现代人的弊病，但这个弊病是可以改变的，这也是我们作为人的一大优势。我们只要在平常的生活习惯中对人、对事多加深一层思考，多问几个为什么，如果我们能够穿越眼前的迷雾，看到事件的本真，我们就会因此而明了很多。

5.掌握与人沟通的主动权

即使是傻子也是需要沟通的，更别说我们每个生活在这个世界上的正常人了。正如莎士比亚曾说过的那样，“人与人之间是需要沟通的”。沟通是理解的桥梁，如果人们之间没有沟通，那么很多事情都无法达成一致，而人与人之间的矛盾，很多也是因为沟通不畅造成的，彼此不了解对方的意见，长时间积累就变成了矛盾。

然而，人与人之间的关系是极其复杂的，我们每天要面对各色各样的人，如何在有效的时间里，做最好的沟通，是我们每个人都想知道的。但是与人交往沟通的黄金法则不是用你喜欢的方式对待别人，而是用对方喜欢的方式去对待他，我们要区分交往对象的不同特点，采取不同的策略，只有这样才能取得想要的效果。

看清你身边的人

未读这篇文章之前，你或许会暗自思忖，人有什么可看的呢？我只要明白我自己就行了，又何必去管那么多。你这样想，这样说就不对了。因为你也是这世间的一个人，你不是不食人间烟火的神仙，既然在这个世界里生存，你除了要认清自己以外，你还要明白与你有关的很多事情、很多人，甚至与你无关的一些事、一些人，你也要去关注。这一切皆源于你不是独立的一个人生活的，你需要和他们接触，你需要和他们沟通、交流。你需要他们，正如他们需要你一样。

每个人多有不同的行为举止，可谓百人百样，一人百态。或机敏，或愚钝；或果敢，或懦怯；或清廉，或贪鄙；或豁达大度，或拘谨委琐；或坦荡直率，或矫情伪饰；或从谏如流，或文过饰非；奢靡者挥金如土，一饭千金，吝啬者拔一发而利天下却不为；勤奋者枕戈待旦、闻鸡起舞，懈惰者今岁不攻明岁不取，万事蹉跎……才使我们这个大千世界色彩斑斓，气象万千。绝大多数人都希望自己品格臻于完美，都希望自己办事顺畅，都希望与众和谐。所以，我们在认识自己、了解自己的前提下，更要认识别人、了解别人。

在这个世界上，什么样的人都有，用一句现代很流行的话就是“林子大了，什么鸟都有”，除了陌生人、同事之外，你最常接触的就是你的朋友，并且朋友在你的一生中占据着很重要的一部分，所以认清你身边的朋友也是极其重要的。

据有关人员研究发现，一个人的朋友大概可以分为三种：第一种是良友，这种朋友在需要你帮助的时候会以合适的方式，在适当的时机给予最恰当的帮助，使你的视野和心胸更加开阔；第二种是诤友，他们会在你需要帮助的时候，用自己的方式，而不一定是你所需要的方式提供帮助，他们的出发点和目的有时候是不合适的，所以不一定会起到有效的效果；第三种就是有毒的朋友，这种人最可怕，他们会用言语和行为来困扰你的行为，让你感到筋疲力尽，灰心丧气，最终破坏你的心情和生活。

这时候，你就该好好地对身边的有毒朋友进行一下清理和分类。他们大致可以分为以下几种：

第一种，多愁善感的朋友，他们本身对你没有什么恶意，但是出于自身性情的需要，他们会常常向你哭诉抱怨，却不解决问题，这只会让你筋疲力尽，甚至会破坏你的好心情，全然把你当成了免费的心理治疗师。

第二种，不守信用的朋友，本来你和他约好了去做某事的，但如果他有更好的事情去做，他会毫不犹豫地把你丢到一边，这种滋味谁都不好接受。

第三种，以自我为中心的朋友，对于他们想要做的事，不管你是否愿意，都不能违背他的想法，一旦稍有不符，轻则说你不够朋友，重的就干脆和你绝交，这种朋友不要也罢。

第四种，故意给你捣乱破坏的朋友，他们可能会在表面上打着为你好的幌子，却经常干些有损你的事情，真可谓“假朋友真叛徒”

也，你离他越远越好。

每个人都不是一座孤岛，自成一体。既然要与人交往，你就必须明白你是和一些什么样的人在交往，和他们交往对你来说是好还是坏，是有助于你成功的，还是故意给你捣乱的，这些无论对于你的工作还是生活来说都是非常重要的。

与人沟通，主动出击

生命在于运动，人生在于主动。现代社会中，主动是一种必需的生存技能，在生活中，或者与人交往的时候，掌握主动权，是你抓住机会成功的重要前提。

所谓主动，就是思想上积极，行动上主动，永远用行动说话，这是掌握人生命运最根本的法则之一。自古至今成功的人基本上都是通过这一法则取胜的。就比如说孔子，当初如果他不主动把自己的思想向众人传播，而且是向王侯将相传播，怎会有人知道并接受他的思想，成为他的门徒，并把他的思想传承下去。试想，如果没有孔子的主动，恐怕至今孔子也只是芸芸众生中的一个小人物而已，又怎会有五千年的儒家思想？所以说，一个人再伟大，如果你不主动接触，他跟你都没有关系，这个世界上也同样有很多有助于你成功的人和事，如果你不主动，没有任何东西会主动来到你的身边。

在我们的一生中，有许多重要的机会、人际和社会关系，这些关系的建立，无不靠我们主动争取。不管你是大人物还是小职员，是成功人士还是汲汲于众生的无名小辈，假如你不提出你的要求和想法，恐怕没有人会知道你在想什么。主动在与人交往的时候，所起的作用是不容忽视的。

美国总统罗斯福曾说过，成功的第一要素就是如何搞好人际关系。事实上也的确如此，一个人事业上的成功，80%靠的是他与人相处，20%来自于自己的心灵。也只有在这个社会上游刃有余，八面玲珑，才可以为事业的成功开拓宽广的道路，没有非凡的交际能力，难免处处碰壁。既然你看清了人的面目，那就要学会掌握在人际交往中的主动权，让自己成为人际交往中的主宰者。

与陌生人交往，你要在交往之初和他们建立基本的信任关系，正所谓“与人信者，人信己”。我们先要主动介绍自己，再渐渐地深入交谈，然后询问对方的姓名并且记住。但一定要明白，在交往之初，不要有否定对方行为的意思，可以引导对方说出他们最为得意的事，从中我们也可以间接地思考这个人是否值得深交，与他交往的时候，我们应该避讳什么。

与同事交往，同事是和自己一起工作的人，大家既是朋友，又是竞争对手，与同事相处得如何，直接关系到自己的工作、事业的进步与发展，所以，你也要掌握其中的主动权。你只要记住三点就行了，第一，以礼相待，我国有句俗语叫“礼多人不怪”，不管对于什么样的同事，都以礼相待；第二，保持适当的距离，不要试图和你的同事建立朋友关系，同事是和你一起做事的人，只要和同事之间产生默契就行了，不要再渴求得太多；第三，保证自己足够优秀，至少不会拖别人的后腿。

与朋友的交往，这是最重要的，也是最难相处的一件事。这时候我们需要记住四句话。第一句，把你自己当成你自己，你只是你一个人，你所要做的事，只能你自己去完成，不要什么都指望你的朋友来帮你；第二句，你的朋友只是你的朋友，他们也是生活在这个社会上的个体，他们有他们的事情要做，有他们各自的思想；第三句，把你自己当成你的朋友，你在他们需要帮助的时候，一定要把他们的事当成自己的事去做，尽心尽力，并让他们感觉到，你是真心实意地在帮他们；第四句，把你的朋友当成你自己，在你确实需要他们的时候，也不要不好意思开口，直接说就是了，你开口了，

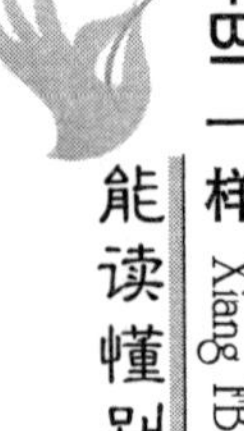

他们也不好意思拒绝，这样只会增进你们的感情。

与人沟通重在主动，这样别人才会了解你的需要，了解你的品格，从而决定是否与你为友，是否倾力帮你。因此，主动与人沟通，不仅能让你得到良友，还能使自己在遭遇困境时得到最大的帮助。

6.看透心计深重的人

适者生存，弱肉强食，大自然的生存法则向来是残酷的，不管你的心是多么的仁慈和宽厚，对于动物来说，生存就是活着，活着就要以牺牲其他动物的生命为代价。然而，什么是代价呢？代价就是不甘心的付出，心甘情愿的话，那就叫做奉献了。人也同样，每个人的心里都有不同的盘算，有时候，甚至会为了自己的利益，不择手段，牺牲掉别人的利益。对于这样的人，我们当然希望自己永远都不要遇到。但是，一旦遇到了，我们又该如何与他们相处呢？

心计也是人的一种本性

虽然古人在几千年前就说过“人之初，性本善”，所以教导我们不管做什么事都要从“善”的角度去考虑，要用一颗慈悲的心去看待你身边的人。但是，任何事物都是有两面性的，既然有善的一面存在，那恶也就不可避免，从这一方面讲，人性中的善恶是没有明确的区分界线的。就说心计，这个词从语法上讲，是个中性词，这个词的本身没有好坏之别，如果一个富有正义感的人用它来除恶扬善，为民造福，那就是聪明，是计谋；但是若是被坏人掌握，故意捣乱，专做那些损人利己的事，这就叫狡猾，叫不择手段。但它们都有一个共同的前提，就是聪明，一个老实巴交的笨人是不会耍心计的，他遇到有心计却又不怀好意的人，恐怕只有被人摆弄的份。

《水浒传》中有一段写道：晁盖在临终时立下遗言，谁能捉住用毒箭射伤他的史文恭谁便是梁山首领。如果梁山兄弟对晁天王是忠心耿耿肯定会对晁盖的话言听计从，更何况是大王的临终遗言。可事实并非如此，河北玉麒麟卢俊义卢员外凭借盖世武功活捉了史文恭，按照约定卢员外就应该接任梁山的第一把交椅。但晁盖所有的部署都不愿意推举卢员外为寨主，包括追随晁盖多年的吴用、阮家三兄弟、刘唐、公孙胜，吴用为最。仔细分析，其实晁盖和卢俊义都输在人际关系上。晁盖是一村中富户，只爱舞弄枪棒，不愿受人约束，广结各路豪杰，但是在谋略和为人处世方面都远远不如宋江。宋江虽然也是富户，但他与江湖上很多英雄好汉的交往甚深，而且仗义疏财，能为人分忧，急人所难，人称“及时雨”宋公明；还有就是，宋江久在衙门任职，可在其中为众人周旋，可谓黑白两道通吃，因此山东、河北两省共为人知。卢俊义是大名府富贵之人，家财万贯，但并未闻之其乐善好施，而且此人不分忠奸，养了一个给自己戴绿帽子的管家，却将从小跟随自己的燕青的忠言视为小人谗言，可见其在识人用人方面与宋江比真的差之甚远。

卢俊义虽然活捉了史文恭，却不能服众，众人不想举他为大王，大家心中的人选是宋江。此时再看宋江的谋略，他先坚决推辞以掩人耳目，之后他提出用抓阄的方法来确定他和卢员外分别去攻打两座城池。宋江的是东平府，卢俊义的是东昌府。在用人上也略施了一计，他明知道吴用和公孙胜一心拥戴他为王，却派他二人辅助卢俊义攻城。宋江心里明白：我已经派给你精兵强将和能人义士，但仅凭你姓卢的谋略，如果没有吴用等的真心相助，你休想取胜。既然你不能取胜，按照约定寨主之位便是我的，大家肯定心服口服。而吴用、公孙胜也深知宋江的用意，对战事漠不关心，要不然以吴用、公孙胜的才智，别说一个就是十个善打飞石的张清也早已被擒住了。他二人等宋江胜利攻城之后，才使出真本领成功攻取城池。

其实宋江能成功登上首领的宝座，并不是只靠本领的，而是他在人际关系上的优势再略施心计，轻而易举地就胜过了晁盖和卢俊义。到梁山聚义的都自称是英雄豪杰，但在如此讲义气的一个团体里不还是靠玩心计才能达到自己的目标吗？但是玩心计也并非都是小人之举，宋江去争夺大王之位，还有一层深意，那就是为了众多兄弟的安危和团队的前途。试想，如果那寨主之位让卢俊义夺取去，除了武艺之外，他似乎就没有其他可圈点之处了，而且众所周知，他这个人忠奸不辨，这是做领导的大忌，因此宋江的心计反而是一种申明大义。

事实上，也只有那些耳聪目明，眼观六路，八面玲珑的人，才有可能玩心计，耍手段，这几乎是人天生的。有心计的人一般来说，要么智商比较高，要么社会阅历深。每个人都有自私的一面，人的心计有时候也是因为人的本性的自私才出现的，比如在工作中，有些人嫉妒某些人的工作能力，却又没有实力或勇气去正面和那个人比拼，相反他会利用一些没有脑子的“傻人”当炮弹，达到自己的目的，这就是我们常说的出于自私的心计。

在这个竞争激烈的社会中，有的人凭实力取胜，有的人凭心计取胜，有的人凭厚道取胜。而有些有心计的人，可能是在与人交往中，苦头吃多了，得到教训后的结果。有心计有时候说白了也是他们自保的一种方法，他们为了不让自己的利益受到伤害，处处防着别人，这是每个人都有的本能，对于这种有心计的人，你只要用心对待他们，尊重他们，用你的真心换取他们的实意，因为他们本质上并不是一个有心计的人，他们的心计只是一种出于自我保护的不得已的手段，这是我们最应该理解他们的地方。

学会把自己变成一头“狼”

在弱肉强食的大自然中，如果你想和一头狼竞争，那么，你首先要做的就是把你自己也变成一头狼或者比狼更为凶猛的动物才行。你若是一只温顺的小绵羊或者乖巧的小兔子，不要说和狼竞争了，恐怕还没等你发起进攻，你可能就被它吃掉了。

在现实生活中，如果你身边有心计比较深的人，而你又没有办法躲开他，面对他们，你必须也把自己武装起来，在保证自己不受到他们伤害的前提下，再做下一步打算。

在玩心计方面，最具有代表性的当属《红楼梦》中的王熙凤，她不仅善于嫁祸于人，左右逢源，利用强势压倒弱势，嘴巴甜蜜等，更重要的是她精明算计，心计深重。现实中的有些人即使不比王熙凤聪明，但在用心计算计人方面却有过之而无不及，那么对于这些人我们该怎么做呢？

首先，把握住自己，遵守规则，按制度办事。当今社会大多数人所遵循的守则就是：敏于行纳于言，也就是少说多做。我们每个人都要学会在适当的时间，适当的地点做你该做的事。社会就是这样，什么样的丛林法则都在起一定的作用，所以你要在你的心中有一个最基本的原则，在不违背这个原则的情况下，真诚地和别人去沟通，不管他们以什么样的方式对待你，你只要保证你的心是真诚的，用你的不变应对他们的万变。

其次，你不管做什么，都要做得有板有眼。生活中，有些人擅长研究人事，偏重于个人私利，该低的头就低，该烧的香就烧，该拉的关系就拉，该糊涂的事就糊涂，该下手时就下手。不但为人处世圆滑老到，而且内心对自己并无什么约束、什么戒律，很少去追问人生真正的意义。他们遇到好事、露脸的事、有利的事，就去抢；遇到坏事、无名的事、无利的事，就去推。这种人便是内圆外圆的人。与内方外圆人的不同点是，他们一般不会同情弱者，救济穷人，甚至为了私利，他们还会算计人，歪曲人。这种人的代表，当属一些市井无赖，街头小人。由于他们缺少顶天立地的气概，所以一般不会成大器。对于这种人，其实在他们的内心深处，并没有什么特别的做人准则，他们什么样的事都能干得出来。对于他们不当的做法，应该明确地指出来，不要太爱面子，觉得不好意思说出来，否则，最终受委屈的还是你。当你不得不和他们合作的时候，一定要有所保留，有所提防，不要全都相信他们。这种人通常很清楚自己的缺点，他也害怕别人不讲义气，不守诺言。所以，你不妨在适当的时候，用一种暗示的方法提醒他们：如果你讲信用，我就守诺言。用这样的方式引导他们，在一定程度上还是能够保证他们在正常的交际轨道上行驶的。

当然，在这个万千变化的世界里，什么样的事情都可能发生。不妨奉劝自己一句：做人不要太老实，也就是不能太厚道，太直率，太死板，特别是对于那些擅长玩心机的人，要学会保护自己的利益，不要等你被他们算计的时候，再去感叹“社会不公、小人当道”。

7.看人，需要眼光

苏轼曾说过：横看成岭侧成峰，远近高低各不同。不识庐山真面目，只缘身在此山中。看山尚且如此，看人何尝不是这样呢？每个人都有每个人不同的看法。《庄子》上说：人们都知道有用的作用，却不知道无用的作用。又说：知道了无用的用处，才可以和他谈论用。当今世界，我们看一个人，大多时候，都是从他这个人有什么用，有多大的用处这些方面来看的。不要说这样的眼光势力，这个世界就是这样，一个没有用的人谁都不会喜欢。

可是，大自然中的万事万物有用没有都不能简单地下定论，人又怎能单一地说有能无能呢？世界之大，万千变化，丰富多彩，每个人都是一个立体的人，当然得用全方位的眼光去看待，同时也只有用立体的眼光看人，才有助于端正待人和用人之道。

眼光是练出来的

眼光短浅，只能得到蝇头小利；眼光长远，方能真正摘取成功的果实，造就千秋伟业。翻开浩浩青史，里面撰写着数不胜数的成功志士的故事。具备长远的眼光，司马迁甘受宫刑，却完成了鸿篇巨制《史记》，造就了中华文化宝库的一朵奇葩；具备长远的眼光，韩信蒙受胯下之辱，终成大将，逐鹿中原，留名青史；具备长远的眼光，李白放弃了升官梦，游名山，阅大川，写就许多灿烂的诗篇，为中华文化增添了异彩。古之立大事者，不惟有超世之才，亦必有长远的眼光。如果不是具备长远的眼光，或许司马迁会湮没在历史的长河；或许韩信会无名而终；或许李白在官场碌碌无为地度过余生。由此可见，要成大业者，必须具备长远的眼光。

一次，柏拉图对老师苏格拉底说："东格拉底这个人不怎么样！"

苏格拉底问："为什么这么说？"

柏拉图说："他对你的学说总是爱挑毛病，并且不喜欢你的鼻子。"

苏格拉底笑了笑说："我倒觉得他这人不错。"

柏拉图问："你怎么会这样想呢?"

苏格拉底说："他很孝顺自己的母亲，而且每件事都照顾得很周到；对老师也很尊敬，从来没有不恭的行为；对朋友很真诚，常常当面指出他们的缺点，并帮助他们改正；对孩子很友善，经常和孩子们一起做游戏；对穷人也很有同情心，有一次，我亲眼看到他从身上搜出最后一个铜板，给了一个乞丐……

柏拉图接着说："但是他对你却不尊敬啊!"

苏格拉底慈爱地摸着柏拉图的头说："孩子，一个人如果站在自己的立场上去看待别人，常常会把人看错的。因此，我看人从来不看他对我如何，而是看他对别人如何。"

苏格拉底之所以对东格拉底那么了解，说明他观察人非常认真而且很全面。不能仅凭一件事或一方面就对一个人形成固定的看法，而且也不能依据当前的情况去给一个人的未来下结论。人是很善变的，但善变不一定就能说明他是个坏人，这种善变也是出于自我保护，使自己更加适应这个生存环境，有时候人善变也可能是看待他的人站在不同的立场去理解的。一个真正具有读懂人心本领的人，不需要很多的语言交流，甚至靠细心的观察就能看透人或事，洞悉别人内心暗藏的玄机。

这个世界上的人的本质，往往都是深藏在他的表象里，我们只有看清这个人的本色，才能对其做出正确的判断。然而，一个孩子眼中的人和一个老人眼中的人是截然不同的，看人的眼光并不是与生俱来的，它是在人世的风云变幻中历练出来的，人们常说"姜还是老的辣"，就是这个道理，一个人经历的人和事多了，眼光自然也就变得锐利得多。一个人的眼光也代表着他的阅历，代表经验，代表能力，代表智慧。如果一个人在小时候，没有眼光，这很正常，但是如果一个人到了20多岁，30多岁的时候，仍旧没有眼光，那他可能这一辈子也就这样了。

事实上也的确如此，一个人一生的过程，也是做人境界不断提升的过程。当一个人拥有足够的阅历和智慧的时候，就会发现你的眼光是被环境所左右的，但是你的眼光也能左右你身边的环境。所以，有的人，在世上经历的事情越多，见的人越多，他的眼光就越独到，越深刻，往往能看到常人所不能看到之事，拥有非凡的“洞察力”，进而也比旁人多了一份成功的希望。

练出自己的“眼光”

历史上的刘邦，在他年轻的时候，只不过是一个芝麻小官，并且还有很重的流氓气息。可是他却被吕雉的父亲看重，在他犀利的眼光里，他觉得刘邦很有帝王相，以后肯定会有一番作为。因此他在刘邦很穷的时候，就把自己的女儿吕雉嫁给了刘邦。吕雉的父亲可谓眼光独到，刘邦也真是“争气”，果真开创了一个大汉王朝。

可是，生活在这个五彩斑斓的世界中，人们可能会感叹，为什么有的人会狗咬吕洞宾不识好人心？为什么有的好人不得好报？为什么会有小人得势，坏人得逞的现象发生？为什么这个社会会有这么多的不公平？

其实，你面对这些现象所要做的不是不停地抱怨，而是学着让自己拥有一种全面的眼光。抛却自己不同程度的浅见、偏见和成见，不要让自己带着有色眼镜去看一个人，这样或许你会发现，你原本一直愤愤不平的事或许不是你想象中的那样，这个世界还有另一番风景。

一个人要想在这个社会上取得成功，看人是很重要的一方面，你要慢慢学着锻炼出自己的“眼光”。

首先，从表象全面地看待一个人。一个人，他的表面上的一些东西最容易识别，也最容易被人了解和认识到。在一般情况下，可以通过了解一个人的朋友圈子来了解一个人，也可以通过他的亲人、同事和外人的看法来综合看待。但是，我们在看待这个人的时候，绝对不能让自己犯“傻瓜”级错误，比如，以貌取人，捕风捉影，道听途说，一叶障目，目中无人或者虚张声势都是不可取的，当我们能很客观地看这个人的时候，他在众人眼中和你的判断都差不多，基本上这个人就是这样子，没有什么可值得怀疑的。

其次，看他自己的特点。每个人都有专属于他自己的特点，我们可以从他的与众不同之处更加深入地了解他。这正如我们常说的：看一个人的气血，看他的头发；看一个人的品位，看他的鞋子；看一个人的性格，看他写的字；看一个人的胸襟，要看他面对失败及被人出卖时的态度。

第三，还要看这个人的优点和缺点。一个没有缺点的人，他的优点往往也是很少的。看这个人对自身优点和缺点的认识态度，看他的优缺点的变化。有的人曾说过，一个人如果越是用他的长处，他的缺点就会越来越少，直到微乎其微。

第四，看一个人的经历，看他在过去的生活中和事业上，有没有取得能够证明他的能力的事迹。最为关键的是，看他对自己所作所为的态度，是敢做敢当，还是敷衍塞责；看他的现在，这是他最真实、最鲜活、最丰富的一面，看他的工作是否实在，生活是否简单，对时间是否珍惜，他现在是怎么看待自我和他人的，他的人生观，价值观和世界观是否正确；同样，看过一个人的过去、现在，还要看他的未来，看过一个人所能做的，还要看他可能做的，这就要看他的发展定位、发展方向，看他的思想能量和发展轨迹。

一个人看人的眼光就是这样慢慢地练出来的，有人曾说过，看一个人不是看他的现在怎么样，而是看他的眼光在哪里，看他的下一步在何处。这其实也是在说一个道理：要用全面的眼光看人。

第二章

人可貌相，观其表象而知其人

俗话说："观人于细，察人于形！"事实也正是如此，世界上有善良的人，也有残忍的人，同样也有很多不可理喻的人。也可以说，人是一种非常复杂并且很难懂的动物。然而，虽然人很复杂，但并不是说就是不可识别的。毕竟，世上任何事都是有迹可循，并有端倪可察的，人自然也不会例外。很多时候，一个人的外在表现其实就是内心情感的一种流露。只要你能够留心观察，你自然就能够练就"一眼望穿"的高超识人技巧。

1.从外貌看人的性格

一个人也许可以控制自己的言谈举止，但绝对控制不了自己的外貌。有的长得漂亮的人，内心不一定完美。有的长得不好看的人，心灵却是很美的。还有的不仅外表好看，内心更美。外貌正是一个人内心的外现，它能够流露出一些比言行更为真实的信息。如果你能够读懂对方的外貌，就可以对对方的内心有一个更深入的了解。

观眼知人术

老祖宗有句话是这样说的：知人知面不知心。其意是说我们没有办法从脸上的表情判断对方心里在打什么主意。但面相学上常说“眼正心正、眼善心善、眼恶心恶、眼斜心斜”，“观其人先观其眸”，这倒是给我们提供了一个判断的依据。

(1) 单眼皮的人个性比较冷静沉着，对感情的表达方式含蓄内敛，即使眼前站的就是自己欣赏或者喜欢的人，也会尽可能地保持镇定，不露痕迹。虽然为人积极，但表现却让人感到冷漠而热情不足。单眼皮的人通常耐力比较强，能够承受较大的压力，很多可以成为管理型人才。

(2) 双眼皮的人个性通常较为开朗，感情比较丰富，别人一些贴心的举动或嘘寒问暖，特别是来自异性的，都非常容易受感动，所以，这样的人往往抵抗不了来自异性的情感诱惑。

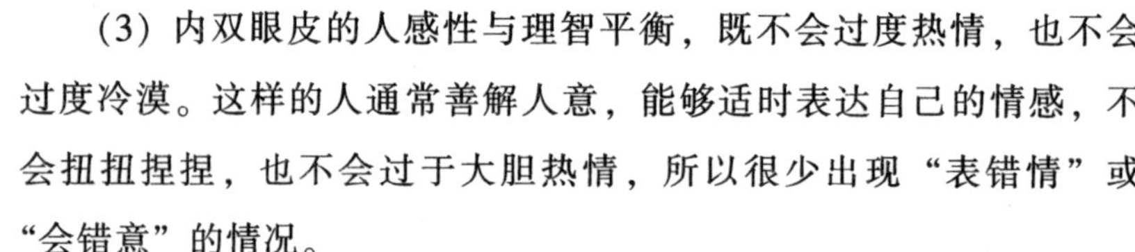

(3) 内双眼皮的人感性与理智平衡，既不会过度热情，也不会过度冷漠。这样的人通常善解人意，能够适时表达自己的情感，不会扭扭捏捏，也不会过于大胆热情，所以很少出现“表错情”或“会错意”的情况。

(4) 大眼睛表示一个人好动、敏捷、富于感情。眼睛偏大的人通常个性较为大胆直爽，对于许多事物都感到非常好奇。这样的人容易相信别人，自信心强。眼睛圆而大的人，表示其领悟力宽博，对于一般事物皆有兴趣。

如果眼睛大而且是双眼皮，这样的人一般人际关系比较好，但个别的人会属多愁善感，较为天真没心机的类型；如果眼睛大且水汪汪的，如电眼般，则是个“多情种子”，可能有很多的风流韵事。

(5) 眼睛偏小的人一般情况下胆子小，因为他们个性比较保守谨慎，对非常有把握的事情才会采取行动。对人对事都极富警戒心，不容易相信别人，所以让人感觉个性多猜疑、精明且冷淡。不过眼小的人，在感情上较为专一，不容易变心，但却爱钻牛角尖。

(6) 眼睛细长的人，通常聪明而富有幽默感，笑起来变成一条缝，就是所谓的笑眯眯。这种人和蔼可亲，人缘好，职业前途亦很可观；如果眼睛细长且大，则性情忽冷忽热，情绪变化明显，是个心性宽大明朗的博爱主义者。

(7) 眼睛外凸的人，性情多刚强、诡诈、凶狠。眼睛深凹的人，性情执拗、深虑、多疑忌。

(8) 眼睛为三角形的人，凶恶、孤僻、无情。

俗话中骂人常说这样一句话：“滴溜溜的眼睛，四处转动；贼溜溜的眼睛，东张西望。”滴溜溜的眼睛，贼溜溜的眼睛，是女人和男人最不好的眼语。滴溜溜，表现了女人的轻浮；贼溜溜，表现了男人的狡诈。通过眼睛可以看出一个人的性格。除此之外，从一个人的眼神中也能看出很多东西。眼睛比嘴巴更会说真话，它不仅能让我们看见多姿多彩的世界，欣赏各种不朽的自然杰作，而且能够帮助我们探测到他人的内心世界。无论一个人心里正在打什么主意，他的眼神都会立刻忠实地告诉别人自己在想些什么。

一个眼神没有光彩的人，可以测知其人没有决断力；一个眼睛闪亮的人，一定是非常聪明且多才多艺的人；对人偷视、偏视、斜视的人，一定是淫乱贪婪之徒；眼光上视的人，生性骄傲，目中无人；眼睛下视，或语对人目不对人者，多半是一个狡毒、多疑、阴险的人物（但眼带羞而下视者，乃是自卑不安或过分拘谨的人，或许是缺乏自信心，或许是心中有事，不可混同）；眼神不定，左右乱视者，一定是狡诈偷摸、欺骗的人；眼光浮露的人，贪淫；眼睛红筋缠绕的人，则多半是刚愎之流，也有可能是奸恶之徒。

观眉知人术

古相书论眉言："眉为两目之华盖，实为一面威仪，乃日月之英华，主贤愚之辨别。"眉之重要性，亦不容忽视。眉毛长短浓淡表示着一个人的人品、性格以至感情的动向与命运，也可以推测人的寿命长短、荣衰、兄弟亲疏之缘。因此眉毛长得好不好，对一个人的影响很大。

粗眉的人比较男性化，性情积极而好冲动；细眉的人比较女性化，性情消极，优柔寡断。新月眉看起来非常漂亮，但若是男性长了这种眉毛，他的性格一定比较懦弱。此外，粗眉的人往往会得到双亲的庇护。

眉梢比外眼角长的人，会体谅别人并具有雅量，经济上比较充裕。

长眉可谓吉相。眉毛长的人大体上都比较宽宏大量也颇有远见，而且比较心细，从而做事就特别的细致，少出差错，性情温和、优雅，理解别人，从而人际关系也比较好，属于好好先生型。兄弟之间和睦相处，并且会特别受到双亲的宠爱。也不会为钱而感到困扰，一生的经济状况良好。此眉之人比较适合于从事理财方面的工作，比如会计、出纳等。相对而言，眉毛比眼睛稍长一些比较好，眉的长度比眼睛长很多的人，兄弟间的情分较深，缺点是这样的人依赖心较重。

眉毛如果比较短，不及眼睛的长度。这就是所谓的眉短不过目。短眉之人，大都比较以自我为中心，会考虑自己的利益先行。他们的上进心不是很强，一般个性都较为倔强，性格属于激情型的，难免急躁。所以与家人的关系会出现不和睦、不融洽的现象，常常生活在自我的世界之中，人际关系也并不十分圆满。运气欠佳的原因就与性格有关，如果在生活中遇到波折，应从反省自我开始。不过他们也有优点，就是意志会比较坚强。想要事业成功、财运丰厚的话，要靠自己的努力去实现。

古人通常将眉毛分为清秀眉、新月眉、柳叶眉等类，其主要的、常见的分述如下：

(1) 清秀眉：这种眉再配上丹凤眼，真是“眉清目秀”，贵不可言。这种人具有文才，爱情专一，是女孩子择偶的好对象。

(2) 新月眉：纯情、明朗、快活，女人若有这种眉，则温柔多情，是男士追求的好对象。

(3) 柳叶眉：这种人骨肉情疏，但对朋友却很情笃。

(4) 八字眉：相法谓“眉分八字，贪花柳”。这种人通常对爱情不专。

(5) 一字眉：这种人固执、独断，自尊心极强。

(6) 虎眉：性野，勇而无谋，果敢逞强。

(7) 鬼眉：眉毛粗而阔，人面兽心，占有欲特强。

(8) 螺旋眉：多智多疑，虚荣心较强，做事情中途易受到挫折。

2.牙齿与个性

牙齿与人体，无论在病理学上或生理学上，都具有密切的关系。因为由一颗牙齿，就可以推测其年龄、体质及性格，所以牙齿在面相学上也占很重要的地位。我们可以根据牙齿的外形特征对一个人的性格进行分析。牙齿也是我们对一个人的性格进行判断的重要着眼点。

根据牙龄的大小看性格

牙齿可谓骨骼的末梢，在面相法上牙齿占有重要的地位，通过观察牙齿的形状可以判断一个人的运程与性格。根据大小，可以将牙齿分为大牙齿、小牙齿和大小牙齿。

(1) 大牙齿

大牙齿的人多半思维敏捷，善于思考，行为大胆，为人诚实并热心于工作，体力充沛，富有朝气，但做事不够细心，容易出错。牙齿过大的人本能欲望比较强，较为自私。门牙大的人，还表示性功能好，通常性欲很强烈。脸小而牙齿大的人，既无财运也无长寿之相。

(2) 小牙齿

小瓣牙齿又称之为米粒牙，这类人大多性格机敏，处事灵巧，喜欢追求新事物。小牙齿的人逻辑思维能力和辨别能力强，做事情按部就班而且细致认真，性格温顺冷静，忍耐力优异，与大牙齿的人相反。他们感情丰富，喜欢照顾他人，因此人缘非常好。牙齿过小的人，感受性过于敏锐，以至于有些神经质，他们常常因过于拘泥细节而惹人嫌恶，体力及耐力亦不佳。上下牙齿都非常小的人，其警戒心强且嫉妒心也比较深，与这类人相处时，要小心一些。

(3) 大小牙齿

据调查统计发现，牙齿大小不一的人做事认真细致，生活中善于精打细算。他们对任何事情都设想得非常周到，是一个智者形象，但终究因耐力不足，往往只有心动而没有行动，对许多事的执行都只停留在嘴上，这在一定程度上也阻碍了其走向成功的步伐。

(4) 牙齿均匀

此类人牙齿平齐，一般心性比较平和，不大爱受拘束，会照顾好自己，在财物方面不会有所缺失。

根据牙齿的排列状况程度

根据牙齿的排列整齐程度，还可以将牙齿分为外突、内倾和排列整齐等三种类型。

(1) 牙齿外突

也就是我们平常所说的“暴牙”，此类人性格比较开朗，但有时会略有些暴躁。做事情通常积极大胆，好奇心比较强，说话直爽，快人快语，非常招人喜欢，但往往言过其实，就变成吹牛了。他们虽有干劲，但做事总是虎头蛇尾，半途而废，意志力不坚强，不能持之以恒，因此，也不能很容易地取得成功。

(2) 牙齿内倾

牙齿内倾也就是上下两排牙齿都向内倾斜。有这类牙齿的人对事物的接受能力比较强，是非常有创意的人，有着自己的看法，事事都喜欢标新立异，所以这种人适合搞一些策划。举止异于常人的他们常被人们视为另类，而他们自己却似乎以此为荣。这种人心里容不下任何委屈的事情，比较喜欢报复。

(3) 牙齿排列整齐的人

牙齿长得疏密有致、整齐的人，做事认真、负责，喜欢按部就班、不紧不慢、一步一步地进行，而不喜欢有较大的改变。此类人有很强的责任感，对待问题从来不逃避，而是勇敢且理智地去面对，因此这类人也就有较高的声望。

其次，根据牙齿的多少，可把牙齿分为稀疏和叠牙两种。

第一种是牙齿量少且稀疏的人，他们身体状况良好，性格开朗，没有心机，人非常老实，是值得交往的对象。唯一的缺点是他们会在无意中把别人说给自己的秘密泄露出去，保密性较差，因此向这样的人吐露心事时，要谨慎。

叠齿的人：一般人牙齿都是一层，叠牙的人牙齿排列并不是这样，而是在前后方又长出牙齿，出现“叠齿”。这种人个人能力很出色，自信心较强，但容易产生自负心理，对于工作总是能够进行得得心应手，处理得非常出色，但终因骄纵任性和嫉贤妒能的毛病，而没有知心的朋友。另外，特别是女性，门牙重叠的人爱挑拨是非，与这类人交朋友要慎重。

最后，门牙的位置以及门牙之间的缝隙大小也能透视一个人的性格特征。

门牙间距大的人通常家庭观念比较差，对父母不太好，属于不孝子或者不孝女；门牙夹犬牙的人伦理道德较差，如果是男性，则是一个花花公子的形象；门牙尖锐者性格暴躁，是一个不讲理的人；门牙歪的人爱吹牛，门牙夹缝小的人朋友缘不好，经常会陷入孤立无援的境地；门牙细小的人对钱比较看重，是个典型的“铁公鸡”，一个守财奴的形象。

3.从嘴的动作了解对方

嘴巴有几种基本的运动方式：张开闭合，向上向下，向前向后，抿紧放松，可以画出多种嘴角弧度，而不同的嘴角弧度也形成了不同的嘴部动作。而这些丰富的嘴部动作，能够反映出一个人的性格特征和心理态度。

从笑的特点来分析性格

微笑是世界上最美的表情。笑是嘴巴动作中最典型的，也是最能观察对方情绪的一个动作。不同的人有着不同的笑法，嘴部的动态也会有所不同。

（1）微笑，嘴两端稍下垂。这类人性格通常比较内向，不善言语，与人交流存在着一定的困难，但注意细节，喜欢对别人的话进行分析，惟一不足的就是做事时常半途而废，也因此而难以实现自己的愿望。但他们在手工艺、缝纫等技能方面非常拿手。

（2）眯着眼笑，笑的时候嘴巴两端稍向下，几乎不开口。这类人的性格通常倔强固执，对周围的其他人不够坦诚，有时候明知其事但假装不知而不予人语，也往往因为这个而吃亏。性情还算和气，一旦不悦就立即大发脾气。多才多艺，有理想、有抱负，但很多时候不愿与人合作行事，因此也就很难成功。

（3）开口大笑，嘴巴两端成平状。这类人的性格粗犷，通常不拘小节，行为较大方。但这类人往往缺乏一定的耐心，一遇到困难就知难而退，容易让人产生做事虎头蛇尾的误解。这种人最终有可能会在经商方面有所建树。

(4) 狂笑，嘴两端猛向上方翘。这类人精于社交，性情比较温和，能让对方感到有一种亲切感，具有冒险精神，并拥有积极的作风，生活中非常乐于助人。比较适合从事文秘工作，善于处理繁杂事务，越繁杂他反而越能体会到工作的乐趣。

从嘴角弧度判断性格及其内心

嘴抿成“一”字形的人，性格坚强，具有务实精神，是个典型的实干家，交给他的任务一般都能够圆满完成，并会因此而得到领导的赏识，升迁和提拔的机会比较多。

嘴角稍稍有些向上，这种人比较聪明，头脑机灵，性格活泼外向，心胸也比较豁达，与人相处非常随和，是一个标准的绅士。

喜欢把嘴巴缩起的人，干起活来认真仔细，会是一个好帮手，但这类人通常只适合做下属，不适合做领导，因为其疑心很重，不容易相信下属，往往会有后院起火的危险。另外，这种人还比较容易封闭自己，把自己孤立起来。

交谈时嘴唇的两端稍微有些向后，表明他正在集中注意力倾听谈话，这种人意志不是特别坚定，容易受对方的影响，主观判断力不是很好，做事有时候爱犹豫。

下嘴唇往前撇，表明他并不相信别人所说的话是真实的，并且他还想立刻找到证据来反驳你的理论，直到你承认自己说的是假话为止。

上下嘴唇一起往前撅的时候，表明此人的心理可能正处在某种防御状态。

嘴角老是向下撇。此种人性格固执、刻板，并且内向，不爱说话，通常也很难被别人说服。

时常舔嘴唇。这类人非常有可能压抑着内心因兴奋或紧张所造成的波动，因此他们常口干舌燥地喝水或者是舔自己的嘴唇。

咬嘴唇。在与他人谈话时，用牙齿咬住下嘴唇，或是上嘴唇以及双唇紧闭的人，说明他正在用心地听另外一个人的讲话，也可能是在心里仔细地分析对方所说的话，然后跟自己做个对照，也可能是在认真地做自我反省。

说话时以手掩口。一般情况下，女人会有这样的状况，此种人性格比较内向、保守，甚至有些自闭，常不会过多地暴露自己。如果对方是个陌生人，还表示对对方存有戒心，或者在做某种自我掩饰。

4.判断一个人的个性，从下巴开始

下巴又叫下颚，其动作虽然极为细微，但却能左右他人对你的印象。麦当娜结实的下巴透露了她坚强的性格，贝克汉姆和维多利亚两人相似的尖下巴透出他俩性格上一致的部分，被当作夫妻脸的典范。那么，各种形状的下巴到底有什么含义，透出了人的什么性格呢？

以下巴的动作来看人

(1) 下巴抬高时，体现出骄傲自大的意思，期间夹杂着自尊心和一种优越感。生活中，这种人常常会否定他人，对别人所取得的成绩常常是不屑一顾的。

(2) 下巴缩起，稍似驼背，是懦弱、气馁的表现，说明此人小心谨慎，对所做的事情负责，能够非常好地完成上司所交给的工作，但缺点是疑心比较重，容易封闭自己，不容易相信别人。

(3) 下巴微微下坠，是种既认真又放松的状态，但两者并不矛盾。

(4) 伸长下巴，表明此人极度疲乏，一副疲惫不堪的样子，需要很好的休息。

(5) 突出下巴，不论男人女人，这样都会被认为是具有攻击性的行为，是一种想“扑向前去狠揍一顿”意图的动作。突出的程度越大，则攻击性的程度也就越高。

(6) 用手接触下巴，是一种自我亲密的表现，是在丧失自信、不安、孤独、话不投机的尴尬场面中经常出现的动作，借接触自己的身体去掩饰自己内心的不安。从心理学角度来讲，这是一种缺少安全感的表现。

下巴的形状体现一个人的性格

四方形下巴——认真坚持

这种下巴是方方正正的四方形，脸部颧骨突出，下颧呈角。这种人比较能干，非常有进取心，做起事来非常认真、果断。当定好一个目标时，就会非常努力地去达到目标，无论遇到什么问题，都会坚持到底。意志力坚强，有能力，做事勤勉，富有正义感，并具有很好的指导能力，惟一的缺点是待人冷淡，否则是当老师的最好人选。这种人只要有人提拔，一定能不辜负提拔者的厚望。在学者和白手起家的企业家当中，方下巴比较常见。而且他们恋爱时诚恳

下巴呈四方形，个性稍微有些男性化，任性，不

却非常干练。

细尖下巴——感觉敏锐

这种人下颚细长，脸颊消瘦，整个脸部呈三角形。下巴尖尖的人喜爱幻想，对艺术敏感，自己有独特的见解，适合朝演艺、艺术设计等方面发展。然而这类人美中不足的是工作不能专注投入，没有很长远的眼光，对将要发生的事估计不足。他们性格比较暴躁，如果有不满，多半会发泄在他人身上，碰到强烈的打击难以恢复，做事也缺乏一定的协调性。他们在感情方面比较容易失败，对家庭通常不够关心，所以到晚年要特别留意。下巴尖小的女人，喜爱艺术，做事没有持久性。下巴长而尖，有冒险精神，外向好动。下巴尖而歪斜的人则多心狠手辣，与这种人相处要格外小心。

圆形下巴——温和顾家

这种脸形肌肉厚实而有圆感，是一种稚气的脸形。有这种脸形的人一般在生活中容易情绪不稳定，但这种人生性爱好社交，他们心地善良，有同情感，没有什么心机，经常因此而落入别人设下的圈套中。圆下巴的人看起来非常和气，易于相处，比较容易拥有美满的爱情。若男性拥有圆下巴，则个性温和。在工作上是属于努力工作型，通常都会有升职的机会。如果女性下巴圆而小，则会喜爱艺术，有表演天赋。如果女性下巴圆而满，那么她会是顾家的人，而且这样的女人通常比较善解人意，是个很重家庭生活的人，非常有利于丈夫的事业，她们可以独自把孩子教育好。

长方形下巴——乐于助人

这种脸形下颚比较长，多半鼻子也比较高。这种人研究心比较强，对工作可以不遗余力，废寝忘食，也可能是个工作狂。此类人做事情比较认真，有耐力；稳重，喜欢帮助别人，比较讲义气；对别人会付出很多的关怀，所以家庭生活能够幸福美满。他们有准确

的判断力，同时也是长寿之相。不过个性有些固执、感情脆弱，恋爱会投入很多，结婚后也会对妻子很好。如果是女子，则是外刚内柔的个性，是典型的贤妻良母类型，她们对家庭会全心全意地付出。

广圆型下巴——体贴细心

下颚宽广，肌肉丰实而有弹性，这种脸形的人，通常对待工作非常热情，多属于工作狂。另外，这样的人对爱情也非常积极，能够体贴对方，有爱心，除了对自己的恋人和伴侣之外，对周围的人也能尽自己所能去帮助，也因此而容易受到异性的仰慕，婚后生活美满幸福，几乎是一个完美的人格形象。

凹下巴——多情善感

下巴中间凹下去，这样的人大都生活多姿多彩，感情比较丰富。他们是多情善感的人，饱尝情感的苦恼之后，终会享受到爱情的甜美。此类人的疑心比较重，付出的情感总要求得到相应的回报。他们调适自己最好的方法就是把自己投身于工作之中，以他们的艺术天分和丰富的感情，在演艺界或艺术方面都可以取得骄人的成绩。

宽下巴——好奇善良

下巴宽宽的，看起来很有肉，这样的人有和气生财的倾向，通常情况下晚年会过得比较好。宽下巴的人心地善良，有强烈的好奇心，喜欢研究，对人比较实在。下巴丰腴的人，子孝孙贤；下巴阔圆，则此人老来有房有钱很富足；下巴与腮部都丰厚圆满，这种人一生用人得力，事业通常会比较发达。

5.坐姿，彰显他人性格

平时坐在椅子上，你觉得怎么样坐着最舒服？也许你的这个不经意间的动作就可能“出卖”了你，因为坐姿会透露出你的性格特点。美国的心理学家经过长期的观察和研究发现，坐姿会透露出一个人的心理秘密。

坐姿窥探性格的秘密

跷着二郎腿坐着，无论哪条腿放在上面都很自然：说明这个人比较自信，他懂得如何生活，人际关系也比较融洽。

如果一个人坐着的时候喜欢跷着二郎腿，并且一条腿勾着另一条腿，说明其为人谨慎、矜持，没有足够的自信，做事甚至有些犹豫不决。而周围人会认为这个人的性格比较复杂。不过由于这个人的吸引力和分寸的把握度还不错，所以也能够让大家正确地评价并喜欢他。

如果一个人喜欢正襟危坐，两脚并拢并且微微向前，整个脚掌着地，说明其为人真挚诚恳，襟怀坦荡。特点是做事有条不紊，但容易较真，力求周密而完美，有时甚至有洁癖倾向，这难免拘泥于形式而显得呆板。虽然从外表看来，这样的人有些冷漠，但这些都是假象。这一类型的人只做那些有把握的事，从不会去冒险做一些事情，因此，这样的人缺乏足够的创新与灵活性。

如果一个人坐着时喜欢脚尖并拢，脚跟分开，那么说明这个人做事易犹豫不决，有时会过分地一丝不苟，这样往往会影响到变通性。这样的人习惯独处，交际只局限在他感觉亲近者的范围内。不过，这样的人很有洞察力，能以最快的速度对他人的性格做出准确的分析和判断，只是有时候会过高评价自己的能力。

一个人坐时踝部交叉，当男人显示这种坐姿时，他们通常还会将握起的双拳放在膝盖上，或用双手紧紧抓住椅子的扶手；而如果女性采用这种姿势时，通常在双脚相别的同时，双手会自然地放在膝盖上或将一只手压在另一只手上。大量研究表明，这是一种控制消极思维外流、控制感情、控制紧张情绪和恐惧心理、表示警惕或防范的人体姿势。

如果一个人坐着时敞开手脚，那么他具有掌管一切的偏好，有指挥者的天赋或支配者的性格，也可能是性格外向，不知天高地厚，不拘小节的人。

如果一个人坐在椅子上摇摆或抖动腿部或用脚尖拍打地板，那么就说明其内心焦躁、不安、不耐烦，或是为了摆脱某种紧张感而为之。这种人自私，凡事从利己角度出发，对别人很吝啬，对自己却很纵容。

一个人如果坐时把身体尽力蜷缩在一起、双手夹在大腿中，这样的人往往自卑感较重，谦逊而缺乏自信，大多数属于服从型性格。

看这些坐姿小细节

如果一个人坐时不按正常的做法，而是将椅子转过来、跨骑而坐，这通常是人们面临语言威胁，对他人的讲话感到厌烦或想压下别人在谈话中的优势而做出的一种防护行为。有这种坐姿习惯的人，一般总想唯我独尊，称王称霸，生活中什么事情都不能让着别人。

如果一个人坐在椅子上爱侧着身，说明他们心里感觉非常舒畅，往往有我行我素的思想，觉得自己没有必要给他人留下什么好印象。这种人往往是那种感情外露、不拘小节的人。

一个人在他人面前突然间坐下，这样的举动从表面上看是一种随随便便、不太礼貌、不拘小节的样子，其实此动作说明此人隐藏着不安，或有心事不愿意让他人知道，不自觉地用这个动作来掩饰自己受抑制的心理。

如果一个人和你坐在一起时有意识挪动身体，说明这个人想要在心理上与你保持一定的距离。并排而坐的两个人要比对坐着的两个人，在心理上更有共同感。

如果一个人喜欢和别人对着坐而非并排而坐，则说明此人更希望自己能够被对方理解。斜躺在椅子上的人比坐在他旁边的人，具有心理上的优越感，或者处于高于对方的地位。直挺着腰而坐的人，可能是表示对对方的恭顺之意，也可能表示被对方的言谈激起了浓厚的兴趣，或者是想要向对方表示自己心理上的某种优势。

6.从睡姿中看出来的秘密

从心理学上讲，睡姿是人们在睡眠的过程表现出来的一种肢体语言，是受个人意识控制极少的一种下意识动作。一般来讲，睡姿所传达的信息很少带有欺骗性，它能够真实地反映一个人的心理状态和性格特点。睡姿所透露出来的秘密可以帮助你更全面地了解一个人。

读懂睡姿，了解人的性格

如今，很多人都在研究人们醒着时的各种肢体语言，殊不知，人在睡眠时所表现的信息同样是肢体语言的一部分。事实也证明了，观察一个人的睡姿，也是了解一个人的真实性格的好方法。

英国著名教授克里斯对1000名受试者进行调查分析后，概括出了六种常见睡姿，而且实验也证明了，他们的睡姿的确和他们各自的性格有着很大的关系。

这六种睡姿主要是：

（1）婴儿般的睡姿

这种睡姿是最常见的，有这种睡姿的人，其往往是外表强悍，而内心却十分敏感。他们常常在初识陌生人的时候会表现得很害羞，但很快就会变得很自然。一般来讲，他们心理上大都是缺乏安全感的，内心比较脆弱，对身边熟悉的人或环境比较有依赖感。感性且逻辑思维的能力较差，遇到困难会选择逃避。

（2）面朝下趴着睡

这种睡姿是人们最少用的一种。有这种睡姿的人，大多数是喜欢刺激、热闹的人。虽然他们的胆子很大，但内心却有些神经质，脸皮很薄。他们不喜欢受到他人的批评或指责，有很强的自我保护意识。在和他人交往时会保持很远的距离，有的虽然表面上和你很近，但内心却离你很远。以自我为中心和过度关注自己是其鲜明的性格特点。

（3）脸朝上，中规中矩地平躺

此类型的人一般都很理性，有时甚至会理性过度。他们沉默拘谨，情感色彩没有太大的变化，无论是对自己还是对他人，都没有过高的要求。从消极的一面来讲，就是刻板、固执、原则性太强，教条心理严重；从积极的方面讲，这类人一般都有较强的耐性，做事持之以恒，特别讲信用。

(4) “大”字形睡姿

一般情况下，有这种睡姿的人主要有两类：一类是对自己的状况盲目乐观，盲目自信，就像有些自负的人。他们的性格热情、开放、直爽，思维敏捷迅速，情绪比较不稳定。另一类是认为自己各方面的能力都非常强，所以不怕被伤害。这两类人的自我防卫心理都不是很重，那是因为他们内心深处的理想化心理，所以他们觉得自己什么都不怕。另外，他们也属于不懂得克制自己，放任自己的人。

(5) “树干”形睡姿

拥有这种睡姿的人，大都是比较中性化的人，他们的个性都比较随和，喜欢待在人群之中，会很快地信任身边的陌生人。无论是处理个人的人际关系还是情绪表达，他们既不过分理性，也不情绪化，总是保持一种适度。在自信心方面，既不自信过头，也不会感到自卑。

(6) “思念”式睡姿

拥有这种睡姿的人，他们的身体总是偏向一边，双手向外伸展，与身体形成一个直角。他们虽然也喜欢与人交往，性格外向，易融入集体，但是他们却总是很多疑，时而会产生偏激和愤世嫉俗的思想或行为，对现实中的人或事有一种顽固的批判态度。

人的睡姿就好像是一面镜子，透过它便可以看出一个人内心的想法和特点。并且，人在睡着的情况下，意识不会对人产生任何作用和影响，所以，人们在这种完全潜意识中的睡姿，很可能是其性格的真实体现。

从睡姿看情感距离

睡觉是一件非常惬意的事情，但就是在特别放松的状态下，我们才最容易窥测出一个人内心层次的个性和不为人知的秘密。对于婚姻中的人们来讲，夫妻双方对自己另一半的睡姿再熟悉不过了。因此，人们可以从自己另一半的睡姿变化上，看出两个人之间情感关系的变化和心理距离。以下几种睡姿可供参考和判断：

（1）面对面的睡姿

这种睡姿是夫妻之间亲密程度达到顶点的最佳睡眠姿势，如果两人拥有这种睡姿，则说明你们处在狂热的爱情阶段。很多结婚多年的夫妻在一些特别的日子里重新采取这种姿势，以表示对方在自己心中的重要性，表现一种难舍难分的心理和情感。

（2）对未来有承诺的睡姿

这种睡姿是典型的“皇族姿势”，通常情况下，有这种睡姿的大都是男性。他们喜欢面朝上躺着，给人一种特别强烈的自我意识和大男子主义。女性一般会把头枕在男性的肩膀上，体现一种依赖感和归属感。对于刚结婚不久的夫妻来说，这种睡姿是最常见的，表现出双方对彼此的信任和亲密，两人对彼此之间的感情非常专注。

（3）呵护的睡姿

有这种睡姿的人，彼此间会紧紧抱住，是一种心与心的交谈的好办法。如果两人之间的感情发生了危机，那么，就是这一个小小的动作，便能融化对方的心。同时也说明了自己在对方心里的重要性，对方不想轻易地失去你，想要获得你的原谅，非常珍惜你们之间的感情。

（4）想要独立的睡姿

两个人在一起的时间越久，就越发想要拥有独立的空间，因为

夫妻之间经过多年的感情交融，已经建立了一种亲密的关系，而且这种关系也不容易被改变。这时，人们就会想重新体现自己的独立个性。于是他们的睡姿通常是，只有臀部是接触的，就像是两个圆，各自独立而又有交集。同时，这种睡姿被心理学家称为是互相依赖的最好定义。

(5) 追求式睡姿

这种睡姿一般是夫妻间最好的缓解矛盾的方法。比如，两个人吵架了，妻子突然转过身去，或者干脆睡到了另一头，那么，丈夫如果追过去，就说明丈夫很在乎妻子，并不想惹她生气；如果无动于衷，则说明这个丈夫不懂女人的心思，或者不在乎妻子的感受。通常，主动远离你的一方，大都希望自己的另一半能紧跟在他（她）身后，因为主动离开的举动本身就是一种邀请的意愿，同时也是对另一半的考验。

(6) 互相信任型睡姿

当两个人之间的爱情还很新鲜的时候，他们通常都愿意牺牲自己喜欢的睡眠姿势，而选择这种能够体现亲密关系的姿势。结婚一两年后，还是有很多夫妻愿意牺牲自己的空间，从这种睡眠姿势中让彼此找到足够的安全感和舒适感，但是，两人之间还是有一些空间的，通常是用手、膝盖或脚作为感受对方存在的一种连接。这种姿势既体现了一种自我，又表现出一种对彼此的信任和亲密。

(7) 想要获得正常休息的睡姿

夫妻之间，如果一方把自己的脚搭在对方的身体上，而被对方委婉地推开，那么说明对方想要获得正常的休息。这种睡姿一般表明夫妻双方都不愿意表达自己的感情，或者是在压抑自己的情感，但意愿是想要向着好的方向发展的。有这种睡姿的人一般都是感情基础很深的夫妻。

(8) 丈夫想抛弃妻子的睡姿

如果丈夫是以一种特殊的方式睡的，属于半挂式或头尾相接式的，则说明他想要从对方的世界中脱离出去，两个人之间好像在做不同方向的旅行。对于女性来说，如果你的丈夫有这种睡姿的时候就要特别注意。这种姿势表明了他的潜在需要，想要从你们的婚姻中脱离。

睡觉的姿势无所谓好坏或是对错，尽管双方的睡姿与原来的不一样能够反映某些问题，也不要对着表象左右生疑，应该结合实际生活进行分析，找到变化的原因所在。睡眠姿势只是夫妻间交流的开始，并不是预兆。要学会读懂爱人的身体语言和自己的身体语言，在交流后进一步增进夫妻间的感情。

7.衣服颜色，一个人内心的独白

服饰美是人内在美的一种外在表现形式，衣服的颜色更是一种不出声的外在语言，它可以传递人的心态、性格、爱好及身份等多方面的信息。可以说，衣服不仅是流动的文化，衣服的颜色更是表现自我心灵的舞台。因此，想了解一个人的性格特征，可以从仔细观察他们衣服的颜色着手。

从衣服颜色看个性

以颜色的喜好进行性格判断的方法是德国一位心理学家首创的，

这种研究曾经在全世界风行。心理学家认为，色彩在衣服上的体现有着难以言喻的魅力，不仅能够表现出衣服的质感，更能表现出一个人的个性和风度，是人的整体形象中最具情感特征的一部分。

一个人选择什么颜色的衣服，说明他有着怎样的个性。因为这是和个人在当时选择衣服时的心理活动状态有着一定联系的。所以，从每个人喜爱的颜色上多少都可以看出他具有什么样的性格特征。同时，颜色的选择还能在一定程度上弥补体型和肤色的某些缺憾，实际上也是在掩饰这种缺憾带来的心理障碍。

对于男性来讲，他们大都比较喜欢冷色调和中色调。因为这些色调的衣服，穿起来显得庄重、威武、雄壮、深沉。另外，不同职业、年龄和性格的人，对衣服颜色的选择也不尽相同。比如，年轻人就比较喜欢活泼、热烈、张扬的颜色，中老年人则热衷于沉稳、深厚的色调，医生则偏爱干净明快、浅淡清爽的颜色，艺术家则多选择浪漫潇洒、富有古典韵味的怀旧颜色。

总体来讲，衣服的色调基本上可分为三大类：冷色、暖色和中性颜色。不同的色彩能体现截然不同的性格特征。

暖色博得他人的好感——红、黄、橙色无疑是暖色的代表颜色。它们给人以热情、自信、友爱、爽朗的感觉，有助于人们结交朋友，增强自信，从而扩大自己的社交圈子。

冷色增强个人的气势——相对而言，冷色及颜色较深的衣服，比如黑色、咖啡色、蓝色等，给人带来一种严肃的气氛，使人感觉冷感且神秘。

中性色缓和彼此的情绪——在缓和矛盾、解决纷争的场合，切忌穿颜色鲜艳或较冷的衣服，因为这些颜色极易牵动人的情绪，令人激动。如果穿着中性颜色的衣服，比如米色、浅灰色等，可以有效地缓和紧张的气氛，实现平衡效果。

一个人为了掩饰自我而穿着衣服，但是又往往因为自己衣服的颜色，反而使得内心暴露在他人的面前。因为一个人经过自己选择而穿在身上的衣服，正好表现出他们所不想暴露的内心。所以，衣服可以说是人体不可分割的部分，衣服的颜色更是自己内心的外露。想要了解一个人的内心世界，可以从对方穿着衣服的颜色分析。

颜色的选择受心理影响

每个人所穿衣服的色彩总是和个人当时的心理活动状态有着一定的联系。所以，从每个人所选择的颜色上可多少看出他具有什么样的心理。

（1）白色

白色与任何颜色的衣服都能搭配组合，同时，白色是一种纯洁、干净的颜色。选择白色衣服的人，无论是在色彩感觉上，还是在个人装扮上都非常优秀，但是他们的缺点是缺乏主动性和判断力。

（2）蓝色、蓝紫色

现实生活中的很多人都喜欢穿这种颜色的衣服，经过调查和实验证明，他们往往是缺乏决断力和执行力的人。他们说话比较啰唆，缺乏责任感，不善于表达自己的情感，但自尊心却很强。如果想要与他们交往，就要懂得按部就班、投其所好，同时要时刻注意不要在他们面前说其他人的坏话。

（3）黑色

选择黑色的人大都是比较坚强、独立的人，他们遇事比较理智，不会轻易表露自己的心情，给人一种冷酷的感觉，有些情况下，这也是一种自我保护的心理体现。

（4）红色

选择红色的人在生活中是爱冲动、精神上坚强的人。一般人们为了虚张声势便会选择穿红色的衣服。

（5）紫红色

人们一般在无法冷静、无法客观分析自己的心理状态下会选择紫红色的衣服。

（6）桃红色

选择桃红色衣服的人，举止都很优雅，选择这个颜色也是为了保持这种优雅的美。

（7）青绿色

人们在希望获得纤细感觉的心理状态下才会选择青绿色。

（8）紫色

选择紫色的人一般都有一种自我满足的神秘感，常常喜欢别出心裁。

（9）褐色

选择褐色是为了让自己获得一种踏实感。

（10）黄绿色

人们一般会在缺乏兴趣、交际狭窄、缺乏细腻感觉的心理状态下才会选择黄绿色衣服。

（11）灰色

人们在缺乏主动性，或者是没有勇气面对困难的时候，就会选择灰色。

（12）紫红色、暗褐色

人们在非社交场合或不喜欢表露自己心情的时候会选择类似这样的颜色。

（13）橄榄色

当人们处于被抑制的状态或歇斯底里的状态时会选择橄榄色。

（14）绿色

喜欢绿色的人一般都喜欢自由，有宽大的胸怀。在人们对事物抱有某种希望，或没有偏见的心理状态下会选择绿色。

（15）橙色

选择橙色的人一般无法独自生活，但是他们幽默开朗，口才好。一般人们在对人生意欲强烈的时候会选择橙色。

（16）黄色

当人们为了给他人一种有智慧、有纯粹高洁心灵的感觉时，就会选择黄色的衣服。

人们除了用衣服的颜色来体现自己的个性外，往往还会用颜色来掩盖和弥补自己内心的不足。如果能够把握住人们对衣服颜色的选择的独特心理，那么在识人、读人方面，我们很可能会有意想不到的收获。事实证明，从选择衣服的颜色看人，的确是识人、辨人的好方法。

8.衣着穿戴，品性的最直接体现

人的衣着穿戴不仅可以衬托一个人的容貌、气质和风度，更能反映一个人的素质和修养。不同的人有不同的衣着穿戴，从一个人的衣着穿戴上不仅能看出他的职业和地位、情感和修养，还可以看出他的智慧和能力。学会通过衣着穿戴识别人，便可以迅速地把握对方的真实品性。

从衣服的选择上看人的品性

衣着是一个重要的社会性内容，人们在选择衣服的时候会考虑到方方面面，如款式、年龄、经济条件、用途等。“佛靠金装，人靠衣装”，衣着打扮虽然是人的外在表现，但有时候，从衣服的选择上判断一个人的性格和内心也是很有必要的。从一个人对衣服的选择，便可以读懂他的品性。

美国著名的军事家道格拉斯·麦克阿瑟是一个十分注重自己形象的人，从他的着装上便可以看出这一点。第一次世界大战的时候，麦克阿瑟当时还只是一名年轻的上校，然而他的制服就与众不同。他的制服从来都是简单正式的，也从没有任何多余的配饰，就是怕影响指挥作战的效率，这表现出他的年轻气盛、血气方刚的干练之气；而到了第二次世界大战时，麦克阿瑟依然身着制服，但从不打领带，头上多了一顶镶着金边的帽子，脸上戴着一副太阳镜，嘴里叼着大烟斗，表现出一种成熟和老到。

在我们的生活中，人们对各自衣服的选择有着不同的心理需求，从这种心理的背后也可以看出他们的品性。例如：

(1) 节约的人

生活节约的人在购买衣物时，首先会考虑商品的价格，然后再决定是否购买，如果必须买就会全力以赴地讨价还价，寸步不让。他们珍惜每一分钱，每花一分钱都要计算它的价值；他们会用金钱衡量很多东西和事物，处处考虑金钱利益的得失，所以常常给人一种很势利的感觉。

(2) 讲原则的人

做人做事都很讲原则的人在购买衣服的时候，会过度在意衣物的质地、面料、做工和美观大方。他们在工作和生活中都有着求知的热情和明确的人生目标，非常清楚自己的价值，懂得努力争取属于自己的东西；他们的享受是建立在辛勤付出的基础之上的，所以大多能实现自己的目标和理想。

(3) 注重树立个人形象的人

这类人在选择衣服的时候不会以个人的喜好来决定，而是常常会考虑能否给他人留下一个美好的印象。因为他们非常重视权势和声望，所以事事都力求完美，以便在他人心中树立良好的形象。

(4) 注重思想愉悦的人

注重个人思想和心情愉悦的人大都不喜欢时尚和流行，对商店橱窗中的展示往往不屑一顾。虽然他们不会刻意地打扮自己，但是他们还是比较钟爱那些既简单又保守的衣服。他们不在乎物质和外表上的享受，对他人的评头论足也充耳不闻。但有时，他们为了满足自己的精神需求，也会耗费很多精力和时间去选择自己理想的衣服。

(5) 唯美主义者

唯美主义者在购买衣物的时候，只注重好看，价格、质地和面料等其他方面都是次要的。对于一切美的事物，他们感觉都十分灵敏，以视觉美为最高的目标。但是，他们喜欢吹嘘，不注重实际，有所成就的机会很渺茫。

(6) 注重实用原则的人

对于注重实用性的人来讲，穿衣仅仅是为了遮体、保暖，衣服的款式或时尚度都是无关紧要的。因此，他们购买衣服的花费很少，能节省很多钱，是懂得持家的人。他们的性情都很忠厚，有着跟菩萨一样的心肠，是个乐善好施的人，在街上看到乞求的人便会伸手援助。此类人大多是中年人。

衣服的选择不仅可以表露出一个人的情感，也可以显示出一个人的智慧。同时，从一个人选择衣服的风格和习惯上，甚至可以看出他的人生观和世界观。随着当今社会的进步与发展，人们越来越注意自己的形象，越来越注意外在的衣着打扮。因此，要识别和判断一个人时，从他的衣着打扮上便可以得到一些信息，也有助于看出他的性格和心理。

从戴帽看遮掩下的性格

帽子是一种既能够为人防风、遮阳，又能够帮助人们增强美感，树立某种形象的饰品。在现代社会，帽子的种类和款式越来越多，人们的选择也越来越多。人们在选择时，为什么喜欢这个，而不喜欢那个，其实都跟个人内心的喜好有关，而喜好又跟一个人的性格特征有着内在联系。所以，我们完全可以通过一个人所戴的帽子来判断他的性格。

(1) 喜欢戴礼帽的人

这类人一般会给人们一种稳重而且有绅士风度的感觉。事实上，他们选择戴礼帽，就是为了让人觉得他这个人很成熟、稳重。并且，他们在别人面前，也经常会表现得很传统。他们很清高，看不惯周围的很多事物，也有些自命不凡，认为自己是个干大事的人，无论从事哪一个行业，都至少应该是主管级的人物。

(2) 喜欢戴旅游帽的人

喜欢用旅游帽来装饰自己的人，可能是为了折射某种气质或形象，也可能是为了掩饰一些自认为不理想或者有缺陷的东西。由此可以看出，这类人中的大多数都不是真诚的，而是善于投机取巧的人，因此很少有人能够真正了解他们，往往人们看到的只是他的外表。

(3) 喜欢戴鸭舌帽的人

喜欢鸭舌帽的人大都是上了年纪的人，他们给人一种稳重、办事踏实的形象。如果是男人戴这种帽子，则说明他们认为自己是个客观的人，从不虚华；遇到问题能从大局着想，不会因为一些旁枝末节而影响大局。有时候他们会认为自己是个老练的人，于是在跟人交往时，常常喜欢跟人兜圈子，总是把对方弄得晕头转向，也不肯说出自己的心思。

（4）喜欢戴彩色帽子的人

选择彩色帽子，说明这个人天生会搭配且衣着入时，非常清楚在不同的场合，什么颜色的衣服搭配什么颜色的帽子。他们一般对时下的流行非常敏锐，喜欢尝试新鲜的东西。这类人懂得享受快乐的人生，并且总是走在时代的前沿。但是，他们也是害怕寂寞的人，因为有着不甘寂寞的心，所以他们时常会躁动不安。

（5）喜欢戴圆顶毡帽的人

这一类型的人对任何事情都会产生兴趣，但从不表达自己的看法，即使自己内心有想法，也不会说出来，而只是附和他人的观点。虽然在表面上看起来没有什么主见，但他们并不是真的没有主张，只不过不愿随便得罪人而已，即使对方是一个很不起眼的人，他也会表现得很尊重，所以是个老好人。不难看出，他们是忠实肯干的人，在他们平和的外表下始终有一种坚韧的执著。他们不会因为想要获得不义之财而玷污自己，因此他们也十分痛恨那些不劳而获的人。

有人曾经这样说："帽子是一个人性格的表白和情绪的延伸。"一个人所戴的帽子显示了他的情趣与个性。因此，在判断一个人的时候，从他所戴的帽子上你就不难了解他的性格和心理特点。

第三章

习惯看人，你的动作出卖了你的心

习惯，往往是一个人思想无意识的表达。习惯的力量又是无比巨大的，它甚至可以决定一个人的思维方式和行为方式。也就是说，有什么样的思想，什么样的行为，久而久之，自然就会形成一种无意识的习惯思维。那么，如果你想彻底看懂一个人，从他的习惯入手，自然就会了解得更多。

1.握手，彰显一个人的真性情

握手，是人类礼仪文化中出现最早的一种交流方式，要想认识别人，除了要用心去感悟之外，还要能够用手去感觉。或者说，握手不仅是相互传情递意、联络沟通的手段，也是看懂一个人的最佳方式。因为，你可以从对方习惯的握手方式中，看出一个人的心态以及性格特点，而这也是最直接能够彰显一个人真性情的地方。

握手，掌握识人的主动权

在早些时期，人与人相互之间的握手，是为了向对方表明自己的手里是没有携带武器的，并且也不会给对方造成什么伤害。然而，随着社会的发展，这种源于人类懵懂时期的握手一直流传至今，已经成为了人际交往中必不可少的交流手段。

在当今社会，无论是在商务会所，还是其他正式的外交场合，握手都已成为一种最常见的礼仪。正是因为人们在见面后不可避免地要握手，所以，握手时的力度、方式甚至于双方的表情变化都有着丰富的含义。自然，握手也就成为了一种识人读人的艺术。

当一种习惯自然形成的时候，就会随性地表现出一个人的性情。握手就是人们形成的自然习惯中的一种，握手是否主动显示了对方的结交愿望。有的人总是习惯在社交场合主动伸出自己的手，这是一种向外界传达自己友好的方式。然而，在某些情况下，这种友好并不一定就能够得到对方的回应。所以，当我们想要伸出手之前，就应该仔细地观察一下对方是否也有同样友好的愿望，尤其是面对一些身份、地位都与自己有很大悬殊的人。如果对方伸出了手，我们自然也可以伸出手去，真诚亲切地与对方握手。但是，如果对方并没有在意握手这个举动，我们也大可不必伸手出来，以避免遭遇对方不回应的尴尬。

从一个人握手时的力度可以了解其整体素质。人们握手的习惯一般会分为两种力度，一种是孔武有力的，另一种是轻描淡写的。孔武有力的握手会很容易给对方留下深刻的印象，如果一个人在和别人握手的时候，给人的感觉是浑厚有力并且是非常扎实的，那么就说明这个人在很大程度上应该是为人正直、待人真诚的，并且也很具有积极主动、进取心强的性格特点，或者，也可以说是，这个人的综合文化素质比较高。当然，需要注意的是，对于这种孔武有力的习惯性握手也是有一定限度的，在影视剧中，经常会看到有些威武勇猛的大汉把对方的手握得生疼，那么，这样的握手显示出来的就是鲁莽了。而对于那些握手时有气无力，并且缺乏生机的人来说，他们大都是性格懦弱、感情脆弱的，同时，所体现出来的个人文化素质，以及身体素质都是比较低的。所以，在握手的时候，从对方握手的习惯上就可以判断这个人具备怎样的性情，这样会更有助于你去了解他，以及是否继续你们的交往。

美国著名的盲聋女作家海伦·凯勒，她经常会通过与别人的握手来判断对方的性格。她曾经这样说道："我接触过的手，虽然是无言的，但是却极富有表现性。与有的人握手，感到的是拒人千里，当你握着他们冰凉的指尖时，就像是在与凛冽的北风握手一样。然而，有些人的手却充满了阳光，当他们握住你手的时候，你感受到的会是无声的温暖。"

很多时候，一个人的触感会比其他感觉更让你心底产生强大的反应。海伦·凯勒虽然并不能看到任何事物，但是，在社交场合，她的手却能够代替她的眼睛，更敏锐地去感受，同时，也是由于女人特有的细心，让她很容易就可以通过握手感知到对方的性格类型是什么样的。所以，如果想要真正识别一个人，就必须悉心注意与对方接触的细微地方，越是细小，却越能够显示出这个人的品行、内心是怎样的。

握手方式透出的性格特点

知人知面不知心，面对人浮于事的社会，想要让自己更游刃有余地进行相关的社交活动，最关键的就是要懂得如何去识人。而握手这个在社交中经常出现的见面礼仪，便是看人识人的最佳途径。很多时候，如果想要在交往前大概地了解某个人的品性，只要与其握个手，你就会得到很多信息。

综合来看，相对应的握手方式与性格特点大致可以分为以下八种类型：

控制式：通过用掌心向下或者是向左下的手势去握住对方的手。那么，这种人想要表达的就是自己的优势地位。一般都会具有说话干净利落、办事果断，并且高度自信的特点。只要是一经他们决定的事情，就很难会改变自己的观点，缺乏民主作风。

谦恭式：习惯用掌心向上或者是向左上的手势和对方握手。这种人往往会表现得很软弱，并且容易处于被动以及劣势地位，处世谦和、平易近人，同时，也不是一个固执的人，对他人会比较尊重、敬仰，甚至是有几分畏惧。

对等式：在握手时总是将伸出的手心向着左方。这种人很友好，也有可能是一个非常遵守游戏规则的平等竞争对手。

双握式：即在右手相握的同时，然后，再用左手加握住对方的

手背、前臂、上臂或者是肩部。如果加握部位越高，就会显得其热情友好的程度也明显越高。这种人很热情真挚，同时，也是诚实可靠、敢于信赖别人的人。

捏手指式：在握手时仅仅捏住对方的几个手指或者是手指尖部。当女性与男性握手的时候，很多人为了表示自己的矜持与稳重，通常都会采取这种方式。不过这种握手方式存在一个很明显的问题：如果对方是一个女权主义者的话，这样的握手就会引起对方的反感，认为是轻视了自己；而如果是在同性别的人之间习惯这样握手，就会显得这种人心中多了几分冷淡和生疏；若换成是显贵人物，就是在显示自己的“尊贵”了。

拉臂式：即将对方的手拉到自己的身边进行相握。这种人往往会过分的谦恭，并且在他人面前也是唯唯诺诺，有轻视自我的感觉，并且也是缺乏主见和敢作敢为精神的人。

死鱼式：即在握手的时候伸出的是一只无任何力度、质感，以及不显示任何积极信息的手。从性格上来讲，这类人不是生性懦弱，就是习惯于对人冷漠无情，待人接物也会显得非常消极傲慢。

落雨式：如果一个人在握手的时候满手心都是汗水，冷冰冰，并且湿涔涔的。那么，毫无疑问，就可以说明这种人当时是高度紧张，并且缺乏自信，其实就是一种病态的表象。

一个人习惯握手的方式不同，展现出的性情自然也是各不相同。如果，你想要尽快地看清楚一个人，那么，就需要你在与别人握手的时候，尽量用感官去感受对方习惯的握手方式。同时，如果想要结交朋友，也需要你能够真诚地伸出手来。去认识一个人，除了要用心去感受外，更要用手去感受。

2.从吃相上判断真实的对方

走进一家高级餐厅，琳琅满目的食物应接不暇，可谓是色香味俱全，你是不是开始有点迫不及待了？可是放眼望去，周围的人都是小心翼翼地用着杯盘碗碟，甚至安静得像在图书馆一样，那么此时的你会张开大口、不管是否儒雅地饕餮一番吗？相信即使你再等不及一尝为快，你也会考虑一下自己的形象。在社交场合，从一个人的吃相上就不难看出其在生活中最真实的一面。

好的吃相是一种素养

吃饭是每个人都要进行的一件事情，可是很多人却不愿意提及，或是不以为意。从古至今，不论是文人墨客还是达官贵族，都将附庸文雅作为一件体现自己身份或底蕴的方式。有这样一首诗：琴棋书画诗酒花，当年件件不离它。而今七字皆变更，柴米油盐酱醋茶。从这首诗中我们不难看出，古代的文人对“吃”是一种避犹不及的态度，好像“吃”是一件难登大雅之堂的事情，俗之又俗。不过也有圣贤对此质疑，提出了“食色性也”的说法，认为吃是人的本性要求之一，这就把“吃”上升到了一种文雅的高度。吃喝二字经过时间的洗礼，到现在已经演变成了一种饮食文化。

既然将吃喝上升到了如此的高度，自然而然就引出了吃相这个问题。试想一下，如果面对一桌美味佳肴，吃相却一塌糊涂，估计

这饮食文化也不大可能雅起来。其实，吃相是体现一个人素养的一个角度，如果一个人素养比较好的话，在任何场合都能保持儒雅的吃相，绝对不会出现“饿狼传说”那样的糗事。从某种角度看，看一个人修养是否到位，看看他面对美味佳肴时的吃相，就算不能全部肯定，也可以略知一二。

中国自古是个礼仪之邦，那么自然也很注意餐桌礼仪，“食不言、寝不语”是一个最基本的条例，一般孩子在小时候就会被大人告知吃要有吃相，坐要有坐相，如此等等。吃相好多少能反映出一个人家教比较好，个人修养比较高。

明朝弹词长篇名著《描金凤》中有这样一个情节：江湖术士钱笃笤在一个风雪夜救了一个书生徐慧兰，看到他生的仪表堂堂，便想将独生女儿玉翠许配给他，于是让他到自己家中留宿。到了晚饭时分，玉翠就客气地问他要不要留下吃晚饭，意欲提醒他离开，但是徐慧兰当时早已是饥肠辘辘，也就没想那么多，便欣然答应留下吃饭。玉翠心里不高兴，便吩咐厨房把剩下的鲤鱼头拿给他，她心想，这个人看起来仪表堂堂，一身书生气，不知吃饭的时候是不是也文雅如斯，便找个借口坐在旁边做些针线活，意在监督他。

徐慧兰看到是一只鱼头，便高兴地拿筷子夹，怎奈当时正是十冬腊月，天寒地冻，鱼头早已冻成块，硬不可破，他费了好大劲也没有吃到嘴里，这时想起来了自己饱受欺侮，连亲人也不待见，现如今连个鱼头都对付不了，就十分生气地拿筷子直插入鱼头，待细看，原来是个鲤鱼头，顿时傻眼，赶快将鱼头放下，并毕恭毕敬地向鱼头道歉。

玉翠这才想起来，他是个读书人，是不能吃鲤鱼的，因为大家都盼望鲤鱼跳龙门，一朝可以蟾宫折桂，吃鲤鱼是大不敬的做法。由此观之，这真是一个名副其实的读书人，是个书呆子。这下玉翠心里窃喜，因为她就是喜欢书呆子类型的男人，就和他言谈起来，发现果然情投意合，相见恨晚，当即决定将祖传之宝描金凤相赠，订下终身。

观吃相竟观成了一桩好姻缘，可见，吃相还真是一个人的另一种涵养。虽然说这只是一个故事，可能有些夸张，但现实中和人交往时，一起吃饭已经成为了一件约定俗成的事情，那么吃相也就显得很重要了。特别是在谈判、协商、约见重要客人时，吃相是你留给对方的最直接的印象，也很可能是对方评价你的直接依照。如果因为吃相不雅造成了不好的后果，那就有些因小失大了。

从吃相看出真实的他

有些时候，吃相就像面相一样，从中可以反映出一个人的处世态度和他的心理状况。和一个人吃饭的时候，如果仔细观察对方在吃东西时的举动，就能大致把握这个人的性情和修养了。如果对方吃东西时，有说有笑，手不停、唇不闭，嘴里还发出一些吧唧吧唧的声音，即使面前佳肴如簇，想必你也没有胃口了，并且大多会找借口快些离开。从此在心中烙下印记，觉得此人有欠教养，也就不愿和他有下一次的接触了。也许就因为这么一次表现便让很好的机会与自己失之交臂，悔之晚矣。

其实，不同的吃相可以反映出不同的心态，仅凭吃相就做决定也不是没有理由的。比如：

夹菜时小心翼翼，吃菜时细嚼慢咽的人大部分是心思细腻，思维缜密的，而且这些人一般都会很有耐心，也有毅力，能为自己的目标坚持到底。这些人也会有很深的城府，善于攻心。

夹菜时快刀乱麻，吃菜时大快朵颐的人一般都是性情急躁的人，肚子里按不住三分火，经常会为一件小事一蹦三尺高。虽有一些果断力，但表现出来就成了莽撞冲动。一旦遇到杂乱棘手的事情，就

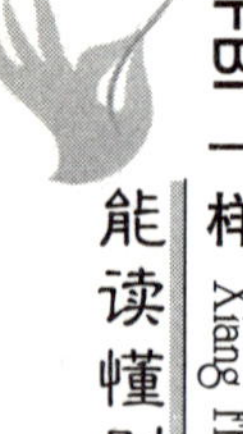

会心慌意乱，无法冷静下来寻找解决办法。

以食物就口或以碗就口的人一般很有荣誉感和优越感，这种人也会很自信，而且有很强的自尊心，有些自身不容侵犯的个性。

以口就食物的人做起事来草率随性，不够认真仔细，凡事都马马虎虎。虽然有些难得糊涂，不求甚解的意味，个性也随和易于接近，但是还是不免给人一种邋遢或不正经的感觉。

吃饭时动作幅度大，扒饭频率高，嘴里又“叭叭”作响的人是典型的缺乏教养者，不考虑别人的感受，我行我素，一副“世人皆醒我独醉，世人皆起我独睡”的样子，一意孤行，听不进别人的劝告。

吃饭时循规蹈矩，吃饭后能将碗筷归位摆放整齐，并将桌上残渣骨头收拾集中的人，是有教养的人。他们做事情时循规蹈矩，有计划，品德高尚，修养很高，爱惜自己的名誉，注重自己的形象。此类人大多能够信守承诺，一诺千金，并且做事有头有尾、有始有终。

吃饭时张牙舞爪，吃饭后杯盘狼藉，碗筷相枕，残渣骨头铺满桌子的人，不用说就是一个做事毫无分寸可言的人，这种人凡事不拘小节，信奉“大行不辞小让，大礼不拘细谨”，但是又未免把这种气概演绎得过于离谱。只顾眼前利益，有失长远计划，因为做事没长法，也就难成大器。

吃饭时毛手毛脚，一不小心还会摔碎杯盘，或者嘴里还有食物仍然说话不停的人，这种人个性急躁，不沉稳，是“一石激起千层浪”的类型。有时候还是“常立志，不能立长志”的“典范”。这类人意志力薄弱、缺乏耐性，自我节制力不够，处理事情时主次不分、公私不分，缺乏高瞻远瞩的能力还偏偏好高骛远。

来也匆匆，吃也匆匆，走也匆匆，不顾同席的人是否完膳的人，一般来说主观意识很强，不会受到外界的干扰，凡事都以自我为中心，不能设身处地地为别人着想，别人对自己的付出或者帮助也认为是理所应当而心安理得地接受，却不想回报。处世自私，难以和别人沟通，自然也难有牢固的社会关系。

由此观之，吃相的学问还真是不可小觑。也许一个好的吃相就能成为你人生的转折点，让你步入更高的位置；一个不好的吃相会让你前功尽弃，以前再好的形象也付之一炬，无法挽回，所谓“成也萧何败也萧何”，因此，从现在开始，注意自己的吃相，给自己的人生加分吧。

3.抽烟姿势，一个人内心情感的流露

抽烟似乎是一种太过平常的事情，对于那些烟民来说，抽烟似乎跟吃饭一样重要，离开烟就不知道生活是什么滋味。这说得一点都不夸张，有些人把抽烟当作社交应酬、缓解压力或集中思想的一种途径，而另外一些人却把抽烟当作事业一样，不离不弃。甚至很多家庭还会为抽烟这件事情大动干戈、争吵不断，而往往抽烟的一方也会想方设法地藏烟，于是又会出现一部部惊心动魄的“谍战剧”……可是，对于抽烟，除了“吸烟有害健康”，你还了解些什么呢？比如，抽烟的姿势，你懂得其中的奥妙吗？

从抽烟的姿势看性情

抽烟不难，可是会抽烟，让抽烟也为你的事业加分并不是谁都

懂的事情。这是一种技巧，掌握的话，就会让你在察言观色方面如鱼得水，让你收到意想不到的效果。很多人往往就是长途跋涉地朝着目标的巅峰前进，可是就在目标近在咫尺的时候，与成功失之交臂。因此，细节不容忽视，要不，连败了都不知道败在哪里。

刘洋的公司要招聘一位男公关，他让人在网上发了招聘信息，一天后，就有几十个年轻人来面试。经过了两轮面试之后，最后剩下两个年轻人甲、乙，两人各个方面都很优秀，口才也很好，外表也很阳光，很适合做公关这一行。可是，只能留下一位，这让刘洋为难了。下班后，他和几个朋友一起吃饭，说起了这件事，一位朋友听了他的愁处，给他出了个主意。

第二天，刘洋同时邀请两位年轻人到一家星级饭店吃饭，他自己提早来了十多分钟，找了个小包间。坐下不久，两个人就前后脚地到了。离约定的时间还有将近十分钟，只见刘洋叫过来服务员，点了几个菜，要了一瓶红酒，并礼貌地问了一下服务员是否可以抽烟，得到允许之后，他拿出自己的烟递给两位年轻人。两个年轻人不知道他葫芦里卖的是什么药，就礼貌性地接了过来。正要点火，刘洋拿出自己的打火机，热情地为他们两个点烟，两个人显然有些受宠若惊，不过，还是礼貌地侧过身，点着烟。一支烟抽完，刚好菜也上来了，于是三个人就开始就餐。

一天后，刘洋通知甲来上班，放弃了乙。秘书不懂为什么选择甲放弃乙，刘洋笑而不语，看着秘书迷惑的眼神，他终于说出了原因。原来，他昨天根本不是要请客吃饭，只是一种变相的考察，这也是他的那位朋友给出的主意。他事先问了两个人是否抽烟，得到肯定答案之后，就给两人一人一支烟。在给他们点火的时候，刘洋发现，甲小心翼翼地护着火，并尽量地靠近火机，好让点火人的胳膊不用伸太远，抽烟时平视前方，眼神自然；而乙在点火的时候竟然不知道护着火，并且明显地在等着别人给他点火，自己丝毫没有试图靠近一些，降低点火人的动作难度。而且烟点着之后，他昂首挺胸地吐着烟，一幅高傲的样子。

秘书大跌眼镜，问道："这不过是一件小事，就这样把乙淘汰了吗?"刘洋摇摇头说："细节才能看到一个人真实的性格，作为一个抽烟的男人，应该知道别人给你点烟的时候，主动护火是一种礼貌，主动靠近也是一种个人修养。试想，如果有一天，公司派乙去谈判，他有这样的举动，对方肯定觉得他这个人不细心、不谦虚、不稳重，难免会质疑本公司的信誉度和认真度，自然也就不放心把单子签订。也许本来可以拿下的单子也成镜中花水中月了。"秘书听后，心服口服，不禁为甲捏一把汗。

不难看出，抽烟竟成了一个人成功的垫脚石，也许有些出人意料，但是也在情理之中。其实有些时候就是这样，机会原本与你离得很近，就是因为一个小小的抽烟姿势，就让机会渐行渐远，与人相隔千山万水。所以，在职场或是在社交场合，从一个人抽烟时的姿势便不难看出他的真实性情。

逃不脱的一场"烟罗"

生活节奏越来越快，人们的压力也越来越大，要想不被压力摧垮，就必须有一定的解压方式，很多人都将抽烟作为首选。尤其是对不少男士来说，抽烟已经成为他们缓解紧张、调节情绪的一种有效方式，抽烟也成为谈判桌上的一种应酬，甚至有些时候，在谈判时不会抽烟就会被认为是不成熟的表现，因此也不能取得对方的认可。不过，话说回来，如果注意观察不同的人抽烟的姿势，就可以了解到对方的性格，在接下来的谈判中占领主动地位。

把烟夹在食指和中指后端的人：这些人办事思虑周到，小心谨慎，对待一个问题会想得很周密，不出纰漏，甚至会对一个问题设定多种解决方法，做足应急功课，因此，他们在生活中也往往是如鱼得水、驾轻就熟的。但是，一旦他们做了决定，就很难说服他们改变，如果你不能提出非常充足并且有说服力的证据，他们会像磐石一样无转变。

把烟夹在食指和中指前端的人：他们很善于交际，善于与人相处，他们仿佛有一种异乎常人的亲和力，也有很好的嘴上功夫，脾气往往也是温文尔雅的。但是，在温良的性格下，也免不了被别人认为做事不够果断，优柔寡断、迟疑不决。除此之外，还很容易被周围的人影响到，办事没有条理性，缺乏系统的思维。和这样的人交往，只需要稍微将话题搞得复杂化，他们就会被忽悠得找不着北了。

用大拇指抵住下巴，食指和中指夹着烟的人：他们一般具有极强的表现欲，要强、好面子，而且大部分还固执己见，一般人很难打入他们的内心。不过，一旦取得他们的信任，他们就会真诚地对待你。要想和这样的人相处，必须舍得花费时间，时间是打通他们的内心的关键。

把烟叼在唇间，手空出来做其他事情的人：通常情况下，这类人是典型的工作狂，将有限的身心投入到无限的工作中去，对自己的工作能力很有信心，甚至会在朋友面前吹嘘夸耀。这类人喜欢听好听的，一般几句美言就能让他们得意忘形、忘乎所以，就能把你和他们的距离拉近。

昂着头并把烟圈吐向斜上方的人：他们的内心一般是孤傲的，有一种轻视别人的感觉。这种人有较强的攻击欲，性格上也很叛逆，不按常理出牌，总是特立独行，不希望被人约束，一副惟我独尊的姿态。要想攻破他们的内心不是件容易事，首先就是给他们一个下马威，让他们知道你也不是吃素的，让他们在心理上先产生挫败感，然后再步步为营。

低头并把烟圈吐向下方或旁边的人：这种人是温和体贴型的，能时常换位思考，为别人着想，很少会让别人难堪，让别人下不来台；容易同情弱势群体，情感柔软细腻。因此，想和这样的人沟通，只要适时地流露出自己的困难之处和真诚的内心，一般就会得到他们的认可。

找到了这个规律，就会让你在与人打交道时，心里有个底，对待不同的人要用不同的方法攻破，避免出现舍本逐末、缘木求鱼的尴尬局面。

4.酒品，便是人品

酒在历史中，可谓是出尽了风头，酿酒技术历经数千载而不衰，酒对于世人的重要性略见一斑。而今，喝酒也成了一种潮流，新人合卺之酒，娇儿初诞之酒，荣升高晋之酒，乔迁新居之酒，蟾宫折桂之酒，老人仙逝之酒，这些都已经成为默认的礼节，不可或缺。还有郁郁烦闷之酒，伤怀浇愁之酒，往往也是一醉方休。就是朋友相聚，聊表寸心，也要有酒方能尽兴。至于“今朝有酒今朝醉，明日愁来明日愁”，也成了一些人借以自嘲的经典方式。有些人喝了酒，一睡方休；有些人，喝点小酒，就不知天高地厚，胡言乱语；更有甚者，还酒壮怂人胆，借酒惹是生非，怙恶不悛。那么，酒，酒品；人，人品，它们之间究竟有什么关系呢？

醉卧酒席笑百态

一杯酒，初饮微苦，再饮微醺，数杯品来，竟会是醉人芳香，这也许就是很多饮酒之人共同的感受。同一杯酒，不同的人饮，就会饮出不同的酒味。且不说，独酌一杯酒，惊谪满树花，就是一斟一饮之间的万种风情，也足以让人留恋。有时候，这世间百态，人生百味，皆可从酒始。

那么，这百态百味浓缩到杯酒之中，就是一个人的心性的投影，即为酒品。酒品，顾名思义，和酒有关，一般指人喝酒时和喝酒之后的情绪和行为。虽然说从酒品的好坏就断定一个人的人品的高下，有些牵强或绝对，但是既然很多人都认可，那就说明它还是有一定的依据的。话虽绝对，理却不穷，俗语说，一叶落而知秋，从酒品看人品也是有道理的。

举个简单的例子，如果一个人平常就是个豪爽仗义的人，他喝酒时一般不会扭扭捏捏、小口细酌，一般都会酒杯一端，一饮而尽，丝毫不会迟疑，更不会让旁边的人几劝而不饮；平常处事严谨，细心入微的人，只要神志清醒，就绝不会在酒场上开怀大饮，不顾自身形象，也一定是小口喝酒，细细品味，在酒香之中熏出满脸桃花，任是无情也动人；而如果是一个城府很深、阴险狡诈，用怀疑的眼光看待别人的人，在酒席上一般也不会很厚道，要么找借口不喝，要么只是象征性地抿一口，抑或是琵琶半遮面，跑冒滴漏，嘴里应着，酒却不同步。

同样的，酒后情形也是不尽相同，大致可以归为：酒后胡言乱语，侃得天花乱坠，滔滔不绝型；酒后人怂胆壮，乱性胡来，闹得天翻地覆，六亲不认型；酒后睡意大增，憨态可掬，睡得天昏地暗，日月无光型。本来，由于酒精的作用，人多少都会异于常态，属正常现象，但是如果如此这般失言、失态、失德就不可取了。

以上都可以归为酒品之列，从中我们确实可以看到很多与人品相关的现象。其实，酒桌就是一个人生小舞台，杯光碟影中折射出斑驳陆离的色彩。酒品参差不齐，人品亦有高下之分，然而，从酒品看人品，不失为聪明之举。

一个平时温文尔雅，谈吐不凡的人，如果在喝酒后一改常态，嬉笑怒骂，泼皮耍赖，不可理喻，那么，和这样的人交往，是不是会让人觉得虚实无常呢？如果遇到逢酒必喝，喝酒必疯的人，估计也没几个人敢和他同桌共饮，也没人能招架得住。那么和他一起喝酒的人心里绝对不会只是想这个人酒品不好，以后不能和他一起喝酒，多少都会在心里面留下不好的印象，认为这个人的人品也是有瑕疵的，这就是相关联的思维活动。相反，如果一个平时大大咧咧，没有什么原则的人，在酒桌上也不斤斤计较，不发酒疯，不胡言乱语，哪怕喝醉都不惹是生非，那么别人倒可能认为这个人心里坦荡，不矫揉造作，还很可能拥有一群真诚的朋友。

很多时候，酒品即是人品的写照，“酒不醉人人自醉”，酒醉的时候，一般也是最放松的时候，这时往往能将最真实的一面流露出来，这时候的表现也是一个人真正的人品展现。

酒仙·酒鬼·酒赖

酒品，有些人将它演绎得让人舒畅，有些人将它演绎得让人无奈，更有些人将它演绎得让人生厌。这就是所谓的三种人——酒仙，酒鬼，酒赖。

提起酒仙来，就不得不提到中国古代的大诗人李白，这位“谪仙人”，斗酒诗百篇，是酒品最完美的演绎者。酒入豪肠，三分啸成剑气，七分酿成月亮，绣口一吐，便是半个盛唐。据说他的很多诗

句都是在喝酒后作的。人在醉酒状态下，仍然头脑冷静已属不易，这时候，如果还能有如此雅兴，锦心绣口，出口成章，就非常人能比了。千百年来，他都被尊称为“酒仙”、“诗仙”，本也应该。只是这种雅趣，这种超脱的酒品境界，一般人也断难学得来。

酒鬼，且不论词义褒贬，从字面就知道，这些人必定是嗜酒如命，有些人甚至能拼了命地去喝，轻则生活不会节节高，总是捉襟见肘，入不敷出，但总归还是有家可回，不至于流浪街头；重则不管不顾，只要一瓶酒在手，什么都不考虑，寅吃卯粮也在所不惜，直到喝得生活拮据，家徒四壁，妻离子散，到最后，只得抱着一瓶酒露宿街头。而且这种人喝起酒来还多半不要命，不论是什么酒，都要喝个天昏地暗，昼夜不分，身体状况的每况愈下也引起不了他们的重视，可谓是要酒不要命的类型。这样的酒品，不但害苦了自己，也让整个家庭替他本人承担着不堪的重担，生活进退维谷、举步维艰。可取与否，一目了然。

酒赖，是所有喝酒的人所不齿的，这种人要么是虚伪矫情，劝别人喝酒的时候，一杯接一杯，应接不暇，言语细致，句句肺腑，别人自然也不好意思不喝，但是等到别人给他敬酒的时候，不是找借口出去，就是谎称自己酒量不行，再三推诿；要么就是喝酒的时候，爱充面子，别人一句话不合适，他顿时就跟对方恶语相加，甚至不惜拳脚相向，席间发飙，席下还发疯。再者就是仗势欺人，仗着自己是个领导，每每在席间耍赖或找人挡酒，这样的人不是摆官架子，就是心怀鬼胎，怕酒后失言误事，跟这种人喝酒，简直就是对自己的惩罚。

这样看来，酒仙的酒品境界非常人所能企及，这样的酒品也不会对应不好的人品，心怀天下倒谈不上，至少不会让别人觉得不舒服；酒鬼就有些不靠谱了，有这样的酒品，就说明他的人品即使没有污点，也肯定是一个自制力薄弱，抗诱惑能力极差的人，跟他们交往，防人之心不可无；酒赖，自不必说，人品也好不到哪里去，不管是虚伪还是借酒发疯，都不是文明的品行，跟这些人交往要审时度势，见机行事，遇到他请喝酒的场合，则能躲就躲吧。

和酒品好的人一起，品一壶佳酿，诉半世沧桑，不一定要一醉方休，但一定是一幅和谐的图画；和酒品不好的人共饮，非醉即伤，可能伤的是身，也可能伤的是心。

虽然说酒品好人品不一定好，可能这人的冠冕堂皇是装出来的；酒品不好人品也不一定就差，可能这人是真的有苦衷。但是不管怎样，不同的酒品给人的印象一定是不同的，你的酒品很可能间接地告诉别人你的人品如何，所以，对于酒品不好的人，既然敢于显露自己不好的酒品，也就怨不得别人会觉得你人品不怎么样了。所以，酒桌也是一个战场，别让你的人品因酒品而大打折扣，影响到你以后的长足发展。

5.从开车方式看一个人的内心

从开车的方式可以看出一个人的内心？是不是有些不靠谱呀？非也。心理学家研究发现，一个人开车的习惯、开车的方式往往代表了他内心期待的生活方式，也往往是他自己当前选择的生活方式。开车时的表现，不论是玩世不恭，还是循规蹈矩，抑或是平淡中和，都是一个人内心的真实写照。

开车方式出卖人心

开车的方式可以让别人对你推心置腹，也可以让你好不容易积累的好形象毁于一旦，孰轻孰重，很难断定。但是一个好的开车方式绝对是彰显你的沉稳成熟的好方法；反之，一个坏的方式也是让你哭笑不得，甚至苦不堪言的始作俑者。

小李刚谈了个女朋友，是个心理学专业的高材生。周末，小李带着她到郊外兜风，两个人一起野炊，拍照，玩得不亦乐乎，一直到夕阳西下时才打道回府。原本两个人约好在市里一家西餐厅吃完饭再各回各家，可是，很不巧，在环城路上堵车，刚被堵的时候，他还有些耐性，跟女朋友自然地聊着天，倒也没什么。

过了半个小时，小李开始有些急躁了，一次次地看着手表，并下车看了看，前方被堵得密不透风，看情况一两个小时内是回不了城了。他女朋友打电话给家人说明了情况，就在车上安之若素地等着。

可是，小李终于忍无可忍，开始不停地按喇叭，由于堵车本来就让人很郁闷，一肚子火没处发，他又这样，顿时引起了别的车主的不满。大家纷纷下车，跟他说，别再鸣笛了。谁也没想到，小李竟然不顾形象破口大骂，还把喇叭按得更起劲。闹得正起劲，他也忘了顾虑女朋友的感受，女朋友皱了皱眉，没说什么，只是让他别跟别人吵了，怕把事情闹大。

过了两个多小时，道路终于疏通，他们也回到了市里。只是女朋友借口不舒服没有一起吃饭，匆匆地回家了。小李一个人吃着没意思，也就回了家。

晚上睡觉前，小李收到一条短信，是他女朋友给他发的分手短信。小李百思不得其解，今天在外面还玩得好好的，怎么就突然分手了呢？他问女朋友原因，对方说自己是学心理的，知道堵车时他的表现意味着什么，连这点耐心都没有，还差点惹出事端，完全不顾身边人的感受，这样的人也不会对自己有足够的耐心，为了以后不伤心，就选择了长痛不如短痛的决定。小李看后，后悔已来不及。

这个事例似乎有些残酷，仅凭一次堵车的经历就给小李的爱情判了死刑，让人有些心有不甘，可是细细琢磨，还真是有些咎由自取的意味。俗话说，以小观大，且不说他的女朋友是学心理的，就算不是，他的表现也真是让人无语。他的女朋友正是明白“车品”和“人品”之间的微妙关系，才会毅然决然地跟他分手，因为谁也不敢奢望一个车品不好的人，他的人品却可圈可点。可以说，不是车品毁了他们的爱情，是车品中透出来的人性弱点把他暴光了。所以，千万别让开车的方式成为禁锢你的枷锁，千万别让你的车品毁了你的幸福。

从开车看内心的奥秘

一个人开车的时候可以表现出他的内心，这绝对不是无稽之谈，人的习惯各不相同，开车的习惯也大相径庭。细心观察就会发现，你周围的有车族在开车的时候，已经将自己的内心暴露出来，就看你能不能“明察秋毫”了。

有些人在开车的时候，将“安全第一”作为准则，小心翼翼、按部就班，绝不会闯红灯或者抢绿灯。这种人宁可慢一些，也绝不给自己制造任何不安全的因素；有些人永远像新手上路那样，开车不紧不慢，甚至小心到开个车像走钢丝似的；有些人开车火急火燎，永远一副即将“奔月”的状态，有车挡道便毫无耐性，一路上鸣笛不断；有些人开车像开飞机一样，速度绝对令人叹为观止，而且绿灯一亮，就立刻踩油门，只要没车挡道，绝对是一路狂飙，绝尘而去；有些人堵车时也一副泰然自若的样子，好像堵车与他无关，要么点一支烟，要么听一会儿歌，反正你爱怎么堵就怎么堵，我不在乎！

总之，人们在开车的时候还真是千姿百态，不过，如此的开车方式和习惯绝不是偶然的，与开车人的性格紧密相关。

一般来说，按照规定、循规蹈矩地开车，速度适中、遵守交通规则的人，车对于他们来说，和闹钟、碗筷、笔墨等一样，只是人类要实现某种目的而使用的工具，只不过，车子是代步的工具，功用不同而已。他们认为车并不是一个人寻求刺激或者炫耀资本的载体，所以开车时会以一种平和的心态对待。这种人一般做事时也是按部就班，不会私自更改做事的程序；他们谙熟中庸之道，并在不知不觉中身体力行着，思想较为传统，本着不攀附人，也不得罪人的原则对待周围的人，处事细心冷静，不会犯不必要的错误，也不容易被人利用或诱惑；在生活或工作中，遵纪守法，遵守规章，不会为一个不确定的事情冒险。这类人大部分是政府机关、事业单位的工作人员。

而那些低速开车的人，一般会以低于正常车速很多的速度开车，这些人一般也是胆小怕事的一类人。他们害怕犯错，害怕因为犯错而需要承担的后果，在错误面前首选的方式就是明哲保身；但是此类人又往往比较妒贤嫉能，看到比自己强的人就心理不平衡，但因为自己缺乏奋起直追的信心和魄力，也只能是望洋兴叹，但是心理绝不会就此放下。因此和这种人交往的时候，要保持较低的姿态，不要在他们面前显山露水，以免自己的光芒又反射回来刺伤自己。

喜欢超车或超速驾驶的人，这一类型的人有两种，一种是性格急躁，讨厌被规矩束缚。如果有人横加干涉的话，他会毫不犹豫地反击。面对社会上的诸多不平事，往往表现出一副愤世嫉俗的样子，恨不得变身救世主，扫清天下浊。他们也把快乐当作生活中最重要的目标，单纯、直爽。另一种人是因为内心压抑过久，得不到合适的发泄，就不知不觉中，把超车当作寻求心理平衡的一种方式。往往这些人还是争强好胜、睚眦必较的人，自信心和竞争意识都很强，很有可能是惟我独尊的类型。他们得势时，盛气凌人、目中无人，做事张扬，实则徒有其表，颇有些“金玉其外，败絮其中”的意味；失势时会心理极端不平衡，在领导面前唯唯诺诺、惟命是从，在下属面前又狂妄自大，一副老子天下第一的样子。

遇到堵车从容不迫的人，在生活中大多也很沉稳、自信，待人接物也很随和，让人有如沐春风的感觉，即使是初识的人，也能从他们那里感受到犹如故知的贴心感觉。他们成熟稳重，做事有条不紊，决断英明合理，因此，他们的事业一般也会蒸蒸日上。

遇到红灯或堵车，喜欢鸣笛不停的人，一般也绝不可能是性格温和的人。他们一般易怒，脾气暴躁，想让他们平和下来似乎是一种奢望。所以，这些人往往没有耐性，做事也是三分钟热度，极易半途而废，遇到困难和挫折要么不知所措，要么知难而退，没有一个清晰的人生规划，得过且过。即使想努力做一件事，由于他的毅力不足，勇气不够，也会出现功败垂成的结果。只是，他们一般没有什么城府，因此也不会利用别人或者害人。

开车时全神贯注、默不作声的人，就算他们身边坐着一位亲人或朋友，一般也不会把眼睛停留在他们身上超过几秒。这种人不善言谈不善交际，但是待人真诚，为人实在，因此也不乏真诚的朋友，只是他们一般比较感性化，重视一个人的第一印象，如果第一印象不好的话，就算费尽力气，也很难扭转他的看法。

所以，不看不知道，一看吓一跳，原来自己开车的时候，已经将自己的性格和内心表露无遗了。当然，不论是哪种开车方式，只要不违反交通规则，不影响别人出行，也不影响自己的安全，都应该是无可厚非的。但是，学会了这些奥秘之后，就要仔细审视一下

自己平日的开车习惯和开车方式，如果自己的潜意识里面有不利于自身发展的因素，就要适当地调整一下自己的状态了，本着有则改之、无则加勉的原则，让自己的内心永葆积极的状态，为自己的未来扫清障碍、铺平道路！

6.等电梯时的姿势，让你看清人的心理

有一天，你来得比平时早了些，不巧的是，电梯刚上去，楼层又太高，只好再等下一趟电梯了。这时，你应该不会像接受检阅一样，以立正的姿势站在电梯旁边。而且如果你细心观察的话，周围的人也是千姿百态，不尽相同。可能对于此，你会觉得很平常，没什么值得研究讨论的。但是，事实并非如此，不同的人在同样的情景下的不同表现和不同反应，已经暗示出他们的内心，这些等电梯时的随意行为绝对有着你不一定知道的奥秘。

电梯前的智慧

生活节奏越来越快，很多人已经习惯了这种生活步调，快餐，快递，快车……这些生活中的细节都被戴上了“快”的帽子，乘电梯上楼也可以说是其中的一个小细节。有的人手拎各种小吃，行色匆匆地来到电梯前；有的人则不紧不慢地挎着公文包，显得很是悠闲自在；有的人频频按着电梯按钮，眼睛直盯着电梯门，如此等等。总之，这些情景都是我们在乘电梯时经常能看到的。等电梯时的姿

势，无疑与一个人的内心和性格有关，那么，从等电梯时的状态洞悉别人的性格，还是很有学问的。

假设和你同样在等电梯的人中，有几个是和你的工作或生活有交点的，那么为了不弄巧成拙，不妨细心观察一下他们的姿势，摸清他们的底牌，学一些察言观色的小本领，这绝对不是多此一举的事情。

如果甲是反复按按钮的人，那你以后和他的接触中就要注意，不要和他过多地交流，因为他不喜欢别人走进自己的生活，特别是在他的生活里走来走去。这种人的偏执和急躁是一种惯性，所谓“江山易改，禀性难移”，你的试图软化结果很可能是适得其反，所以，最好不要给自己找麻烦，不如随他去。只要他的生活或工作方式不影响到大局，不影响到你，你就无需给自己添堵。对于他们这样讲究效率又喜欢一意孤行的人，劝说是徒劳的，放任才是可行的。

如果乙是一个默默无语，什么也不做，只是为了等电梯而等电梯的人，那么一般他们的内心是没有恶意的。如果能和他们有好的沟通的话，他们很可能会成为你的真心朋友，在你有困难的时候，他们一般会鼎力相助，不会两面三刀，更不会背后伤人。跟他们相处要注意的就是，尽量找到一个合适的距离，不卑不亢、不蔓不枝，有所求、有所不求，不要总想着他们会乐于助人，遇事就求助于他们，人都有疲惫感，他们只是不善于表达，所以不要有恃无恐或得寸进尺。

总之，不要没心没肺地表露自己的内心，但同时要学会察觉别人的内心，一方面是为了更好地和他们沟通，避免出现尴尬或冲突的局面；一方面也是修炼本领，学会保护自己的内心，别让自己像透明人一样展示给别人。从等电梯的姿势看一个人的内心，也许你还有些半信半疑，只是，这里给大家提供的是一种共性规律，不排除有特例，不管怎样，学会察言观色，学会巧妙洞察，学会保护自

己总是没错的。

千姿百态藏玄机

等电梯是日常生活中再平常不过的事情了，特别是对于很多上班族来说，是每天都会做的事情，只不过是等的时间的长短不一而已。可是也不要小看这一个简单的动作，它可是会出卖你的内心的。不同身份、不同地位、不同职业，甚至不同性别的人等电梯时的表现也是千奇百怪，各具特色的。学会观察，懂得一些心理知识，就能让你在等电梯的空当期猜透别人的内心和性格特点。

来回踱步，跺脚不停的人：这些人很常见，在电梯前面晃来晃去，或者不停地跺脚，不会安静下来。他们的情感细腻，甚至到了敏感的地步，有时候说他们有些神经质也不为过。这类人的心理活动很频繁，内心世界往往也很丰富，他们相信自己的直觉，明察秋毫，不轻易忽略任何事物；对自己的判断力很有把握，凭借极强的洞察力和敏感特质，会让别人觉得他们很有内涵，肚子里“有墨水”。他们有艺术方面的潜质，如果将这种敏锐的洞察力专心于某一件事情或者专攻某一门艺术的话，会学有所成，只要争取到一些表现的机会，前途一片光明。

眼睛直视跳跃的电梯数字，等电梯门一开，便会以迅雷不及掩耳之势跳入电梯的人：这种人一般会惟我独尊，对跟自己不相干的人或事都漠不关心，有种冷静得可怕的特质。这些人做事情的时候，会比较理智和冷静，没有很大的把握的事情，他们不会冒险，更不会去挑战自己的极限；小心谨慎，一丝不苟是他们的原则；往往喜欢独立完成某件事情，自主意识很强，如果这时候有人想插手进来，他们会委婉地拒绝。所以在生活中可能显得有点特立独行或清高孤傲，不爱管别人的闲事，也不愿意别人管自己的事，因此不太适合必须要团队合作的工作。不过，因为他们的谨慎小心，办事牢靠，会得到周围很多人特别是长辈的青睐。

低头看地面，不会左顾右盼的人：这些人给人的第一印象往往是沉默寡言，不爱交流。也许他们的心理活动也很丰富，但是他们不喜欢公开自己的看法。其实，他们这种不爱交流的外在表现，让他们的善良、真诚、直爽的本性被掩盖。事实上，他们绝对是热心一族，很容易被周围的人或事感染到，容易相信别人，乐于助人是他们的天性；他们往往也会给周围人一种老好人的感觉，比较受周围人的欢迎，与人相处融洽和谐，人际关系处理得很好，一般不会和别人发生冲突。由于他们的热心，使得他们一般不懂拒绝，哪怕自己不是很方便帮忙，也不愿意告诉别人，有些缺乏原则，很容易被误认为是“万金油”。

眼睛环视周围环境、不经意间看看天花板或偷偷观察周围人的言行的人：这种人是隐藏自己内心的高手，他们很注意保护自己的内心，不会轻易展示自己的内心，心理防卫意识很强。但是这些人一般有很多难能可贵的优点，他们热爱学习，有很强的求知欲，注意提高自己的修养，不会终日碌碌无为。他们把提升自己当作每天的目标，也因此从中获益匪浅。他们才华出众，知识储备丰富，成功的机会也很高。在社会交往中，他们信奉宁缺毋滥，精益求精，会有选择地和朋友交往，但会很认真地培育友谊，是对感情真诚的类型。

所以，洞悉了这些，你就会在工作之外的空当了解到别人的内心世界，如果刚好和你一起等电梯的人中有你的领导，你的同事，你的客户或者潜在客户，那么，在接下来的待人接物中就很容易占领主动地位，不至于南辕北辙。

7.字体，一个人个性的代名词

不知从什么时候起，电视台开始没完没了地播放以发送手机短信的方式获得艺术签名的广告，其中还会拿很多明星的签名来做展示，吸引人的眼球。看着那些行云流水般的字体，龙飞凤舞般的笔迹，确实是一种美的享受。那么字体和一个人的个性或事业真的有关系吗？

不要让自己输在"字如其人"上

常听人说"字如其人"，很多人往往都会对字迹好看的人印象很好。其实，这一说法早在西汉的时候就已经有人提出来了。西汉文学家扬雄说过一句名言："书，心画也。"意思就是说，一个人的书法往往就是他的内心的描绘。换句话说就是，一个人的心境如何，性情如何，在他的字迹里面都会体现出来。"字"是用线条来书法和体现本人情感和心绪变化的，人的性情与字合一，融会贯通。见其字如见其人，就是这个道理。

清朝周星莲的著作《临池管见》中对"字如其人"也有着深刻的见解。他提出"余谓笔墨之间，本足觇人气象，书法亦然"的说法。但是古人所说的"字"一般都指的是毛笔字书法，因此，对于现代人来说似乎有些牵强。但是，一个人的字在很大程度上确实能体现出这个人的个性和性情，不管是为人轻浮，还是为人稳重，从字迹便可以略知一二。

小李和小王同时到一家大公司应聘，工作人员给他们两个每人一张表格，让他们把个人信息简单地填写一下。两个人拿到后就写了起来，不一会儿，两个人就陆陆续续写好了。工作人员把两个人的表格拿到了经理办公室，过了一会儿，经理秘书出来说让小王第二天来参加入职培训，却委婉地拒绝了小李。

小李不服气，他认为自己比小王的履历丰富，能力也不比小王差。所以，为了弄个究竟，就来到了经理办公室，礼貌地表达了自己的看法。不料，经理听了他的疑惑之后，什么也没说，只是将两个人的简历都递给小李，让他自己看。过了一会儿，经理问他："看出门道了吗？"小李挠挠头，不好意思地说："别的地方，我们两个条件差不多，我甚至比他还优秀一些，但是他的字写得比我的好看，让人看了舒服一些。"经理笑了，说："你能看到问题，就说明你还是很真诚的，确实，我们的工作人员把你们两个人的资料拿进来的时候，我是没有见过你们本人的。我仔细看过了，你们的实力其实也相差不大，但是你的字写得确实让人不敢恭维。小王的字虽然也没有得到书法大家的真传，但是，至少他在认真地写，字体很工整、干净，让我看到了他对这份工作的认真。所以，换作是你，你会选择谁呢？"小李虽然觉得很不甘心，但是也无话可说，只好暗下决心，回去一定要把字好好练练，不能在细节上被别人打败。

如此看来，一个小小的字体，确实隐藏着大学问，如果小李当时填表格时能认真一些，把自己的字写得好一些，那最后谁去谁留就不会这么轻易下结论了。这位经理正是从字体上推断小王的性格更认真细致，更适合这份工作。反之，也从小李的笔迹中看出他不够稳重和认真。

所以，观察一个人的字体，就可以大致了解这个人的性格和态度，从而使你对这个人有更进一步的判断。

你懂字体的含义吗

世界上没有两片完全相同的树叶，也没有两个性情完全一样的人。同样，现实中也不会有两个人的字迹是完全一样的，就算是描红、临帖，也总有形似神不似或神似形不似的现象。那么，究竟字体能代表什么呢？

横笔上扬者，一般内心有挑战欲望，也很积极向上，有一种王者风范；横笔平平者，这种人一般内心稳重，含而不露，思想较为保守，不易外露自己的情感；横笔下斜者，如果是成年人的字迹，则此人很可能不是一个勇于面对的人，往往遭遇挫折或打击后就一蹶不振或是气馁灰心；如果是未成年人，则缺少远大的志向和为理想而努力的决心与勇气。

竖笔从上至下渐轻者，这些人一般做事三分钟热度，有始无终，有头无尾，恒心和毅力都欠缺，不能做到善始善终；竖笔上下用力一致者，做事认真细心，严格谨慎，甚至有些吹毛求疵，但总体来说，是一个沉稳的人，做事靠谱；竖笔弧线化，形如右括号者，对于这些人要注意了，他们很可能有阴暗的心理倾向，不能和别人进行有效的沟通，内心潜伏着消极的想法，严重时甚至会导致自残心理；竖笔弧线化，形如左括号者，此类人做事很规范，是个有能力、有责任心的人，一般不会有始无终，或者敷衍了事；竖笔短促者，有很强的自制力，凡事只有十拿九稳才会积极去做，不会为漫无边际的猜想去冒险，做事因循守旧，墨守成规，缺乏创新能力和创新意识；竖笔过长者，这些人一般自我意识比较重，很少能考虑到别人的感受，有些我行我素，一意孤行的意思；竖笔毫无规则，参差不齐者，这类人一般是优柔寡断的人，主观意识薄弱，很多事情在做决定的时候举棋不定，犹豫不决，如果是未成年人的话，则是一个思想和注意力都不集中，身在曹营心在汉的人。

撇笔拉得很长，且下笔很重者，这类人不但自我意识很重，还会不自觉地想给别人一种服从的导向，有些霸道之风；捺笔拉得长且笔画变化大者，此类人想像力很丰富，往往属于想入非非、浮想联翩或者天马行空、天花乱坠型，不将其突出的发散思维作为其过人之处，还是值得肯定的；捺笔过分夸张或反捺者，这类人在情感上往往无法很好地自控或者自我调适，而且很容易把情绪憋在心里，但是如果长时间不吐露出来就很可能会造成严重的心理压力，引发心理强迫症；捺有顿笔现象者，做事时总是投鼠忌器，顾东顾西，不过，也正是得益于此，这类人很少会犯错误，总是在做事情之前好好观察分析，看准了才会着手准备和付诸实施。

撇、捺笔舒展者，个性很外向，属于开朗阳光型，做事也很大气大度，不是勾心斗角、背地暗算的人；撇、捺笔内敛者，此类人做事一般也很低调、内敛，他们的字典里没有“张扬”的字眼，含蓄是他们欣赏的格调，因此不会事事抢先，风头尽出。

横折成直角者，这样的字体看着很机械化，没有个性的融入，因此也显得很干涸，没有灵气，写者的思维和行为一般也很传统守旧，甚至可以称之为呆板死性；横折成锐角，且下笔重者，个性比较强硬刚烈，做事喜欢自成一体，不喜欢被他人约束，有种不达目的不罢休的胆识和勇气；横折连接处是锐弧状者，此类人刚柔并济，软硬兼得，对待事情或感情拿得起放得下。

笔画整体尖锐坚硬，力度较大者，做事也是锋芒毕露，态度坚决，敢作敢为，勇于尝试和冒险，很有胆识和决心；笔画平淡无奇者，内心稳重，有涵养，有很好的耐性，遇事冷静，不易心急上火；笔画横平竖直，中规中矩者，此类人相对来说很直爽，性格耿直，但因为没有心机，没有很好的承受能力，因此内心较脆弱；笔画小曲线多且有一定力度者，在同龄人中算得上是一个成熟老道的人，

可能与个人的成长经历有关。

字体没有锋芒且笔画圆润，字体大体成圆形者，一般是聪明善良的人，不会和周围人有抵触，很能和大家融洽和谐地相处，对任何事都能以比较积极的心态面对，是天生的乐天派；字体四四方方且缺少灵气者，思想和行为也不灵活，按部就班、循规蹈矩，不善于创新，不善于沟通；字体松紧不一致，上紧下松者，性格直爽豪放，有突破的精神，但还不够；字体上松下紧者，内心压抑，有心理抑郁倾向，或者容易产生颓废的心理，遭遇挫折不容易走出心理困境；字体偏大，有力度，但没什么风格者，行为、思想都是粗线条化，不在意细节，为人大大咧咧，不是斤斤计较的人，心胸宽广，得饶人处且饶人；字体小而精悍者，做事细心，三思而后行，思维缜密，善于观察和统计计算，不过也有可能是胆小怕事，不能承担，因此而形成的谨小慎微的性格。

总体而言，在彼此不是很熟悉很了解的情况下，如果懂得从对方的字体上分析，就很容易对这个人的个性做出初步的判断和把握。

8.习惯的亲吻方式，恋人心情暗喻

接吻是恋人之间最便捷又最有意思的一种情感交流方式，是相爱的男女之间相互传递一些无法言说的情愫的方式，是一种表现在口头上但却凝聚着强烈的爱的信息的形体语言。从一个人接吻的风格中，可以看出他隐藏的性格和心理。

从亲吻部位看男人性格

亲吻，不论是弱柳扶风般柔美，还是雨打芭蕉般热烈，总是让人回味无穷，意犹未尽。亲吻就像是一种情感密码，它可以使衰老恢复青春，使污浊得以净化。它可以使两颗原本离得很远的心，越贴越近，它可以使孤独的沙漠变成爱的绿洲，它可以使干涸的心灵适逢甘霖……

恋爱男女在一起难免卿卿我我，悱恻缠绵，亲吻无疑是他们表达情感的最常用方式，据一项对“吻”的调查资料显示，不同的人喜欢“亲吻”的部位能体现出各自不同的性格特征。根据亲吻的不同部位，性格上大致可分以下几种：

额头：喜欢亲吻恋人额头的人，一般都是积极地创造人生的人，他们的人际关系良好，能给人温柔体贴的感情，并且常常是爱在不言中。

眼睛：习惯亲吻恋人眼睛的人，大都是可以为爱付出一切，甚至是牺牲自己的人。他们希望能降服自己所爱的人，喜欢幻想，有一定的占有欲。

鼻子：喜欢亲吻恋人鼻子的男人，一般有着双重的性格，这种性格致使他们不易在事业上有良好的发展。

脸颊：喜欢亲吻脸颊的人，崇尚以和为贵，不仅对爱情忠诚，对友情也十分重视，但惟一的缺点是，会因为爱情而失去理智，上当受骗。

耳朵：习惯亲吻恋人耳朵的人也是最能善解人意的人，他们很容易就能了解别人的心事和痛苦。在感情上他敢爱敢恨，但很会利用别人达到自己的目的。

嘴部：习惯亲吻嘴部的人，对爱情比较专一，有“一吻定终身”

的思想，他们有着很强的自信心和道德观。

脖子：习惯亲吻恋人脖子的人一般对爱情都不太专一，也无法拥有一段长久的恋爱。虽然自己不专一，但却要求对方对自己忠诚，能对自己苦苦等待。

肩：习惯亲吻恋人肩部的人，表明其极需要得到他人精神上的支持和安慰，但因为不善于表达，所以时常压抑自己内心的渴望和需要。在人际交往中，他们也是极容易陷入别人陷阱的人。

手臂：这类人善于寻找自己人生中的机遇，懂得试探别人的需要并把握机遇。

手背：习惯亲吻恋人手背的人是典型的“情圣”，他们既懂得掌握男女感情，又懂得伺机而行，有着很强的野心。

手心：习惯亲吻恋人的手心意味着他渴望对方能够真诚地对待自己，他们渴望获得有品位的爱情。

脚和脚趾：习惯亲吻恋人的脚部，说明他们对自己的另一半的尊重，把对方看成了自己生命中最重要的人，并且在交往过程中会委曲求全地全面配合对方。

头发：习惯亲吻恋人的头发的男人是个爱吃醋、忌妒心重、占有欲望很强的人，然而他们往往也是容易在爱情中遇到挫折，牺牲自己的人。

总之，亲吻是一个永远也说不完的话题。充满爱意的亲吻是开启心灵的钥匙，滋润着两颗彼此相爱的心。而从男人亲吻恋人的部位，便可以看出他隐藏的性格，便于更好地了解他是怎样的人。

你知道他吻你时的心情吗

亲吻除了表达一个人强烈的爱意，还寄托着亲吻者的心理活动。其中的奥秘相信很多人并不了解，只是将亲吻作为表达感情的方式。

如果你的他喜欢“征服之吻”，对你的亲吻大胆而强烈，直奔主题，强悍炽热，不容反抗，这说明他想要通过这种热烈奔放的亲吻让你所有的感知与情意随着他热烈的吻而苏醒，并因此而沸腾。他仿佛要将你吞到嘴里，或者将你揉碎，表明他对你有着强烈的爱恋之情，希望通过接吻告诉你，他想将你完全地占有；他的爱富有激情，有着居高临下之势，想将你掌控在他灵活又富有力量的舌尖之下。

如果你的他是害羞内向的，一般会以“礼貌之吻”的方式来亲吻你，就像雨点一样落在你的额头或是唇边。他不会很直接地亲吻你的嘴唇，他更专注于干吻和优雅的淡吻，也许你们的感情还没有深到让他可以放开大胆地亲吻你，他只好出于试探的心情来表达他对你的感情。实际上，他还不够自信，或者很害羞，当然，也不能排除他不爱你，只是出于一种交往中的需要。不论出于哪种原因，都会让你觉得很不舒服，很有距离感，你可以认真地跟他沟通，如果是因为不爱，那么就此放开，也是一种洒脱。

如果你发现你的他亲吻你的时候，面无表情，并不享受和你亲吻的激动或是甜蜜，只是冷冷地应付，心跳是平稳的，嘴唇是冷的，眼睛是睁开的，表情也是木讷的，那很可能就是“应付之吻”了。他完全是心不在焉地应付你，就像是例行公事或是完成任务一样，浅尝辄止，蜻蜓点水一般。他其实已经在暗示你，他是身在曹营心在汉，想着别的事情，抑或是想着别的人。也就是说，他金屋藏娇、另结新欢也未可知。对于你的爱恋也许只剩下一层虚壳，或只是一种习惯，和爱情无关。

“爱怜之吻”应该是每个人都期待的，他会很在意你的感受，可以很细心地捕捉到你的情绪和反应，这种亲吻本身就是一种爱恋，一种呵护，爱你到必须细心呵护你时，方为止处。他对你的亲吻也是一种小心的疼惜。这种吻是心灵的联通，由内而外，自始至终，

都是真情的传达。如果你的他是这样亲吻你的，那么恭喜你，你是个幸福的人，他真的很爱很爱你，生怕你受到一点点伤害，他不允许自己伤害你，他把呵护你、爱你当作己任，拥有爱人至此，此生无憾矣。

可见，亲吻不仅仅是表达感情的常用方式，更是解读一个人爱恋心理的一种途径，好好地享受爱人给予的温情和浪漫，也要擦亮双眼，不要给图谋不轨或三心二意的人以机会，享受爱情带来的甜蜜，也要规避情感骗子处心积虑的算计。总之，爱你该爱的，离开不爱你的，享受生活和爱情赋予我们的点点滴滴……

9.从与人约会，让你看懂这个人

约会，是男人与女人开始爱情和婚姻的必经阶段，而男人和女人在约会时的小动作不但能透露出其对本次约会的态度和对对方的好感，还能透露出一个人对爱情、生活的心态等。想要从约会中找到真爱，从约会中找到对的人，就要对他或她的细节动作充分重视，并据此分析其性情。当然了，两个人恋爱最重要的还是彼此之间的感觉和默契，如果对方能让你心动或者给你安全感等良好的感觉，即使一些小动作能透露出他或她的一些小缺点又何妨。

从约会看懂男人

当与男人约会时，他是否有诚意，对你的兴趣有多大，你们之间发展下去的可能性有多大？这些问题都能从他的一些细微的动作上得到答案。无论是他的表情还是肢体语言，都能暴露其真实的内心想法。最主要的就是男人的特征表情：

（1）彻底放松，不拘小节

他一脸的轻松，如同与熟悉的老朋友见面，很随意地入座，身体后仰，或者是将双腿张开，一只手托着腮等，怎么舒服怎么做。初次见面就这么随便，彻底放松，这说明他没有将你看成是异性，目前对你没有爱情欲望。他喜欢和你在一起，但他现在没有想过要与你有进一步的感情发展，只会把你当成“哥们儿”，希望与你随意、放松地交谈，不想受到任何约束。

这样的男人显然很随性，很讲“哥们儿”义气。如果你对他没有兴趣最好到此为止，结束爱情游戏；如果他正对你的口味，就要展示出你的性感与魅力。当他把你当成女性看待时，你们的关系才有望升级为恋人。

（2）冷静严肃，眉头微锁

他表现得镇定自若，会不自觉地变得严肃起来，抿嘴皱眉，双眼紧紧地跟随着你，关注着你的一举一动，像是要把你从外到内看个透，活像个侦探，不由得让你感到紧张。他如此关注你，甚至会不停地向你发问，对你提出各种问题。这表示他在对你不了解之前与你保持距离，对你存在怀疑，正在考虑是否与你谈感情。这都是他不自信的表现，他不会轻易付出真情。

显然，和这样的男人约会很难让人放松，因为他太喜欢挑刺，面对他的意见，无需过多地辩解，也别急于表白心声，只要做个安静的倾听者，适时地给予回应就好。如此也能让你了解到他真正想要干什么，以便更好地发起爱情攻略。

（3）左顾右盼，眼神飘忽

他的眼神恍惚，有点坐不住，常常会四处张望，与你说话也是有一搭没一搭，反应迟钝，双腿不停地抖动，时而看看手表，时而玩弄手机，给人“身在曹营心在汉”的感觉。在约会时他心不在焉，只能说明他对此次约会根本提不起兴趣，无心谈情说爱，只想着赶快结束约会，逃离现场，摆脱尴尬的境地。

对于这样一个随时都想逃的男人，你还有与其谈情说爱的欲望吗？如果觉得他如此神态正好是你所喜欢的，觉得他如此比较“可爱”，那就将约会进行到底；倘若无法忍受或者对他深表同情，何不遂了他的心愿，尽快结束压抑的约会。

一些微不足道的细节，让男人的想法暴露无遗，而女人要想做出无悔的选择，首先要对此有所了解和把握，以便做出更好的决定。

从约会看懂女人

初次约会的男女，由于彼此之间的不了解，会很难断定自己未来的情感走向，对于男性来讲，你知道女孩子在约会时的小动作反映了她们什么样的心理状态吗？

手托下巴，表示女孩子对于这场约会以及约会对象比较失望。很明显，对方不是她们所希望的恋爱对象。这时候的她们可能心中最期望的是如何尽快地结束这场约会，只是有时候碍于面子在拖延时间而已。如果一个女孩子在初次约会中长时间地保持这个动作，同时目光淡漠的话，那这次约会肯定达不到双方预想的效果。

用手撩动头发，这是很多女孩子的习惯性动作之一，同时也揭示出了这个女孩子对于自己容貌的自信。她正期待着对方的欣赏，如果此时男人对她说出适当的赞美之言，那无疑是锦上添花的事情，更容易讨得女孩的欢心。

不断地交叉双腿，表示她对于你们之间正在谈论的话题感到厌倦，女孩子这时可能已经开始感觉烦躁了，如果不想让她继续烦躁，挽回局面，那么就赶快换个话题。

不停地抻裙子，很多女孩子都喜欢在坐着的时候抻裙子或者裤子，使之平整。这样的女孩子个性保守，传统观念很强，她们希望恋爱的对象也将是日后的结婚对象。如果仅以游戏为目的的男人，请不要轻易地招惹这样的女孩子。

不停地玩弄手指或者手边的小饰物，这时候女孩子处于极度尴尬中，是面对陌生异性时的不自然。这个时候，男方应该主动打破尴尬局面，多找一些轻松话题缓解其心理紧张，使你们的这场约会更加完美。

如果女孩子在约会时，边说边笑，你们之间的交谈会让你感觉轻松愉快，说明她们性格开朗，对生活要求也从不苛刻，很注重“知足常乐”，富有人情味。感情专一，对友情、亲情特别珍惜。人缘较好，喜爱平静的生活。

如果一个人在约会时经常做出耸肩摊手的动作，这是无所谓的表示。这样的女孩子大都为人热情，而且诚恳，富有想像力，会创造生活，也会享受生活。她们追求的最大幸福是生活和睦。

习惯抹嘴捏鼻的女孩子，大都喜欢捉弄别人，却又不敢承认，且喜欢哗众取宠。这种女孩子最终是被人支配的人，别人要她做什么，她就可能做什么，购物时经常会拿不定主意。

每个人都会有一些比较特别的或者大众化的行为习惯，能抓住对方的性情、心理状态，方能见招拆招，找到心中所爱。人无完人，分析人的性情并不是要你带着挑剔的心态去看人，因为某个缺点而否定一个人不是明智的行为，相反，只要有缘在一起，包容才能让真爱长久。

第四章

言为心声，听懂话语中的表情

说话，任何健康的人都会。常言道，闻其声，如见其人。一个人的言语是最能够，也是最直接可以表现一个人性格的方式。那么，在与人谈话的过程中，如果能够从人的话语中获取信息，那么看懂一个人自然就会简单很多。只要你懂得悉心留意别人的说话方式，以及语言所传达出来的感情，那么，想要看懂这个人当然也就轻而易举。

1.从口头语可以判断一个人的性格

口头语是某些重大事件对人的影响和积累效应共同作用而产生的。因此，通过一个人在平时生活中的习惯性口头语便能了解其性格。当然，这就需要人们在与人交往的过程中能够仔细、认真地揣摩和分析，只有这样才会收到良好的效果。由此可见，口头语言就是透视人们性格的一扇窗口。

口头语即心语

“口头语”也就是人们常说的“口头禅”，“口头禅”原本是佛教的一种禅宗用语，其意思是说，学习佛法的人不去用心领悟，而是常把一些现成的经验挂在口头，装作很有思想的样子。而到了今天，人们在生活中所说的“口头禅”已经跟学习佛法没有一点关系了，演变成为一种个人习惯用语的代名词。

口头语并不是人们与生俱来的一种话语，而是在个人长期生活过程中慢慢形成的。每个人的口头语都有自己的特点，即便是内容相同的口头语，在不同的人嘴里，语气和发音重点也是不一样的。

在当今人们关注的很多艺人中，你也可以发现，他们的口头语也不尽相同，这也正好体现了他们独特的性格。

刘亦菲习惯性的口头语是“不知道”，人们从中不难看出她本真的一面，同时也表现出她内心的一种无措，所以用“不知道”这种

天真的回答来做挡箭牌，从而为自己开脱。这也很有可能与她很小就出道的经历有关，她或许有些厌倦“过早出名”的生活，也可以认为，她对人情世故抱有一种抵触与逃避的态度。

而蔡依林的习惯用语是“是哦”和“然后”。“是哦”可以看出她是一个很小心的人，或许对这个世界一直抱有妥协与顺应的态度；“然后”则透视出她想改变自己的现状与不甘心的心理，可以看出她的内心其实很矛盾，既想脱俗又不得不随俗。

天王刘德华的习惯用语是“不要啦”，这表现出在他的内心有很多拒绝的声音，无论是对自己还是对别人，他害怕自己内心的秘密被他人知晓和揭开。当一个人虚弱无助的时候，就会用这样温软的否定，从而求得残酷的世界对自己网开一面。同时也表达出其内心的疲惫以及“是放弃还是坚持”的挣扎心理。

另外，口头语对人的影响有积极和消极之分，像电视剧《加油，金顺》里女主人公的口头语“加油!”就是一句积极的口头语，它会激励人们去面对和战胜困难，同时给人一种自强不息的感觉。而那些常常把“无聊”、“没劲”挂在嘴边的人，会给人一种颓废、疲惫、不求上进的感觉。

从某种角度来讲，口头语出现频率极高的人，大多是办事不干练，缺乏坚强的意志的人。有些人说话时没有口头语，但这并不代表他们从未有过，可能以前有，但后来逐渐地改掉了，这显示出一个人意志力的坚强和追求说话简洁、流畅的精神。

现代心理学家研究后认为，口头语看似是一个人在不经意间说出口的，其实跟说话者的性格、生活遭遇甚至是精神状态都是密切相关的，算得上是一个人的标志。同时，口头语也影响着其他人对这个人的感觉。从这个意义上来看，口头语其实也并不是完全“无心”的，它其实是一种“心语”，标示着一个人的心理状态和性格特点。从不同的口头语里，我们便可以大致读懂一个人的心。

常见的口头语及性格分析

在日常生活当中，绝大多数人都有口头语，这种口头语言是由于习惯而逐渐形成的，具有鲜明的个性，最能体现说话人的真实心理和性格特点。只要留心，就可以从一个人的口头语言中窥见其内心世界。

一、习惯说“说真的、老实讲、的确这样、不骗你……”这类口头语的人，在交谈过程中总是反复强调自己说的是真的，老实交代的，是在刻意表明自己的诚实可信，然而这恰恰说明他心里存在忧虑，总是担心对方会误解自己的意思。

这一类型的人性格上有些急躁，内心常常会愤愤不平。他十分在意他人对自己所陈述的事件是如何评价的，所以会一再强调事情的真实性，从而希望自己在团体中被更多的人认可，并得到更多人的信赖。

二、习惯说“应该、必须、一定会、一定要……”这类口头语的人常常对他人具有较强的命令性和明确的确定性，他们个人一般自信满满，做事情显得很理智，为人冷静，自认为能够将他人说服，令他人相信。

但是也有一种情况，如果一个人在谈话的时候过多地使用“应该”这个词的话，也可以说明他对某件事情的发展变化并没有太大的把握，虽然从表面上看他的态度是坚决的，但是他的心理上是动摇的，因此，这个“应该”表述的不一定是肯定语气，反而说明这个人的不自信。

三、习惯说“听说、据说、听其他人讲……”这类口头语的人，很明显是在推卸自己的责任。意在告诉听话者，他现在所说的话语并不是发自他的内心，只是道听途说的，如果听话者听信这些话，造成不良的后果的情况，跟他是没有关系的。

爱说这类口头语的人，在做事时习惯给自己留有余地。他们的见识虽广，但决断力却不够，大都是处事圆滑的人。在为人处事的过程中，他们会时刻为自己准备着台阶下，但有时也会被很矛盾的心理所困扰。

四、习惯说“可能是吧、或许吧、大概……”这类口头语的人总是习惯用这种模棱两可的词语来掩饰自己内心的真实想法。所以说，习惯说这种口头语的人，其自我防卫的本能甚强，不会轻易就将自己内心的想法完全暴露出来。在处事待人方面总是表现出异常的冷静，因而其工作和人事关系都不错。

五、习惯说“但是、不过……”这类口头语的人总习惯用这些词语后面的内容来为自己辩解。同时，后面的内容也为他提供了一种保护，给他留了足够的回旋空间。运用这样的口头语显得人比较温和、委婉，没有断然的意味。

六、习惯说“啊、呀、哦、嗯、这个、那个……”这类口头语的人给人一种话语散乱、不连贯的感觉。实际上，这类人或是词汇量较少，或是反应慢，因此才不得不在说话时利用此类词语作为间歇。因此，有这种口头语的人，其要么是反应较迟钝，要么是骄傲、比较有城府。总体来说，这类人的内心也常常是孤独的。

以上这六种口头语是在人们的生活中比较常见的，在分析一个人的性格特点时，你不妨依据以上这几种方式，结合对方的实际情况，进行具体的分析判断。

2.闻声识人的秘诀

声音是了解一个人性格的重要凭据。研究一个人的发声习惯，听听周围人的声音，即可印证是否“声如其人”，找到每个人的不同个性，从一个人所发出来的声音中，分辨其修养和性格。

闻其声，知其心

声音，也是人们辨别人的一个重要秘诀。常言道，“闻声如见人”。无论是甜美圆润，还是浑厚而富有磁性的声音，都会给人留下一种美好的回味和遐想。事实上，根据人们与生俱来的声音，就可以知道其有着怎样的性格。

《孔子家语》中记载着这样一个故事。一日，孔子在返回齐国的途中，忽然听到附近传来非常哀切的哭声，于是便对随同在左右的人说：“此哭哀则哀矣，然非哀者之哀也。”之后便继续前行，当看见那个哀哭的人时，孔子便下车询问，得知他叫丘吾子。

孔子问他：“你为什么如此哀哭?”丘吾子长叹一声，回答说：“我这一生犯了三次大错，直到现在年老了才深深地觉悟出来，实在是追悔莫及啊！所以在此痛哭。”古人云，“朝闻道，夕死可矣。”丘吾子因痛悔自己的错误而哭，是一种高人的风范。而孔子能够听音辨出人的心事，也不是一般人所能有的才能。

丘吾子后来又接着说：“在我的少年时期，我就非常喜欢学习，后来周游天下，却没能为父母双亲送终，这是我人生中的第一次大的过失；身为齐国的一位臣子，齐君现在骄横奢侈，失天下人心，我多次劝谏都没有成功，这是我的第二次大的过失；我生平交友无数，深情厚谊，不料到后来都绝交了，以至于我只能孤独到老，这是第三次大的过失。我为人子不孝，为人臣不忠，为人友不诚，还有何脸面在这世上生存？”

丘吾子的三悔，在今天的社会里，已是再难重现的古士高风。孔子的识人之能，由此而流传后世。

古人历来是比较重视声音的，他们认为声音是考察人物的一个组成部分，并且还做了深入的观察和研究。的确，一个人的声音在一定程度上代表着其独有的形象和性格特点，通过声音，便可以对其有一个大致的了解。

闻声识人，简单的来讲就是指听到人的说话声，就知道他是谁。但是这种辨识的方法必须是建立在重复相闻的基础之上。更进一个层次来理解，就是由声音听出一个人的心性品德、身高体重、学历身份、职业等情况来。当然，这是一个比较复杂的经验判断，必须依从于生活的逻辑。

从声音洞悉人的情绪

一个人除了外貌长相以外，其声音往往也会给他人留下强烈的第一印象。有些人的声音轻缓柔和；有些人的声音沉重且带有威严感，人们往往就是根据这些声音所获得的印象去识人的。

声音的确会表现出一个人的性格和人品，有时甚至可以预测一个人的前途走向。在某些情况下，从脸部表情、动作、言词用语而无法掌握心态时，往往可以从声音上去揣摩其喜怒哀乐等情绪的变化。

(1) 声音高亢尖锐

具有这种声音的人一般比较神经质，对环境有敏感的反应，且创意和幻想能力比较丰富，有较强的美感；从不服输，更讨厌向人低头。说起话来滔滔不绝，并常常将自己的意见强加于他人。面对这种人，不要给予反驳，你的谦虚态度会让他们深感满足。

如果是女性发出这种声音，说明其情绪起伏不定，对人的好恶感也极为明显。她们一旦执著于去做某一件事时，往往不会顾及其他的事情。通常，她们也会因为一点小事而伤感情，甚至是勃然大怒。她们时常会轻易地说出与过去完全矛盾的话，并且从不低头认错。

如果是男性，可以看出他们是有着狂热的个性的人，容易兴奋也容易疲倦。然而他们从年轻时期开始，就擅长发挥个性而掌握自己的成功运。

(2) 声音温和沉稳

这种人往往具有同情心，不会看着自己身边有困难的人而不管不问，属于慢条斯理型。在每天的生活或工作中，也许上午显得有气无力，到了下午就会变得活泼开朗。

这类女性大都属于内向型的，她们时常因为顾及周遭的情况而压抑了自己的感情。同时，她们常常渴望表达自己的观点，因而应尽量让其抒发自己内心的感情。

这类男性乍看上去显得很老实，其实个性中有其顽固的一面。他们总是固执己见，从不妥协和讨好他人，也很难接受旁人的意见，且不会受他人的影响。一开始给人一种很难相处的感觉，但时间久了就会发现，他们是忠实可靠的人。

(3) 声音沙哑

具有这种声音特质的人，会凭借自身的力量拓展势力，在公司或团体中成为领导他人的角色。越是失败就越能激起他们的斗志，进而全力以赴。

这一类型的女性一般较具个性，虽然外表看起来显得很柔弱，但是却有着强烈的性格。她们对待任何人都亲切有礼，但是你很难看出她们的真心，常常让人捉摸不透。

这一类型的男人往往有着十足的耐力和行动力，就算他人停滞不前的时候，他们依然能够向前进。但是他们常自以为是，对一些自认为不重要的事满不在乎。

(4) 声音粗而沉

有这种声音的人，不论男女都有着乐善好施的喜好，他们有着领导者的性格，喜欢公众的社交活动，不喜欢闲置在家里。

这一类型的女性在同性中的人缘不错，容易受到众人的信赖，成为众人讨教的对象，因此很容易和她们相处。

这一类型的男性通常有政治家和实业家的潜质，但是他们内心的感情却十分脆弱，但富有强烈的正义感。他们常常会为自己与他人的争吵和决然的举止而在日后感到懊悔。他们在日常购物时一般会很干脆，即使是高价的商品。他们交友广泛，能够和各种各样的人来往。

(5) 声音娇而腻

如果女性发出这种声音，通常是极其渴望受到众人喜爱的一种表现。她们往往心浮气躁，往往会因为过多希望博得他人的好感反而招人厌恶。如果来自单亲家庭，那么她们的内心期待着一种像年长者那样温柔的对待。

如果是男性发出这种声音，可以判断出他们大都是独生子，或者是在家人百般呵护下长大的孩子。他们在独处时会感到非常寂寞，碰到必须自己判定事物时会感到迷惘而不知所措。他们对待异性非常含蓄，绝对不会主动采取行动。和异性独处时，他们还会特别紧张。因此，在他人眼中，他们是优柔寡断，做事不干脆的一类人。

3.从语气和语速看出性格和心理

曾经有人这样说过："人的表情有二，一是呈现在脸上的表情，二是表现在言谈中的表情。"这是一句至理名言。的确，听一个人说话，从他的语气和语速上，即可大致了解其性格特点和心理状态。

一般来讲，一个人的言谈足以表现出一个人的态度、感情和意见。言谈的内容是表现的因素，但言谈的速度、语调、抑扬顿挫，以及润饰等，亦足以影响谈话内容的效果。人们往往会在不经意间，通过这些因素表现出所谓的言外之意，而听者也会设法通过这些因素来试图了解对方的性格和当时的心思。

从话语表面看性格

曾国藩可谓是识人方面的行家，他认为，人的声音与天地之间的阴阳五行之气是相联系的，声音同样有清浊之分，清者轻而上扬，浊者重而下坠。声音是由人的丹田处发起的，然后在喉头处发出声响，在舌头那里发生转化，在牙齿那里发生清浊之变，最后由嘴唇发出去。人们发出声音的这一系列过程都与宫、商、角、徵、羽五音密切配合。

当然，人们在识人听音时，要想辨识其与众不同之处，不一定完全要与五音相符，只要听到声音就会想到这个人，从话语的表面判断出其性格就可以了，要能达到"不见其人，但闻其声"就能判

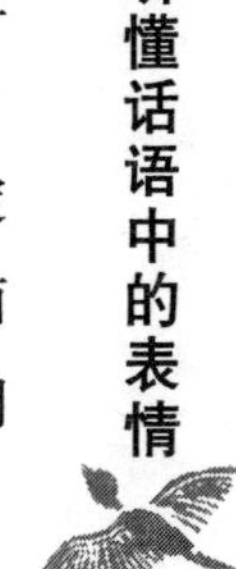

断出他究竟是个怎样的人。

在《三国演义》中，张飞是大多数人最喜爱的人物之一。他那粗豪、勇猛、爽直和坚贞的品质深深地吸引着历代众多的观众和读者。张飞在说话时声如洪钟，具有浓烈的草莽英雄气质，人们从他的外表上便可以看出来。张飞身长八尺，豹头环眼，燕颔虎须，声若巨雷，势如奔马。在长坂坡一役中，张飞被曹操率众军追赶，他突然立马桥头，圆睁环眼，厉声大喝道："我乃燕人张翼德也，谁敢与我决一死战！"其吼声如雷，曹军部将夏侯杰被吓得肝胆碎裂，从马上跌了下来，曹操后来也掉头离去。正是张飞那巨雷般的声音，使人们记住了这个人，同时也记住了他那粗犷的草莽英雄气质。

像张飞这类人，他们天生就有一副大嗓门，说起话来高声大气。从他们的声音中可以了解到，他们这样是为了召唤、鼓动、说理、强调和表达自己激动的心情而发出的声和气，从中也可以感受到他们粗犷、豪放的性格。他们虽然脾气暴躁、易怒，容易激动，但为人耿直、真诚、热情，说话直截了当，从不拐弯抹角绕圈子。当然，他们是不会容忍自己受一点点委屈的，在事情面前，他们最直接的表现便是据理力争，直到弄个水落石出为止。他们有时会充当急先锋，起召唤、鼓动的作用，但有时也会在不知不觉中成为他人利用的对象，但他们自己却浑然不知。

在现实生活中，每个人的声音都不一样，就连说话的语气和语速也不尽相同。有人说话速度快，有人说话速度慢；有人说话语气缓和，有人说话则坚决果断。人的说话速度和语气之所以呈现出千差万别，其实都是受他们的性格影响，一个唯唯诺诺的人决不会说出口若悬河的话来；有时意思截然相反的两句话，有可能因为语气不同使得意思完全一样。可见，人们的说话速度和语气透露出他们的真实性格，通过观察对方的说话速度和语气，我们可以将他们看得更透彻。

从语气和语速深入人心

在人们说话的过程中，人的内心感受会直接影响声音，而另一方面，声音的节奏也是内心活动的一种表现。因为声音会随内心变化而变化，内心平静时，就会有心平气和的声音；内心清顺畅达时，就会有清亮和畅的声音；内心渐趋兴盛时，就有言语偏激之声。

因此，人们可以从一个人说话时的语气和语速判断其内心世界。曾经有专家专门做过这方面的研究，后来得出这样的结论：内心不诚实的人，其说话时就会支支吾吾，这是心虚的表现；内心诚信的人，说话声音清脆而且节奏分明，这是内心坦荡的表现；内心卑鄙阴暗的人，说话时就会阴阳怪气，非常刺耳，这是因为心怀鬼胎；内心柔和宽容的人，说话时温和如水，舒缓有致……

在总结人们说话方式的特征时，首先应该从说话的速度分析。说话速度快的人，一般都是能言善辩的人；而说话速度慢的人，则比较木讷。原因就在于每个人固有的特征，其性格和气质方面的差异。因此，从心理学角度来看，我们可以从一个人说话时的特征中了解其心理。

(1) 言谈的速度是了解一个人心理活动和变化的关键

在与他人交谈的过程中，当对方说话的速度比平常缓慢时，则表示对方心理上的不满，甚至是怀有敌对情绪。相反，如果对方说话的速度比平常快，则表示对方有短处或缺点，心里有愧疚感，说话的内容存在虚假性。

(2) 从语气中可了解对方的心理

说话的语气与速度一样，也可以呈现一个人的心理特点，当一个人想反驳你的意见时，最简单的方法就是拉开嗓门提高音调，语气沉重高昂。的确如此，人总是希望借此语气来壮大声势，从而压倒对方。言谈之中，也有一些人在说话时抑扬顿挫，说明其对自己的外在表现非常在意，人们也可以从他们的话语中看出他们的心思。

(3) 从说话的语气中表现出的韵律了解对方心理

在言谈方式中，从言谈的韵律上，也可以看出一个人的性格特征。说话比较缓慢的人，他们的性格大都比较沉稳，也就是人们所说的“慢性子”；内心充满自信的人，与他人谈话时多为肯定语气；而缺乏自信心，或是性格比较软弱的人，说话时则显得慢吞吞的。另外，经常是就某个话题滔滔不绝、谈论不休的人，他们不但喜欢表现自己，也常常目中无人，其性格大都比较外向。

总之，一个成功的政治家或企业家，他们在控制言谈的语速和语气方面都有独到之处。正是这种细节性的处理方式，使他们赢得了社会或下属的认可与尊重。如果懂得从这些细节处进行分析，就不难了解一个人。

4.语言风格，一个人品行修养的最佳彰显

语言是思想的载体，思想是语言的灵魂，“言为心声”，这些都表明了，如果一个人心有所思，就会口有所言，两者在相当程度上有着密切的关系。并且，从一个人的语言风格上便可以看出一个人的品行修养，从侧面了解到他为人处事的态度和生活理念。

品行修养决定了语言风格

语言的风格有很多种，有的人说起话来文雅敦厚，有的人却庸俗刻薄；有的人说起话来热忱大方，有的人却冷漠畏缩；有的人说话滑稽幽默，而有的人却显得呆板无趣……语言风格的形成大都是人的习惯所影响的结果，而人的习惯又是一个人的品行和修养的直接体现。

众所周知，艾森豪威尔是个幽默风趣的人。二战期间，他到一个陷入困境的部队视察工作。在当时，作为欧洲战场上的盟军总指挥，人们对于他的到来表示出热烈的欢迎。但当他讲完话准备走下台时，一不小心跌进了台下的泥潭里，艾森豪威尔在瞬间便被泥巴裹满了全身，在场的士兵们都面面相觑，但他却迅速站起来，然后风趣地对大家说："泥巴告诉我，它对我的视察非常满意……"全场轰然大笑起来。

在人们的工作和生活中，时常会遇到一些无法预料的僵局，在尴尬的情况下，有的人会更加失态，有的人却能轻松化解。显然，能够把僵局和尴尬幽默处理的人，其心胸一定是明朗开阔的。

仔细观察不难发现，那些善于幽默自嘲的人总能在第一时间就感觉到身边存在的不和谐的因素，并且会用适当的语言来轻松消灭。他们不仅能够缓和当时的气氛，还能够使尴尬或恼怒的人有面子。这样的人，其观察事物的能力很强，一般有着敏捷机智的判断力，最重要的是有着开阔的心胸，无论是对自己还是对他人。艾森豪威尔正是利用自己的幽默语言瞬间打破了僵局。

一个人的品行和修养是在日常生活中不断沉淀和积累的结果。如果他在日常的行为习惯中就有许多粗鄙的行径，那么他在说话时自然也是一样的粗鄙与恶劣；如果一个人在平时温文尔雅，那么他说话时也必然是很有水准的。如果有好的品行，那么其说话的风格也必然会凸显优雅，但如果品行很差，是绝对不会说出优雅的话的。因此，可以说，一个人的语言风格和其身上所特有的品行或修养是相互体现和影响的。因此，从一个人说话时的风格上便可以看出其教养和德行。

语言风格的类型

因为人们的特性、气质不同，性情也不一样，所以人们在言谈中的语言风格也有着明显的差异。通过一个人说话的风格，我们可以大体上了解他的性格特征，以及品行修养。语言风格的种类很多，但以下四种是比较常见的，而且是典型的：

(1) 说话直爽简明型

这一类型的人往往心直口快，说话直率，总是想到什么就说什么。他们中的大多数人都是内心坦诚、表达直接、胸无城府的人，说话不会拐弯抹角。拥有这种语言风格的人在生活中给人的印象是粗犷而直白、真诚而袒露。并且这样的人是值得信任、容易交往的。他们在做事时总是一副精神饱满、热情冲动的状态，而且对朋友十分豪爽仗义。但是这种类型的人也有一些缺点，那就是容易出口伤人，因为说话太直接真实，所以往往会忽略他人的感受，伤人自尊。

(2) 说话婉转含蓄型

这一类型的人大多属于感情细腻、敏感多疑的人，他们不愿意让别人了解自己内心真正的想法，并且十分在意自己在他人心中的印象，在乎他人对自己的看法，可以说他们是非常理性且谨慎的一类人。他们每说一句话都会思前想后，权衡利弊，懂得如何拿捏分寸，但常常会给人一种不够真实和坦率的感觉。并且，他们内心的想法很多，但又不愿意向他人倾诉，所以自己的精神压力很大，心理上很抑郁。

(3) 说话幽默风趣型

一个说话幽默风趣的人不仅能给人们带来快乐，同时也说明他是很有智慧的人，因此这类人无论是在人际关系上还是社交方面都有着极大的魅力。他们无一不是乐观开朗、思维活跃的人。他们往往会成为人群中的焦点，只要有他们在，就能够轻松地避免尴尬的冷场，因为他们很会调节气氛。

(4) 说话一板一眼型

从“一板一眼”的字面上，你就不难看出，无论是说话还是做事，这类人一定是循规蹈矩、按部就班的人。大体上来讲，他们的思想比较保守，谨小慎微，性格也比较沉稳，但稍显内向。他们从不会乱开玩笑，说话时极有分寸，该说的就说，不该说的绝对不会乱说。但正是他们过分的规矩，反而会给人一种呆板、固执、较真儿、不通情达理的感觉。

当然，语言风格的类型还有很多种，每一种类型都有其产生的环境和背景。通过说话的风格来判断一个人的个性、品行、素质，是识人术中必不可少的一个环节。

5.言谈内容，真实心理的揭露

在与他人交往的时候，我们仅从对方谈论的内容便可以窥视其内心的状况，看出对方的性格和思想。一个人言谈的内容可以反映出他当时的心理活动，越与之深入交谈，就越能看出其本人的真实面目。每个人在与他人交往时的言谈内容都不一样，所以，言谈内容可以表露一个人的心灵轨迹，是人们探知他人的真实性格和心理的最有价值的依据。

交谈的话题反映思想和兴趣

在人们的日常生活中，与人交谈是不可缺少的内容，生活中的每一件事物都可以成为人们交谈时的话题。在与人交谈时，虽然交谈的双方都不会直接向对方表露自己的心迹，但随着交谈的进行，双方都会在不知不觉中、有意无意地暴露出自己内心的秘密和当时的心理活动。除了交谈的话题和内容，交谈双方的神态、动作也会发射出某些信息。如果细心观察，你一定会大有所获。

王珂是学校学生会主席，每次上完课一回到宿舍，他就开始滔滔不绝了。在室友面前，他要么大谈自己的辉煌经历，要么就针对当今社会的某些现象发表一些自己的看法，就连大学毕业后的打算也统统向室友道来。像王珂这样的男孩子，一定是个性格外向的人。可以看出，他的主观意识比较强，有自己的主见和人生计划，但是常常有点自负，喜欢表现自己，避免不了有些虚荣心。

张兵是王珂的一个室友，他和王珂的性格特点截然不同。他的性格比较内向，在宿舍从来都不会主动提出某个话题，总是别人问他怎么想的，他才会稍稍表达自己的一些意见，即使偶尔主动开口交流，也是跟学习和考试有关。平日里，他的情绪都比较平和，从没有过任何冲动和热情。无疑，他的内心深处是自卑而又胆怯的。

生活中类似的事例还很多，其实，从人们在交谈时谈论的话题或是说话的方式，都可以看出他的性格和心理活动，有时甚至可以判断出这个人的生活环境和家庭背景等。

从交谈的话题上判断一个人，是一种最简单、最实用的识人方法，通过交谈的内容，便可以得知对方的思想和性格特征。因此，从心理学角度分析，在谈话时学会倾听，懂得察言观色，才可以更好地识别人心。

从言谈内容看心理

无论是初次见面还是彼此熟悉，在见面谈话时，一般人们会认为，对方的兴趣和所关心的事会原原本本地通过说话的内容透露出来。然而事实上，一个人的心理并没有那么单纯，当然也有人会全身心地投入在一件事情上，于是，与他交谈时的话题中出现的都是他所关心的事。

例如，有的人特别热衷于自己的事业，常常三句不离本行，往往在刚聊了几句后便会扯到自己的事业，对于这样的人，我们没有必要过于深入地探究他的心理，因为他的心理已经主动地呈现在你的眼前。然而，也会有这样一种人，他们并没有直接将自己所关心或感兴趣的事物表现在话里，反而是穿插在其他毫不相干的话里。他们因为常常带有一种自卑感和不满，所以总是会选择其他话题来象征。

透过谈话的内容探究一个人的深层心理，其奥妙就在于此。我们可以凭借交谈的内容获悉对方的深层心理：

(1) 总爱说关于自己的事

如果对方常常谈论自己，包括他曾经有过的经历、他的自我个性、他对外界一些事物的看法、态度和意见等等。一般情况下，这样的人都比较外向，有着强烈且鲜明的感情色彩，主观意识也比较浓厚，爱表现和公开自己的事情，虚荣心自然也少不了。

与此相反的一类人，则性格比较内向，感情色彩不鲜明也不强烈，主观意识比较淡薄，不太爱表现和公开自己，思想比较保守，

虚荣心不强烈，但自卑心理较强。另外，这类人一般都有较深的城府。

(2) 总是提及金钱

在交谈中，不管你们谈论什么话题，对方都会不自觉地扯到钱上面。比如："你这套房子可真气派，一定花了很多钱。"或者"你这个包挺好看，多少钱啊?"这种类型的人往往是缺乏梦想的人，而这个缺点很可能会成为他人格上的致命弱点。因为他们过于现实，所以把赚大钱当作了自己人生中的惟一理想和追求，而对其他的事物漠不关心。

但是你有所不知，像他们这种超级现实的人，内心也会产生不安全感。在他们的思想里，金钱便是一切，没有钱，他们便无法活下去。因此，只要他们身上一没有钱，就会感到十分惶恐和不安，时常有一种被抛弃的感觉。

(3) 谈论未来

如果对方每次与你聊天都会谈论到将来，并且会在你面前畅想自己的未来，那么也就说明了他是一个幻想主义者。在喜欢幻想的人群中，有的人能够在幻想之后付出行动，而有的人却让自己置身于幻想中无法自拔。能够付出行动的人一般都是注重计划和发展的实实在在去做事的人，所以往往容易成功。但那些只幻想不行动的人，只是停留在口头上而已，最终大都是一事无成。

(4) 谈论生活中的琐事

如果对方在与你交谈中的内容多倾向于生活中的琐事，则表明对方是一个安乐型的人，如何享受生活的舒适和安逸是他们主要关注的事情。

(5) 谈论自然现象

在谈话时，如果对方比较注重自然现象，那么说明他的个人生活很有规律，为人处世也非常小心谨慎。

(6) 谈论人际交往中的种种现象

如果对方经常谈论人际关系中的各种现象，说明对方很有可能在这些方面很有心得，也或许曾经亲身经历过。

如果对方不愿意对其他人指手画脚、进行评论，只是偶尔不得已的时候，才会针对某人或某事发表自己的看法，当面与背后的言辞也多会基本保持一致，这说明这个人非常正直、真诚。

如果对方在与你交谈时，对他人的评价表面一套，背地一套，当面奉承表扬，背后却谩骂、诋毁，则表明这个人极度虚伪。

如果对方总是在不断地指责他人的缺点和过失，其目的是通过对比来证明和表现自己，从而掩饰自己内心的自卑和虚荣。

如果对方在谈话中总是把话题扯得很远，或者不断地转变话题，则表明他的思想不够集中，不是一个懂得宽容、尊重、体谅和忍耐的人。

如果对方根本忽视与你的谈话，而总是喜欢扯出与你的话题毫不相干的内容，说明这种人内心的支配欲和自我表现欲都很强，只有他自己才能抢占话语权。

如果对方不愿抛出自己的话题，反而努力讨论你提出的话题，则表明这种人具有宽容的精神，而且颇能为他人着想，是一个坦荡荡的真君子。

总之，在与人交谈时，能够注意到对方谈论的内容是了解其内心活动的关键。如果能够处理好这一步，就不难看出对方在当时的真实心理，从而让自己更加有针对性地与其沟通。

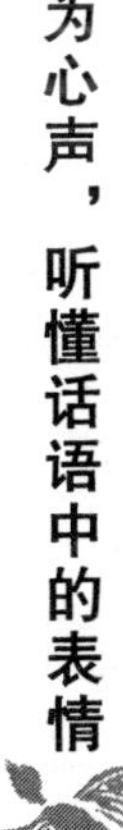

6.听懂话外音，明白对方的意图

“话外音”，就是人们常说的“话里有话”，“话里有话”很早就出现在人们日常生活中的各种场合。无论是幽默的调侃、讽刺性的发泄，还是批评鼓励、摸底打探……人们都会借“话外音”来实现，尤其是在日益竞争激烈的职场环境中。有人就曾专门在职场中做了这方面的调查，后来发现，在上千名受访者中，九成以上的人或曾经使用过“话外音”，或遭遇过他人的“话外音”。

学会分析他人话里的玄机

在我们的生活中，大部分时间都处在职场中，然而职场又是一个存在太多变数的地方，今天你升职，明天他走人的情况时有发生。聪明的你如果能把握住其中的机遇，就能成就自己的事业。如果你领悟不到或理解错了别人话语中的隐含意义，轻则会把别人的坏心当好意，把别人的鼓励当批评，把别人的嘲讽当“补药”；重则颠倒对错，不分黑白是非，从而直接影响你对事物或人的判断。

志杰是某公司一名优秀的业务员，由于业绩突出，他很快就受到了老板的重视。一天，老板找他谈话，先是夸他的业绩不错，能担当更重要的职位，然后又说，最近整个市场的经济势头不好，公司利润也在持续下滑，于是老板问他：“如果你是主管，你会不会选择裁员？”志杰想了想，部门的人都是一起闯的好兄弟，如果自己刚上任就对他们下手，未免有点冷酷无情，于是就对老板说："如果是我，我就不会裁员。"老板听到这样的答案，脸色突然变得很难看。

后来没过多久，志杰的另一位同事就被提升为部门主管，这时志杰才恍然大悟，后悔自己当初没能领会老板的真实意图，从而错失了升职的良机。

在职场中，老板一般不会经常找某个员工单独谈话，一旦找你单独谈话，那么你就要能够领悟老板话中的玄机。因为往往是这偶尔的谈话中的一两句话，就隐含了某种特殊的用意，说明他在近段时间一直在观察你的表现，希望通过一些细小的问话进一步对你考察，从而决定是否给予你升职的机会。可是你如果没有真正领悟其中的内涵，或者是根本没多加思考，那么只能让机会从自己眼前溜走。

同样境遇，如果你足够机灵、能听懂老板言外之意，那么就可能是另一种结果。当老板问及是否会裁员的问题时，很明显，他一定希望得到"会裁员"的答案，只是不能直接表现出来，而希望通过你说出来，同时也在考验你，看你是否能读懂他的心思，是否跟他是一条心。如果你坚定地站在"广大群众"的立场上考虑，那就错了，这样不仅会让老板失望，还会让到手的升迁机会泡汤。而如果你这样回答："公司利润下滑需要裁员，相信大家都能理解。职场原本就需要竞争，有能力的人可以为自己争得一份工作，没有能力的人自然要被淘汰，这样我们才能进步。"这样才能顺应老板的心意，老板听了自然也会很高兴，从而更加赏识你。

好心不能没有，但也要看场合。在职场环境中，有时或许你是出于好心，为那些与自己在一起做事的同事说好话，但对于老板来讲，公司是他自己的，尤其是在经济形势不好的情况下，他又怎么可能会过多地考虑员工的问题呢？所以，你一定要弄明白老板们心思，懂得从他们的话中捕捉信息，顺势而为。

如果把“话外音”看得更广泛一些，那么，对方的一个举动、一个表情都可以成为“话外音”的一部分。“话外音”也并非都是恶意的，也有积极的效果和意义。细心的、懂得尊重他人、考虑他人感受的人也会利用“话外音”达到指导但不伤害对方的完美效果。“听”懂“话外音”，是在人际交往中，对你情商高低的一次小测试，是帮助你游刃在人际交往中的垫脚石。能否听懂、看懂、读懂话语的表面意思绝非关键，重要的是你在每一次的经历、尝试判断之后，能细腻地进行分析与总结，让自己以后多留个“心眼”。当你逐渐形成了这种思维模式之后，听懂“话外音”将成为一种本能与习惯，你的情商也会进一步提升，更深层次的问题可能就是如何屏蔽和回应那些影响情绪的“话外音”了。

职场中常见的“话外音”及涵义

既然“话外音”在职场中是如此普遍的现象，那么，听懂“话外音”无疑已成为人们在与他人交往和沟通中不可缺少的技能之一。当然，作为一种人际沟通方式，能够“接收”话外音中真正涵义的重要性丝毫不逊于话外音的“制造”，以下便是常见的“话外音”，及其包涵的深层意思：

·“你只是一个普通的员工。”——“你不够聪明！”（你只要做好自己分内的事就好了，不该说的不要说，不该管的不要管！）

·“你表现得一直都很出色！”——“你怎么从没有犯过错误？”（你不懂得创新，总是循规蹈矩的！）

·“你在社交方面挺擅长的！”——“你一定很能喝酒！”（老板很可能带你去应酬，让你帮他挡酒！）

·“你的观察能力很强！”——“你怎么这么爱打小报告？”（你

这个人真不可靠，爱在别人背后捅一刀！）

·“你的工作态度很热忱！”——“你这个人太固执！”（你不懂得听取和借鉴他人的意见和经验！）

·“你的思维很敏捷！”——“明明是你错了，为什么还要找借口？”（你不懂得接受他人的批评，总是爱推卸责任。）

·“你还挺积极进取的！”——“你怎么每天都走那么晚？”（你的工作进度赶不上别人。）

·“在一些复杂的工作上，你的逻辑总是很清晰！”——“为什么你总是把棘手的工作推给别人？”（你太精明了！）

·“你的判断能力太强了！”——“你怎么那么爱在背后猜测别人？”（你真是个长舌妇！）

·“你还真有事业心！”——“为了升职，你可以不择手段！”（你是个暗地里害人的小人！）

·“你这个人挺随和的！”——“你这个人不知道反抗！太听话！”（你有可能随时被老板解雇。）

·“你真是个模范员工！”——“你是个遵守纪律的好员工！”（你上班从不迟到早退！）

·“你还挺懂得释放压力！”——“你真会忙里偷闲！”（你怎么能上班打瞌睡呢？）

·“你总是把工作放在第一位！”——“你的生活除了工作就没有别的事情了！”（你是个不懂得生活情趣的人。）

·“你独立工作的能力很强！”——“你怎么不懂得与他人合作呢？”（不知道你每天都干些什么。）

·“你的口才真好！”——“你太能说了！”（不知道你是真懂还是在瞎扯！）

·“不得不佩服你的沟通能力！”——“什么事经你一说，都不是问题了。”（你总是说起来没完没了。）

·“你是个踏实忠诚的人。”——“不要背叛公司，泄露公司的机密！”（不要轻易跳槽。）

·“你的执行力还挺强的！”——“让你做什么你就做什么。”（你的头脑简单，没有主见。）

·“你的领导能力很强！”——“你知不知道谁才是老板？”（你只是个员工，不要牵着老板的鼻子走！）

……

如果让我们每个人都听懂他人的每一句“话外音”自然不太现实，因为每个人对语言用意的敏感程度不同，这跟个人的情商有关，同时也不是一朝一夕能磨练出来的。在判断他人的“话外音”时，我们需要结合实际情境和个人对语言的领悟，才能真实客观地体会到他人话里的意图。

在职场中，由于我们的老板、同事、合作伙伴以及办公室都是相对固定的人和环境，所以听懂话外音显得更为重要。我们可以对周围的人在日常生活和工作中表现出来的性格、兴趣、习惯、环境因素进行一定时间的观察，以便使我们对他们的“话外音”有迹可寻。另外，只有多考虑事物的另一面，多进行换位思考，话里的真正意图才会变得更清晰。凡事都事出有因，“话外音”也不例外。

7.揣摩心理，揭穿说谎者的谎言

在现实生活中，人们常常会听到各种各样的谎言，有些是带有善意和美好感情的谎言，有些是出于礼貌而不得不说的谎言，但绝大多数是带有欺骗性的谎言。我们要想避免受到谎言的伤害、蒙受谎言带来的损失，就要时刻保持头脑清醒，试着揣摩对方的心理，揭穿对方的谎言。

巧妙地揭穿谎言

莎士比亚曾经这样感慨：“上帝啊，为什么这个世界这么喜欢说谎呢？”也有人曾这样幽默而又形象地说过：“当真理还在穿鞋的时候，谎言已经跑得很远了！”可见，人们揭穿谎言的速度远远赶不上制造谎言的速度。

事实就是这样，不管你相不相信，也不管你愿不愿意面对，也许在你的周围早已遍布着谎言。你无法回避它们，不得不去面对、去听、去看、去感觉，甚至不得不耐着性子去听和看。但你如果是一个有心之人，你必定会巧妙地揭穿谎言。

唐朝初年，李靖在岐州担任刺史时，有人想诬陷他，于是向朝廷上告，说他要谋反。唐高祖李渊在得知后便派了一个御史前往岐州调查此事。

御史相信李靖的为人，对谋反的事深感怀疑，于是便邀请上告的人一同前往，对方很爽快地答应下来。在前往岐州的途中，御史一边假称上告的书信丢失了，一边观察上告者的动作和反应。

御史接着又佯装很害怕的样子，不停地向一旁的上告者说：“这可怎么办才好呢？我身负皇上的重托，现在却把重要的证据弄丢了，实在难辞其咎！”说着，御史又佯装发起怒来，鞭打随从的人，为了使上告者确信证据丢失了。

御史无奈地向上告者请求说：“事到如今只有请您再重写一份了。否则，我不好交差，你也不能领赏啊！”

上告者一想，感觉御史说得很对，于是就赶紧去重写。但是，

他早已想不起之前写的内容了，但又想，反正之前的已经丢了，再重新捏造出一份就行了。

御史接过信件后，拿出原来的一比较，发现大有出入：除了上告李靖的罪名一样，其他的证据内容与前一封相差甚远，尤其是时间更难以对上号。御史一看就知道是那个上告者胡编乱造的诬告信。

御史立刻让人把诬陷者押了起来，随后返回京城，向唐高祖禀告了事情的原委。唐高祖大为吃惊，一气之下便杀掉了诬告者。

在这个故事中我们可以看出御史是个有心的人，他巧妙地找到了说谎者的破绽，成功地揭穿了诬告者的谎言。

事实上，编造谎言的人总能让人抓住自相矛盾的地方，即使他们事先做好了充足的准备，谨慎地想好了“台词”，但终究无法预期对方所要反问的所有问题，无法应对自如。就算说谎的人很机灵，思维很敏捷，也无法应付所有的突发事件。也许原来的说辞可以骗到别人，但是一旦遇到某种突然的改变，就很可能会出现漏洞。

乌云是不可能遮住太阳的，谎言终归是谎言，无论说得多么巧妙、精心，无论它把一个人装扮得多么冠冕堂皇、道貌岸然，假的就是假的，只要一被人揭穿，它就什么也不是。

如果你发现与你交往的人用谎言包装自己，只要揭穿他的谎言，你就取得了一大半的成功，如果再乘胜追击的话，对方只能更加狼狈。既然知道了对方说的谎言都只是为了让我们上当，那么，我们就应该仔细观察对方，分析对方谎言中的漏洞，适时巧妙地揭穿他。

说谎者的心理

对于一个成熟、健全而富有理性的人来说，总是会以一种平和的心态来看待谎言。不管说谎者是出于什么样的目的而说出的，要知道的是，任何谎言的产生都是有原因的，不可能是无缘无故的。

如果能够洞察出对方的心理活动，就不难破解谎言。这就需要我们了解说谎的人为什么说谎。

第一种心理：为了保护自己

比如，学生不想上学，所以就常常谎称自己生病了；上班族因为睡过了头，上班迟到了，为了替自己辩解，所以谎称因为堵车。仔细分析日常生活中常听到的谎言，你就会发现，类似于这样的自我防卫型的谎言还很多。事实上，人们常常无意识地会让自己忘记那些不愉快的事，即使偶尔想起来狡辩的时候，也会将责任推到他人身上。这是一种后天的自我保护行为，人们总是在不知不觉中就会产生这种行为，或者说出保护自己的话。

第二种心理：为了哗众取宠

哗众取宠式的说谎也就是人们常说的自吹自擂、虚张声势。比如，有些人原本没有恋人却谎称自己已有恋人，明明办不到的事情却谎称可以轻松搞定。他们之所以这么做完全是想在他人面前显示自己的高贵和能耐，引起他人的注意，不想让他人看不起自己，认为自己很蠢笨。

第三种心理：为了获得某种利益

这类人往往会为了让自己得到某些利益而选择说谎。尤其是在销售领域中，当销售人员介绍、出售自己公司的产品时，便会让谎言大行其道。他们这么做完全是为了获得某种特定的好处，而不惜言过其实来美化、宣传自己的产品。所以，即使在产品发布会这样企业云集的场合，他们也不会收敛谎言，即使被当众揭穿，他们也不会感到有损身价或损失什么。

第四种心理：为了掩饰自己的感情

在日常生活中，如果一个人对另一个人没有好感，很想拒绝对方的时候，便会向对方说谎。在这种情境下，一般人们都不会直接向对方说“我不喜欢你”、“我讨厌你”，比如对方是你的上司。假如人们将自己内心真实的想法原原本本地说给对方听，必然会让双方之间的关系恶化，甚至造成严重的后果。所以，人们总是隐藏自己的厌恶之情，表面上说话和和气气的，还面带微笑，实际上在努力掩饰和压抑自己内心的情感。

第五种心理：为了迎合对方

如果被这样问："我穿这件衣服挺合适的吧？"人们一般都会这样回答："是的，确实挺合适的……"如果有人问："你能先借给我一百块钱吗？到月末发了工资就还你。"人们一般会说："行，没问题。"事实上，即使人们心中很不愿意这样回答，对这样的行为很反感，但大多数人还是会强迫自己以附和的姿态说出对方所期待的答案。

第六种心理：为了让自己摆脱困境

为了摆脱困境，人们大都会产生这样一种心理倾向，都会尽可能多地收集一些对自己有利的信息，而规避那些对自己有害的信息。因此，当人们身处困境时，往往试图用说谎来让自己摆脱。

第七种心理：为了避免尴尬

当人们在竞技游戏或比赛中，即使自己的实力很强，也偏会在口头上示弱。为了防止自己因为比赛失利而陷入尴尬的境地，于是就会事先为自己找一些防范性的托词或借口。

第八种心理：为了满足自己的欲望

如果某些婚姻不幸的人被问道："你为什么和那种人结婚？"想必很多人都会很违心地回答："结婚前根本不是这样，也许是了解得不够多，后来结婚了才发现，两个人的想法和追求根本不同，合不来……"这就反映出人们的心理：当个人先前的欲望没有实现或满足时，便会认同并接纳那个能够满足他的这种心理空虚感的人和物。心理学上称这种现象为"代偿行为"。而现实中，很多人选择的结婚对象大都是和自己过去的恋人十分相似的人，这便是有力的例证。

总的来说，说谎总是弱者的一种策略，强者往往都是敢于面对事实，敢于讲出真相的。因此，一个需要用谎言来掩饰自己的人，其内心必定有软弱之处。一般来讲，人们说谎后都害怕谎言被揭穿，怕自己借助谎言行使的计谋被人识破，自己的声望受到毁损，自己的地位受到威胁。说谎“成功”的人看上去一个个耀武扬威的，其实他们内心都充满了恐惧与卑怯，控制这种人就要学会用“以子之矛，攻子之盾”的方法，看透他们的心理，揭穿他们的谎言。

第五章

知“心”朋友，快速洞察他人内心世界

在通往成功的道路上，遭遇挫折坎坷，很多人都会抱着顽强、执著的态度迎难而上。不过，在这个竞争日趋白热化的社会中，仅靠一腔热情已经难以找到自己的立足之地，在遇到一己之力不能及的事时，朋友的力量能让你找到通往成功的捷径。不过，你必须看透朋友的心，找到真心帮助你的朋友。

1.不要全抛一片心，提防朋友中的小人

人们常说，面慈心恶、背后捅刀子的小人是最可怕的。也许在你的朋友中，有一些人，从表面上看不出他们的阴险用心，但这种朋友是最危险的，因为他们善于“包装”：开始的时候，他们看起来是那么和善，那么富有诚意，对你又那么关心，你可能感动得恨不得把自己的一切都告诉他；而一旦你跟他们的利益发生冲突，他们就会狠狠地踩你一脚，让你防不胜防。所以，在与朋友交往的过程中，不要把自己的心全掏给对方，要时刻提防朋友中的那些小人。

交朋友不可全抛一片心

“同窗曰朋，同志曰友”，“朋友”是一个高尚而又美好的称呼。在人生寂寞的旅途中，即使你被很多人忘记了，但当你突然听到有人亲切而又响亮地呼喊你名字的时候，那个人就是朋友。

真正的朋友之间可以产生高贵的友谊，它总是发生在两个优秀的独立人格之间，它的实质是彼此之间由衷地欣赏和尊敬。古代俞伯牙、钟子期的高山流水；现代小说《红旗谱》里的朱严两家为朋友两肋插刀；还有在革命战争时期，无数可歌可泣的肝胆相照荣辱与共，这些都是友谊的经典。真正的朋友是在困境中能拉你一把的手，在长夜里伴你前行的灯，尤其是在利害冲突、休戚相关的关键时刻，不会出卖和舍弃你的人。

孙卫和大明在大学就是室友，毕业后在一家公司就职，自然两人的关系很好。有一次，孙卫在上司那里受了莫名其妙的批评，心里觉得冤屈，就跟大明倒起了苦水。大明善解人意，一边对他表示理解，一边痛斥上司的斑斑劣迹，说得孙卫的心里暖洋洋的，于是两人热乎得就更像一对亲兄弟了。

几天后，孙卫刚到公司就被上司叫去，宣布免去他现在的策划总监的职务，改由大明担任。孙卫接受不了这样的决定，就懊恼地离职了！后来才知道，原来大明在背后偷偷告了他一状，把他们那天的谈话添油加醋地告诉了上司。而偏偏这个上司又喜欢偏听偏信，于是就决定让大明取代孙卫在公司的位置。事实上，这个位置大明眼红很久了！在名利与心机面前，友情总是这样不堪一击！

事例中的大明就是一个标准的伪君子。他表面上跟人打得火热，一股可以为朋友“抛头颅洒热血”的气势，但突然就会背后一刀，让你死得非常难看。这说明伪君子往往比那些真正的小人更可怕。真小人容易被人们识别，他们要么是不讲道理，要么是刁钻泼辣、蛮横粗暴，呈现在人们面前的是一种赤裸裸的卑鄙无耻形象。有时我们未见其人，便可以先闻其味，所以有足够的时间在事先提防。而伪君子，尤其是和你关系亲近的伪君子就不同了，平日里他们常常挂着一副正派的面具，说话做事挺有“道理”，再加上你们之间的特殊关系，让你在心理上产生了一种信任，因此难辨真假，极容易上当受骗。

人的一生中不能没有朋友，但又不能滥交朋友。古代大学者朱熹曾经教育自己的儿子说：“交友之间，尤当审择。”“大凡敦厚忠信，能攻吾过者，益友也；其谄谀轻薄，傲慢亵狎，导之为恶者，损友也。”这种把“能攻吾过”和“导人为恶”作为择友的标准，在今天看来也是很实用的。

在我们日常的人际交往中，虽然遍地“朋友”，但要真正识别真朋友或假朋友，识别朋友中的君子或小人，往往要付出沉重的代价。如今，有些人把和自己关系好的人都称作朋友，而实际上，可能熟人越来越多，真正的朋友就越来越少了。历史经验值得注意，在历史上，有的人为了保全自己，在外界的压力下，不得已说了些违心的话，或做了些违心的、对不起朋友的事，事后人们也会以历史眼光看待和宽容这类人。但对于那些凭空捏造，落井下石，非置自己的朋友于死地，而自己后快的朋友中的小人，至今还一副人五人六、心安理得的样子，连最起码的面有愧色都没有。对于这种“朋友”我们除了鄙夷和远离，更多的应该是警惕。什么是警惕？就是不要对任何朋友都全抛一片心。

小人之所以“小”，因为他们是我们群体甚至民族中的暗疾和隐患，而他往往又以朋友的面孔和身份出现，让你猝不及防。在小人的思想里，根本没有什么道德和规则可言，为了一己私利，他们可以撕破脸皮，肆无忌惮。朋友中的小人，古往今来也是常见的。密告宋江题反诗，“赋闲通判”的黄文炳；“乌台诗案”中，诬陷中伤苏东坡的舒亶、李定之流。这些不正是朋友中典型的“小丑”人物吗？

挂在脸上的小人，我们惹不起总躲得起；可怕的是脚下给你使绊子，一副忠厚相的朋友中的小人，背后捅你一刀，你还一直蒙在鼓里，甚至不相信是自己的朋友所为，直到自己被弄得遍体鳞伤，才明白是自己天真无知。

朋友中的“小人”

现实社会中，“朋友”的意义和范围越来越广泛。有的人，为了自己的某种利益从而成了你的朋友，你的朋友中，也有人为了某种利益而成为“小人”。因此在交朋友的时候，要有洞察他人内心世界的能力，凡事多个心眼，不可全抛一片心。以下这几种人需要提高警惕，对其不可掉以轻心：

(1) 阴险的人

阴险的人表面上没有明显的标志，一般情况下，人们在短时间内不容易辨别，但随着时间的推移，终会露出蛛丝马迹。阴险之人的表现大体有以下几个特点：

擅长造谣生事。他们造谣生事就像家常便饭一样，乐此不疲。为了达到自己的目的，他们不惜诽谤别人，诋毁别人的名誉，甚至对自己的朋友也不例外。

挑拨离间是惯用的手段。为了达到谋取个人利益的目的，他们通常会使用离间的方法，在朋友圈中挑拨朋友之间的感情，以便于自己从中坐收渔利。

拍马奉承是强项。他们嘴甜如蜜，善于恭维别人，拍马屁，时常是无中生有，在朋友之间说别人的坏话。

天生的势利眼。对于有权有势的朋友，他们总是表现出关怀备至的样子，而一旦有一天他们发现自己所依附的靠山调离此处，或出现问题轰然倒塌，他们就会落井下石，迅速抛弃对方，另攀高枝，寻求依靠。

(2) 吹牛的人

社会上很多虚荣心强的人喜欢吹牛，他们妄图通过吹牛来抬高自己。吹牛的人是虚伪的，因为吹牛等同于谎言，而谎言很容易被人戳破。如今的社会，弄虚作假是长久不了的，最终还是需要真本领。

面对喜欢吹牛的人，如果你不得不和他打交道，那么在他面前就做出赞同他，或者是欣赏他的样子。比如在他的朋友面前称赞他，可以当着他的面说，也可以当他不在时说。或者在与他们交往的过程中，尽量少说话，只要静静地听，适时地点头应声就好。如果不是非要和他交往，那么就尽量少接触。

(3) 嫉妒心强的人

在生活中，那些对别人的荣耀和成功过于在乎的人，都可能会产生嫉妒心理。在嫉妒心理的驱使下，犯下滔天大罪都有可能。如果你的朋友中有这样的人，那么在你们的交往中，应该尽量少谈论自己的优越之处，尽量收敛锋芒，以免招致对方的记恨。

(4) 不孝的人

俗语说："百善孝为先。"如果一个人连自己的父母都不爱，那么他对待自己朋友的态度也一定好不到哪里。尽管现代社会人们生活的压力越来越大，市场意识也越来越强，但是无论在何种环境下，亲情都是不能用金钱来衡量的。

对于那些不孝且不知耻的人，要坚信"不孝父母，不堪为友"的说法。因为连自己父母都不孝顺的人，你别指望他会对朋友付出真情。即使他目前对你不错，那也是因为有他的利益所在，迟早有一天，会让你痛悔今日之交！

善良的朋友们，时代变了，对于你朋友圈中的"小人"还是警惕为好！

2.小心交友不慎反受其累

交友应该慎重。俗话说："水能载舟，亦能覆舟"，交朋友也是同样的道理。好朋友会辅佐你，祝你一臂之力；坏朋友则会坑害你，在背后踹你一脚。所以，还是以小心谨慎为是。交友一定要慎重，

交友不慎，必受其累。

滥交惹祸患，要懂得设防

真正的朋友之间是互相扶持、互相帮助的。然而在利益面前，你无法保证自己的朋友不会有所改变，说不定正是你一直以来相信的朋友会利用你，牺牲你的利益来保障自己的利益和前途。所以，交友一定要慎重，不要把任何人都当成自己的朋友看待。也许你把对方当成朋友，而你在对方眼里只是一颗棋子，被人利用和坑害。

张颢和徐温是五代时期的两员大将，私下里两人交往密切。一次，他们在一起密谋，准备杀死节度使杨渥，然后二人取代其职位。谁都知道这件事情冒着很大的风险，一旦败露，必会招致杀身之祸，甚至牵连到九族。怎么办才既能从中捞到好处，又不用担心失败所带来的风险和恶果呢？

狡猾的徐温想到了一个绝妙的办法。一天，两人又在一起商讨具体的事宜，徐温对张颢说："在行动的时候，如果我们两方面的兵马都参加的话，必然步调很难协调，也难以掌控，不如全部用我的兵马吧，那样便于指挥，成功的几率也更大一些。"张颢认为，徐温肯定是想独占功劳，一定不能让他得逞。于是他便对徐温的提议表示出强烈的反对。

看到张颢如此反对，正合了他的心意，于是徐温便立即顺水推舟地说："两方面的军队确实是不便于行动，你要是不同意全部用我的兵马，那就全部用您的手下吧！"张颢欣然同意了。事变的事宜就这样决定了下来，后来，果真用了张颢的兵马，但事变却失败了，计划也破灭了。朝廷在事变发生后开始了彻底追查叛党的行动，由于发现被捕的士兵全是张颢的手下，因此大家都认为徐温当时根本就未曾参与谋反的事，徐温也因此得以置身事外，避免了祸端。

我们对二人的密谋行动暂且不加以评判，单从事情的过程和结果来看，不可否认的是，徐温是一个阴险奸诈之徒。如果兵变成功，因为他也参与了策划，自然可以从中分得一杯羹；而如果兵变失败，自己也可以安然置身事外，不担一丝风险。虽说多交一个朋友比多树一个敌人强，但若真正交到一个可疑的朋友就犹如引狼入室，这比看得见的敌人更可怕。如果不是徐温的“支持”，想必张颢也不会想到发动事变，即使想过，他也未必有那个实力和胆量。现实生活中，由于长期的亲密关系，朋友会去研究你的弱点，发现你的缺陷，并会以朋友的身份巧妙地攻破你的防线。因此，阴险可疑的朋友才是你最大的敌人。

所以，我们要懂得以古人为鉴，在交友时一定要擦亮自己的双眼，以免自己所交非人、引狼入室，在日后极度后悔。对于每个人来讲，如果结交的是好朋友，那么就可以从对方身上学习到好处。但是，如果结交了坏朋友，就会感染坏习惯，得到坏结果。“近朱者赤，近墨者黑”，这句话我们再也熟悉不过了。它告诉我们，结交朋友，要小心谨慎，我们要多接近善良、忠诚、积极上进的朋友，而远离那些贪心、暴躁、不思进取的朋友。

交友要广泛，更要慎重，要能够识别对方的心理，看清对方的为人，不能被一些表面现象所迷惑，更不能把什么人都当做朋友来对待。一旦交友不慎，自己不但不能事事顺达，反而会处处碰壁，甚至会惹火烧身。

交友要慎重

在社会上生存，人生的路宽了，社会交际的面广了，自然会结交很多朋友。然而如何交友，结交什么样的朋友不是一件小事，而是关乎人生的大事，要慎之又慎。

爱因斯坦曾说过："世间最美好的东西，莫过于有几个头脑和心地都很正直的严正的朋友。"确实，结交一个好朋友，就等于人生中多了一个好知己，好伙伴，好帮手。当喜事来临的时候，可以和朋友共同分享；当遇到烦恼、压力的时候，朋友之间可以分担；当自己受到挫折的时候，可以向朋友倾诉；当遇到坎坷困难的时候，可以向朋友求助。一旦你交上一个坏朋友，就等于雪入墨池，虽融为水，其色愈污。交上一个坏朋友，身边多了一个宵小之徒，久而久之，美好的人生就会葬送在这种"朋友"之手。古人云："道义相砥，过失相规，畏友也；缓急相共，生死可抵，密友也；甘言如饴，游戏征逐，昵友也；利则相攘，患则相倾，贼友也。"说的就是这个道理。

交友需慎，不慎招祸。所以，身处纷繁复杂的社会当中，一定要慎重交友，冷静交友，从善交友，健康交友。

交友要有数：朋友要交，也可以多交，"朋友多了路好走"，但自己的心中要做到有数。这个"数"就是要有火眼金睛，对所交往的人要有判断能力，认清谁是真正的朋友，谁不是真正的朋友，谁值得交，谁不可以交，心里应该有个衡量。真正的朋友应该是亲密无间，肝胆相照，相互信任的；真正的朋友会同声相应，同气相求，同病相怜，同忧相救，真诚相待；真正的朋友不会常常把友情挂在嘴上，不求从对方那里索求什么，而是彼此为对方做一切自己能够办得到的事情。因此，在交友问题上，我们要学会冷静观察，善于分析判断，分清良莠，在仔细甄别中交上既知心知己又可以信赖的朋友。

交友要从善：我们在交友的时候一定要有一个道德标准，要有所选择，择善而交，切忌不分对象，不辨良莠，什么人都交，什么人都敢交。真正的朋友应该是懂得积极进取的人；是正直善良、乐于助人、情趣健康的人；是有利于自己事业发展、有助于自己工作生活的人；是有利于自己身心健康的人。比如：与自己志同道合，敢于直言、善于批评帮助的人往往是值得交往，可以信赖的朋友；而那些只懂得阿谀奉承、溜须拍马、不讲实话，当面一套背后一套、虚情假意的人，其交友的心术不正，根本就不是你真正的朋友。如果你是领导，更要保持清醒的头脑，不能轻易地被表面现象所蒙蔽；更不要为各种诱惑所动摇，要防微杜渐，对那些所谓的“感情投资”、“形形色色的公关”和不善之客，要当机立断，拒之千里，谨防交友不慎带来不良后果。正如克雷洛夫所说的那样：“在你有权力有名望的时候，卑鄙的人是不敢抬起嫉妒的眼睛看你一眼的；然而，到了你一落千丈的时候，他们总是最毒辣的人。”

交友要有度：古人云“君子之交淡如水”，朋友之间的交往要注意把握分寸，讲究原则。朋友在一起，什么事能做，什么事不能做要有度，要会把握“火候”；朋友的事情，该办的、能办到的坚决办，不该办的、办不到的就不要硬办，既讲交情又要讲原则，既可“为朋友两肋插刀”，又不违背道德和法律底线。这样交友才是理智的态度，才是对自己也对朋友负责任的行为。

交友要懂得珍惜：朋友很容易交到，但真正的朋友却难求，况且保持友谊的长久也很难，小事也能破坏朋友之间的感情，因为人心是容易变的。人心会随着环境的变化而变化，有些友谊能持续到“永远”，有些却不能。使朋友的友谊得到长久发展的基础是珍惜，使友谊茁壮成长的要素是诚信、朴实、慎重。交上真正的朋友不容易，珍惜友谊，朋友才会长久。

3.警惕突然升温的友情

俗话说："君子之交淡如水"，真正的友情一向都是不温不火、波澜不惊的。如果哪一天和你关系一般或好长时间没有联系的朋友出现在你面前，和你拉拢关系，你就应该有所警惕了。一般在这种情况下，对方可能是有求于你，也可能纯粹出于仰慕，但无论怎样，都要冷静待之，保持距离，只有这样才不会被突然的高温"烫"到。

友情突然升温，要小心

如果某个人和你只是普通朋友关系，虽然你们在一起吃过饭，但确实谈不上什么交情；如果某个人曾经和你是关系非常要好的朋友，但中间你们有一段时间没有了联系和来往，感情确实已经淡了。如果他们突然哪天对你热情起来，那么你就应该有所警惕，因为这种行为的背后很可能是对你有所图。

在这里，我们之所以说"可能"，就是为了客观地看待这种行为，以免让你以小人之心度君子之腹，误解了他人的好意。人都是有感情的动物，所以很有可能在一夜之间，甚至是转念之间就想起你的好，对你的言行产生好感或想念，就像异性之间的相互吸引一样。当然，在现实生活中，这种情况是很少发生的，而你也要尽量避免让自己有这样的想法。在你感觉到自己被突然升高的友情所包围时，一定要冷静地对待，与这样的人保持距离。

近代著名学者王国维既是一个文学家，又是一个考古学家。他博闻强识，智力超群，并在甲骨文的研究方面有突出的成绩。罗振玉也是当时一位考古学家，因为有钱，他收购了大量的甲骨，后来为了让王国维成为替自己赚钱的机器，他开始主动接近王国维。刚开始两人结为了朋友，后来两家又成了亲家。因为王国维的家里较为贫困，罗振玉便常常在经济上接济他。

之后，在篆刻甲骨文的时候，都是由王国维来考释，可之后发表文章的署名却都注上罗振玉的名字。最后，由于经济上持续的困难状况，使王国维这样不可多得的才子无奈地在自己壮年的时候便投湖自尽了。

其实，要分析突然升温的友情是否是有企图并不难。你可以看看自己目前的状况，看自己手中是否握有可利用的资源，比如：权或势。如果是，那么这个人很有可能是奔着你的资源而来的，想从你这里获得一些好处；如果你虽然没有权势，但是你有钱，那么这个人很可能是想向你借钱，或者是骗钱；如果你权、势、钱都没有，那么这种突然升温的友情也许没有什么太大的危险，最多是想让你帮他做点事，你只是他过河的踏脚石罢了。

在当今这个浮躁的年代里，人们容易养成“速食”的性格，总希望别人能被自己招之即来，挥之即去，然而这世界上没有不劳而获的好事。虽然友情并不需要金银财宝去堆砌，但是也是需要彼此去经营的。在你们认识的多年里，你的朋友对你们之间的友情承诺过什么？付出了多少？当他用到你的时候，你为什么要说服自己去履行呢？或许有人会这样说：“人家想到你，证明你有可利用的价值……”实现自我价值的方式有很多种，这样的价值，不要也罢。当友情升温的时候，你是否应该考虑一下，你们之间的关系是否还能称得上是“友情”。

做人不能没有防范之心，就如同前人所说“防人之心不可无”，

和你本来不亲密，或者是已经断了联系的朋友，突然对你热情起来，这就有必要引起你的戒心。否则，吃亏的只能是你自己。

面对突然升温的友情，怎么办

同学数载，你们之间不过点头，从未曾有过深交，彼此之间知之甚少，一个名字就是全部所知，始终可有可无。毕业数年，没有联络，也没有只字片语，同学之间身份转变，有些变成了至交好友，有些却独自流落远方。这样的情况一直持续着，QQ上面的头像日日亮着，却不曾对你闪烁，对于你来讲，他们就是一个头像与昵称，如果不是彩色头像时时提醒，你估计早已淡忘你们曾经是同学。

如果始终保持这样的状态，倒也相安无事，终究有一天他们会渐渐淡出你的记忆。而一旦在某一天，有些人突然打破了这种格局，欢笑还未来得及达至眼底，就和盘托出联系你的目的，不由得会让你一愣。“无事献殷勤，必有求于人”，面对这突然升温的友情，你应该做到以下几点：

（1）不推不迎

“不推”就是说，你不能回绝对方的“好意”，就算你已经看出了对方的企图，也不要立即回绝，否则很可能得罪一个人。但是，你也不能迫不及待地迎上去。因为这样会让你难以抽身，抽了身又得罪对方，只能让自己变得很被动。“不推不迎”就好比男女谈恋爱，回应得太热烈，只能让自己迷失，被眼前突如其来的友情所迷惑；但是如果你突然斩断“情丝”，那么只会惹恼对方。

（2）冷眼以观

“冷眼”就是说，你不能动情，因为一动情就会失去判断的准确性。在“升温”面前，你不如冷静地观看对方到底在玩什么把戏，并且做好防御，避免措手不及。一般来说，对方若对你有所图，在一段时间之后就会“图穷匕现”，显露出他的真实目的，他是没有耐心跟你长时间耗下去的。

(3) 礼尚往来

对这种友情，你要学会“投桃报李”，对方请你吃饭，你就送他礼物；对方帮你忙，你也要有所回报。否则，“吃人嘴软，拿人手短”，假如他真的对你有所图，你就会被他牢牢地控制住。想要临事脱逃，恐怕就没那么容易了。

真正的友情从来都是一如既往地保持着一种温度的。在人际交往中，做人应该保持理性，更要保持平和，切忌“过犹不及”的热度。有时候，一些很久不联系的朋友给你打电话的频率高得令人惊讶，这就需要引起你的高度的戒心了。害人之心不可有，防人之心不可无，即使再亲密的朋友也是具有独立人格的两个人，不可能永远是一条心的。面对突然升温的友情，你一定要有较强的心机。

4.看朋友做人是否诚信

从道德范畴来讲，诚信是人们的第二个“身份证”，是日常行为的诚实和正式交流的信用的合称。一个讲诚信的人待人处事是真诚、老实、讲信誉的，他们言必信、行必果，一言九鼎，一诺千金。诚信是立身之本，是一个人的形象。如果一个人终日瞎话连篇，谎话行事，其德行必然值得怀疑。因此我们在交友的时候，一定要看对方是否诚信，要在与他们的日常交往中，保持头脑清醒，谨防上当受骗。

有诚信才会有真正的友情

诚信是交友之基，只有以“与朋友交，言而有信”要求自己，才能达到“朋友信之”、推心置腹、无私帮助的目的。否则，朋友之间充满虚伪、欺骗，就绝不会有真正的朋友。朋友应该是建立在诚信的基础上的，是朋友就应该对朋友讲诚信。

朋友之间必须诚实忠信，一旦你被自己的朋友欺骗，那么你就该对你们之间的友情有个清醒的认识和反思。因为正如《礼记·儒行》所言：“久不相见，闻流言不信”，就算彼此之间很久没有见面，当听到有关朋友的谣言时，彼此仍能互相信任，这才是真正的朋友。讲诚信的人是最值得信赖的。

大斌与刘炜是非常要好的朋友。刘炜在生意失败后，向自己的好友大斌借钱，大斌毫不犹豫地将钱借给了刘炜，但刘炜之后却杳无音讯。从此，大斌便开始过上了为朋友还钱的日子，自己的生活也同时陷入了僵局。

大斌的生活陷入一片混乱之中，社会的压力以及家人的不理解让他饱受煎熬，在这样的压力之下，大斌依然坚持自己对于朋友的信任以及责任，用自己全部的能力帮助好友。最后刘炜将钱还给大斌后，两人的感情更加稳固，大斌事后也表示了自己的看法，只有相互帮助的朋友才是一辈子的朋友。

“诚信”能够让自己和朋友的生活更好，虽然最后刘炜将钱还给了大斌，收获了自己一辈子的朋友，但是不容否认的是，刘炜的做法确实给大斌带来了非常多的压力和麻烦，甚至严重影响了他的正常生活。在现实生活当中也必然会有类似的事情发生，如果你的朋友是一个不讲诚信的人，那么必然会给你的生活带来诸多不便。所以在交朋友的时候，你一定要看对方是否诚信，是否有着一颗真诚的心。

很多时候朋友之间的相互帮助是应该的，这样也会使彼此之间增加了解和信任，但是在与朋友的相处中，你一定要看清对方是否本着“诚信”的原则。如果对方是个诚信的人，那么，帮什么样的忙，如何去帮，你就会有一个冷静的分析，否则你就要量力而为，避免让自己身心疲惫，让你们之间的友情成为你单方面的一种负担。

如何判断朋友是否诚信

在你的身边一定有很多朋友，有真正真诚的朋友，也会有比较虚假的朋友。总之，每个人都会碰到不同的朋友，而只有一个真诚、诚信的人，才是值得你跟他长久相处下去的人。也只有诚信的人才能成为你真正的知心朋友，而且是一辈子的。如果只是为了某种功利上的需求而暂时交往的朋友，都不会长久地相处。

在你的身边，不诚信的行为想必是屡见不鲜。像失约、说谎、不诚实、欺骗他人、借东西不还、答应别人的事做不到等等，凡此种种都是不诚信的表现。

判断一个人是否诚信的方法有很多种，传统的方法是通过人们之间长期的交往，或相互有某种联络的人际交往圈来了解某人的诚信情况。在现代社会，判断一个人的诚信程度又是那么的重要。根据人们以往的阅历和经验，可以用以下几种方法来进行：

（1）手机号码

从表面上来看，手机号码与一个人的诚信程度似乎没有多大的关系，其实不然。如今，手机的普遍使用已成为人们日常生活和工作不可缺少的工具，一个诚实守信的人是不会轻易地变更自己的手机号码的，除非他要离开自己一直生活和工作的这个城市。即使是这样，他们也会保留原有的号码几个月的时间，或者用短信的形式告知自己的朋友。

同样，从一个人变更自己的QQ号码、MSN号码的频率上，也可以判断出他的诚信程度。

（2）看对方是否遵守时间

一个言而有信的人往往非常守时，特别是约好时间，在某地见面的情形下，他一定会按时前往，如果他因故不能按时到达，一定会提前通知你，告诉你迟到的原因以及他何时能赶到约定地点，并表示出自己的歉意。这样的人至少是办事认真、有责任感的人，诚信方面自然也不会有太大的问题。

如果一个人的时间观念极差，赴约时经常迟到，那么，这个人必然是一个缺乏责任感的人，他的诚信状况也是值得你怀疑的。越不守时的人，其诚信程度越低。

（3）注意一个人的某些言谈举止

人们一些不经意间的言谈举止会反映出他的诚信程度，通常情况下，具备以下几种情况的人，其诚信度极差：

经常发誓的人。这种人为达到自己的某种目的，会毫不犹豫地以誓言的方式向他人做出承诺，自然而然地形成了发誓的习惯，结果反而是经常性地失言，之后又会重复性地发誓，周而复始。因此，轻易发誓的人绝无诚信可言。外国有句谚语："撒谎的人总爱发誓"，说的就是这类人。

夸夸奇谈的人。这种人只会耍嘴皮子，没有实际性的作为，或者只有计划，没有行动；说起某些业务或某些话题，理论上讲得铺天盖地，没完没了，听起来内容广泛，前景美好，但却有很强的欺骗性。这种人往往成事不足，败事有余，诚信度也不高。

攀权附贵、狐假虎威的人。这类人的"能力"是建立在夸夸奇谈基础之上的，他们往往想方设法地证明自己的能力多么高强，社交关系多么广泛，从而谋取不当利益。他们会经常性地向他人说明自己是某某领导或富豪的朋友、亲属等，其实，他与这些人根本没有一点关系。对这类家伙还是离得远点为好，否则，轻则浪费时间，重则受骗上当。

(4) 看一个人的眼神

眼睛是心灵的窗户，一个人的眼神会不自觉地反映出他的内心世界，“贼眉鼠眼”说的就是这个道理。诚信度极差的人会有以下两种眼神：

限神总是飘忽不定，好像故意在躲避他人。有这种眼神的人，其内心往往有鬼，因此会不敢正视他所侵害的人的眼睛，在现实生活中，只要注意观察，就会发现这一现象。如果遇到这种眼神，你就要当心了！当然，这种判断只适用于一些心理素质较差的人，对于一些高手就不一定适用了。

在任何地点都东张西望、贼眉鼠眼，时刻都像似在搜索周围的环境及人员。在判断你的朋友是否诚信时，以上几种方法特别适用于那些诚信度极差的狡猾者。这些人因为坏事做得太多，心里阴暗，时刻害怕有人找他算账，时刻准备逃跑、消失。因此，这类人在任何地点都会不自觉地出现这种眼神。这种眼神是正常人所没有的，并且是这些人自身没有在意的。因为他们时常还自以为很聪明，所以永远也不会意识到这种眼神，即使意识到了，也很难改变这一眼神。

5.没有距离就没有朋友

人与人之间要保持距离，即使是要好的朋友也一样。但是，不

管是物理角度的距离还是心理角度的距离，都是让你为自己的心灵设置一道戒备的防线，但绝对不是让你和朋友之间感情疏远。“距离”本来就没有一个严格的界定，它是随着人和环境的变化而变化的。掌握好朋友之间的距离，你就懂得了尊重与被尊重，从而更好地处理与朋友之间的关系。

太接近，“友情”必出问题

交友不是一件可以强求的事情，不可太心切，因为不是什么样的人都可以成为你的朋友的。即使是特别要好的朋友，也应该随时保持距离，因为距离才是朋友之间维系友情的氧气。车与车太近，出事故的可能性就大；人与人太近，产生矛盾的几率也就大。朋友间保持适当的距离不仅是必要的，也是必需的。时时赖在一起的朋友，在心理上必有所依或所求。

在人际交往中同样如此，如果你与某个人还没有到亲密无间的地步，那么就不要随时随地都待在一起，应该有属于彼此的独立空间。很多朋友之间的友情之所以不能永久，就是因为人们往往情不自禁地把好事做尽，没有给友谊留下必要的生存空间。

人与人之间的距离太大，就会在彼此间形成一种隔膜、障碍；如果距离太小，又会失去吸引力和神秘感。在你的身边，也许也曾经看到朋友面对友情之绳断裂时伤心的样子，看到许多特别要好的朋友后来分道扬镳甚至反目成仇的情景，在这样的情况下，你还敢坚定地说“友情无间”吗？

有人认为，朋友之间关系亲密，就应该是形影不离。但是试想一下，其实并非如此。朋友之间都想互相关心和帮助，有福同享有难同当，于是人们抱着这种想法去积极地参与和干涉对方的一切，甚至还有隐私。本来是出于好心，但由于太接近，就会让对方感到不自由，从而产生厌恶的心理。同时，由于交往过于亲密，双方都会不自觉地模仿对方，自己慢慢地就会失去个性。然而原来相互吸引的个性不见了，朋友之间的感情也会随之消减。

李浩然在一家事业单位上班，并且在单位里掌握着一定的权力，自然围在他身边的“朋友”很多。因为他是个随和的人，所以对那些所谓的“生死兄弟”是无话不谈。李浩然认为，朋友之间就应该坦诚相待，不应该有所保留，于是他在“朋友”和“兄弟”面前也就没有隐私可言。

一次，李浩然出国考察了一段时间，于是单位里就有人恶意传言说他在外国不准备回来了。与此同时，李浩然的一个最为知心的朋友为了讨好领导，向领导讲了他的不少坏话。谁知过了一些日子，当李浩然不声不响地从国外回来时，令他没有想到的是，他的那位知心好友早已取代了他的位置。那个朋友看到李浩然的归来不仅毫无愧色，反而还要为他接风洗尘。

其实，类似于这样的事情随时都在我们的身边发生，在如今我们生活的这个社会并不少见。李浩然的错误就在于他过分相信朋友，而且和朋友之间没有保持应有的距离。朋友之间以诚相待并没有错，但这并不意味着朋友之间就应该毫无保留，甚至把自己的隐私都掏给对方。在某些情况下，朋友是最值得信任的，但在有些时候，朋友却是对你最具威胁力的人。所以，朋友之间应该时时刻刻保持应有的距离，一旦跨越雷池，不仅会让你受到伤害，就连你苦心经营的友情也会瞬间瓦解。

一位著名的心理学家曾经说过，有差别的地方就会产生距离，就令人自觉或不自觉地产生距离之感，这是无法改变的事实，再相似的两样东西，再亲密无间的两个朋友，彼此之间也应该保持一定的距离。朋友之间太接近，友情必然会出现问题。

友情的距离

有这样一句哲言说：“真正的友谊需要保持一定的距离，有距离才会有尊重；有尊重，友谊才会地久天长。”人与人之间一旦混熟了，就很容易失掉分寸，便会变得不分彼此。在你的身边也许会有这样的人，他们自认为豪气爽朗，借你的东西不知道珍惜，久借不还甚至随手拿走；你不在的时候，不打任何招呼就乱翻你的东西……这样的朋友，往往是最容易散的。

没有距离就没有朋友，朋友之间要懂得分彼此，分清各自的角色、财产、生活圈：

第一，关系越亲密的朋友，越要有界限，并且认真地呵护彼此的个人空间；保护属于各自的私人空间，努力地调适自己和朋友之间的空间距离和心理距离。

现实生活中，不知道你有没有这样的体会。即使你跟自己最要好的朋友整天待在一起，话题也会变得越来越少，有时也极容易在心理上反感对方，甚至会发生冲突；然而对于身处异地的朋友来说，在难得一见时，由于之前的牵挂和思念，就会有道不完的相思情，说不完的新感受。两种现象的根本原因就在于，前者因为没有距离感，所以关系乏味；而后者多了份距离感，所以也会多一份亲近。所以，我们要懂得区分私人空间和公共地域。

第二，人各有所好，要懂得尊重彼此的爱好和生活习惯，这是最基本的常识。

有的人喜欢跟自己爱好有距离和差异的人相处，因为他们会感到有意义。彼此之间爱好不同，在交流的过程中，就会各自表达自己的爱好和意见，改变自己以往单调的生活，从中得到更加广阔的见闻。但是，有一点值得注意的是，你必须学会容忍对方跟你的意见和习惯的不同。

第三，朋友之间要能够分清亲疏远近，否则，时间久了，朋友就会感到你很没有礼貌和教养，为人粗俗，不拘小节。

有人认为，朋友之间就不能分你我，否则会显得太生分。其实真正到了亲密无间的程度上，朋友之间就极易产生矛盾和摩擦。没了距离，势必会影响到双方的私人空间，给彼此造成不愉快。

第四，随时随地懂得维护朋友的自尊，把握好情感外的距离。

朋友之间关系再密切，也要互相尊重；关系再融洽，对朋友的私人信件等物品也不能随便“共享”。每个人都有属于自己的生活空间，就像一方荷塘一样，我荷观彼荷，自悦与悦人，应享受优游感受与宽阔空间。

总之，朋友之间需要保持一定的距离，不能亲密无间。距离产生美，有距离才能达成长久的协调和默契。朋友之间毕竟属于人与人之间的关系，只不过是不同于一般人罢了。朋友之间尽管有不少相通之处，但也要有各自的天地。交友要尊重彼此的自主空间，不能做任何事情都拿自己不当外人。同样，如果在你的朋友中有这样的人，你最好适时疏远，捍卫自己的私人空间。

6.利益下的友情

俗话说，在家靠父母，出门靠朋友。也可以这样说，出门在外，多一个朋友就多一条路。何谓朋友？朋友就是彼此之间可以互相帮助，彼此获益的人！特别在社会制度或福利不健全的情况下，生大

病了，没人关心你，也没人借钱给你，你只能哭天喊地！被人欺负了也只能忍气吞声。社会就是这样，弱者寻求保护，强者从施予保护中获利，而现实中的绝大部分人都有着双重角色。

利益没了，朋友就该散了

孔子曾经有个美好的理想，就是“四海之内皆兄弟”，他希望这个世界上的人都能像兄弟一样；“海内存知己，天涯若比邻”，“莫愁前路无知己，天下谁人不识君”，这些都是人们对朋友的美好愿望，并且意在说明朋友之间的情分是很难得的。然而，现实社会却有着另一番情形：在利益面前，曾经的“肺腑之言”显得那么苍白无力，当利益消失的时候，朋友之间的情分也跟着散了。

孔子又说过：“无友不如己者”，意思是说，不要跟那些不如自己的人交朋友，因为这些人对你的发展没有什么帮助。但是对于那些投机钻营的人来讲，他们却完全可能利用这一教导来和你结交，如果你是富豪权贵，他们必定会投你所好，得你之力，满足其私欲。

冯凯是一个性格豪爽的人，从部队复员回到家乡便自己创业开了一家饭馆。饭馆开张那天，他挨个给自己的朋友打电话，邀请他们来庆祝。开业那天，冯凯一连摆了十几桌，朋友们也果然纷纷而至，冯凯和家人热情地招待了他们。

后来，朋友们也会三五成群地来小饭馆吃饭，每次吃完饭结账的时候，冯凯都会乐呵呵地笑着说：“算了……算了……”有些人听了也就真的不给了，有些人感到不好意思，就把钱塞给了冯凯的女友，但之后冯凯必定会退还给朋友。渐渐地，朋友们也都习惯了，依然经常来饭馆吃吃喝喝，有时给点钱，有时干脆就不给了。

饭馆开业一年下来，冯凯的女友算了算，不但没有挣到钱，反而还一直往里面贴钱。后来，冯凯的父亲要做手术，但苦于没钱，于是就想到了朋友。冯凯让自己的女友给那些朋友打电话借钱，但没想到，那些经常来店里吃喝的朋友却都是推三阻四地找借口。冯凯气愤地说："平时来我这吃吃喝喝，没跟你们要过钱，现在我遇到难事了，你们就躲得远远的……"

最后，冯凯的话传到了那些朋友们耳朵里，之后他们便再也不来饭馆吃饭，最后还是分道扬镳了。

冯凯的事例说明，即使是再好的朋友，大家也要有彼此各自的利益，把利益混淆并不是明智的交友之道。"亲兄弟，明算账"，人们在生活中的关系首先是利益关系，其次才是朋友关系，而且利益关系是交往的底线，有些人性格比较豪爽，重利之心太突出，怕被人唾弃，只好以情感作为突破口。当你和朋友交往的时候，首先要明确你们之间是情感关系还是利益关系。

生活中的朋友，一类是以情感维系的，另一类就是以利益维系的。人际关系是互动的，无论是情感还是利益双方都要努力付出，这样才能和谐相处。无论是利益关系还是交往底线混乱，都会导致人际关系发生冲突。

现实生活中，也许你是以情感来维系你与朋友之间的关系的，但如果朋友是以利益维系，那么你的情感就难以得到回报，甚至会让自己受伤。但你只要调整一下与朋友的交往底线就好了，不管以什么作为交往底线，你都能够在彼此理解和信任的基础上找到"均衡点"。只有实现双方最大限度的共赢才是最为重要的，如今在这个复杂的社会，人们不得不承认和接受这样一个事实，利益关系的共赢已经成为社会的迫切需要和必然趋势。

很多人交往的前提就是以利益为主，最初的着眼点便在于你这个朋友会给他们带来什么好处之上。有了利益就是朋友，没有利益就不是朋友。当对方的奢望越来越大，大到你满足不了的时候，裂痕就会出现。一旦你们之间交往的利益没有了，友情也就完了，甚

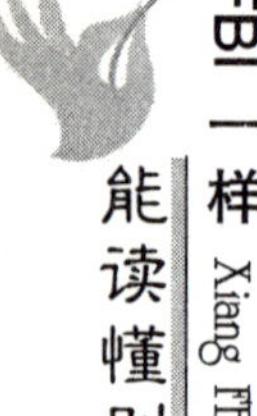

至还会反目成仇，势不两立，利益没了，朋友也就该散了。

现实中的利益状态

在当今社会，金钱和名利一直都是统一存在的。人们在追逐名利的同时，人际关系就很可能是建立在利益的基础之上的。从这一层面来讲，朋友更多的是利益的共同体，是注重质量、不注重数量的。

利益，通俗的来说就是指好处，也就是个人判断出的对自己有用的东西。作为万物之灵的人们，除了基本的温饱需求之外，还有幸福快乐的需求。所以人们在现实生活中所追求的自我价值的实现是不一样的。因此就出现了以下几种利益状态：

第一种，打着“朋友”的幌子，追求自己想要得到的利益。这类人在交朋友的时候有这样的特点：他们只结交对自己有实际好处的朋友，这样他们可以在友情的帮助下，更好地利用别人。这类人聪明，习惯用感情欺骗异性，用友情欺骗同性。现实世界不是公正的，有贼，就有被偷的。有善于打“感情”牌的人，就有专吃这一套的人。他们会让你感动得不惜付出任何代价，他们甚至会真的让你为他们送死。这类人手段高明，经常是满嘴情义，但观察他们的行为，没有一个不是为了扩大自身的利益。

第二种，朋友没有永远的，只用利益才会永远。在利益面前，平时要好的朋友随时都有可能变成你的敌人，而平时一向视你为敌的人却会成为你的朋友。一个人为了实现自己的某种目的，随时都会将他和你之间的关系套上一件“朋友”的外衣，当然，他也会随时脱去这件外衣。你们之间是不是朋友，都要视情况和需要而定。

第三种，为了达到共同利益，谁都有可能成为朋友；但如果要分享共同利益，那么朋友只能成为敌人。当一个人的能力无法实现自己想得到的某种利益时，他就会寻求有能力的人帮助。

第四种，为了利益，人与人之间可以冰释前嫌、既往不咎，甚至可以滴血结盟。《三国演义》里“刘关张”式的朋友是不多见的，在现实中更多的是，在艰难困苦的时候是兄弟，功成名就时就会变成自己的对手。原本是同患难的朋友，到了分享利益时，常常会因为利益的分配不均而产生芥蒂，进而心生不满，勾心斗角，最后斗得是你死我活。

第五种，人与人之间，在有利益冲突的时候，就是仇人，但事过境迁以后还有可能成为好友。当你们在同一个单位争权夺利时，关系非常紧张。彼此看对方，就像似眼中钉、肉中刺，恨不得尽快除掉对方。后来，当你们不在同一个单位了，利益关系没有了，朋友还是有得做的。在大众场合，你们讲话客客气气，表现出一副“一笑泯恩仇”的大度。

朋友和利益是我们在工作或生活中很难处理的一个问题，人们很难分辨什么人是真正的朋友，什么人才是利益下的朋友。现实中的人的思想和行为都是追求自身最大利益的，没有人会愿意和乞丐做朋友，因为乞丐对自己没有帮助。“朋友”一词来自于理想世界，而利益的伙伴来自于现实世界。

7.酒肉朋友易找，患难之交难求

每个人的一生当中都必须有朋友，有人曾经说过：“倘若没有朋友，世界就将会变得不可爱。”朋友是可以让你永久依靠的人，一

个好的朋友能够把你引向成功的大道，甚至在你窘困的时候拉你一把；而一个酒肉朋友则只能把你引入深渊或让你误入歧途。

患难之交才是真朋友

患难之交应该是能够指出你的缺点和不足，时时刻刻地鼓励你、激励你的人，他从来不会奉承或者包庇你，也不会用假仁假义的言语讨好你。奥斯特洛夫斯基说过：“真正的朋友应该说真话，不管他的话有多么尖锐……”是啊，良药苦口利于病，忠言逆耳利于行，患难之交的奉告虽然听起来会刺耳一些，然而却能够把你引向成功，对你自身将来的发展有着非常大的好处。

对于一个患难之交，他们不但会说真话，还敢于说真话，给你讲真理，同时还能够在你处于危难之中的时候，能够不顾自身的生命安危来保护你与帮助你。只有这样的朋友才是你真正的好朋友。

在很早以前，在一个姓李的大户人家里，李公子交了很多酒肉朋友，那些所谓的朋友经常到李家大吃大喝，并且以李公子的好朋友自居。李老爷看出这些人不是他儿子真正的好朋友，于是经常劝导李公子远离这些人，但是李公子却一直认为这些朋友是自己的好朋友。

后来李老爷想出一个办法，让李公子假装杀了人，然后去求他的朋友帮助，结果李公子原先那些酒肉朋友全都一溜烟地跑掉了，有的甚至还在那里幸灾乐祸。在这个时候，李老爷就对自己的儿子说道：“我平生只交了一个半朋友，一个是朋友，一个是半个朋友。”李公子随父亲先来到了那个所谓的“半个朋友”的家，仍是假装杀了人，“半个朋友”给了李老爷一大笔盘缠助他逃走，并保证不会告发他。之后又来到了“一个朋友”的家，只见“一个朋友”把李老爷的衣服换了下来，并告诫他今后要好好做人，自己准备替他去顶罪。

可见，仅仅是“半个朋友”都会全力帮助你，更不会落井下石；一个称得上是患难之交的人为了帮助你、挽救你会不顾自身的一切，即使是献出自己的生命。拥有一个患难之交会让你受益终生，交一个酒肉朋友则可能会给你的一生带来灾难。

因此，人们要学会区分酒肉朋友和患难之交，如果现在交了酒肉朋友，那么就悬崖勒马，为时还未晚，否则你就会遭受坑害，甚至是巨大的损失。如果交到一个患难与共的好朋友，那么就要倍加珍惜，要相互帮助和鼓励，共同进步。在社会的现实生活当中，酒肉朋友易找，患难之交难求。一个人在生活和工作中的朋友很多，然而却不一定都是你真正的朋友。只有经历过风雨考验的朋友，才算得是真正的朋友。

是损友还是益友

“路遥知马力，日久见人心”，当你在生活中风平浪静、顺风顺水的时候，朋友很多，可能你并不能分辨出哪个是真正的朋友，这个时候也最容易把“酒肉朋友”当作真正的朋友。而当你穷困潦倒时，你才会明白谁是你真正的朋友。

英国诗人拜伦说：“趋炎附势的人，不可与其共患难。”有些人或许平时还算得上是你很好的朋友，但在特殊环境或条件下，他为了自己，会毫不犹豫地抢占自己的利益地盘，甚至把你推下深渊。类似这样的人，只能成为泛泛之交，绝对不可能共患难。从以下几方面，可以帮你判断对方到底是损友还是益友：

第一，当你身处逆境时，不邀自来的人是益友，而损友在这种情况下一般都会躲得远远的。损友一般都是酒肉朋友，他们胆小怕事，自私自利，只管自己，不管朋友，这种人你千万不要去交，现实中也根本不会有人愿意和这种人交朋友，同时这样的人也不会交到好的朋友。

第二，损友一般都会在你努力耕耘的时候袖手旁观，不肯洒下一滴汗水，但当你收获的时候，却以朋友的身份自居，来分享你的果实。一旦你一无所有了，他们依然会弃你而去，因为你已经没有什么可以和他们分享的了。这样的朋友不能与你一路同行，所以说，和你一起笑过的不一定是益友，但是陪你哭过的人一定是益友，因为他会与你共患难。

第三，酒肉朋友大部分都是损友，因为他们只能与你同富贵，不能与你共患难。一生难得一知己，酒肉朋友无意义。这样的损友如同一颗不定时的炸弹，它随时都可能引爆你平静的生活；患难的朋友才是真益友，他不一定要陪你走过每一次的大风大浪，但一定会陪你一起承受艰苦和困难。

我们现实中的每一个人都应该远离酒肉朋友，回到那些真正的益友身边，多与他们一起谈谈心聊聊天，而不应该整天泡在酒海肉山中云来雾去，蔑视来自益友的关怀。益友可以在你落魄的时候向你伸出援助之手，在你失意的时候倾听你的心声，在你得意的时候默默地为你祝福。无论在什么时候，都不会虚伪地和你在一起或弃你而去，只会默默地关心你，支持你。

当然，能够共患难的益友不是一朝一夕就会得来的，需要长期的交往和培养。有人曾把共患难的朋友称为刎颈之交，这些朋友并非在一开始就和你好到了“割头换颈”的地步，而是经历了曲折的交往甚至斗争的过程，最后才会感情相融，友情交汇，达到心心相印的程度。能够共患难绝对不是主观的想象和希望，而是在工作或生活过程中，经过不断的考验、培养和磨合，从而形成的一种牢固的情感关系，并非是唾手可得的！

8.看清朋友的类型，区别对待

我们活在世上不可能没有朋友，也不可能不结交朋友，更不可能离开朋友。然而，在我们的一生中可能会碰到许许多多形形色色的人，有男有女，有老有少，有本地人也有外地人，有本国人也有外国人。那么，我们如何才能在茫茫人海、三教九流中甄别出良朋益友，或者不被恶朋损友所影响，这是我们必须学会的基本技能，也是在我们人生中不可或缺的一部分。

交友不能挑剔，心中自有分寸

在复杂的社会关系中生存，交友是必不可少的内容。我们既要结交生死与共、患难不移的朋友，也要善于和三教九流、各式各样的人相处，虽然在交朋友的时候不能挑剔，但是自己心中要有数、有个尺度。

如何才能既做到广泛交友，又谨慎选择呢？鲁迅先生认为，要略小节而取其大。也就是说，不能斤斤计较对方的不足，而要从大处着眼。看一个人首先看大节，而不是盯着对方的缺点和错误不放，应该用发展、变化的眼光看人。如果不是略其小，取其大，就不能全面、客观地评价一个人。朋友之间应该以“诚”相待，这是不变的道理，但也要心中自有深浅，能够分出等级来。也许有人说分等级，不就显示出你不真诚了吗？其实分等级和真诚之间并不存在矛盾性。

某地有个商人，有无数朋友，其中也包括三教九流。他也曾逢人炫耀自己的朋友多，天下第一。后来有人问他："你的朋友这么多，你都是同等对待吗?"

他沉思了一下说："当然不可以同等对待，也是要分等级的!"商人说他自己交朋友都是诚心的，不会利用朋友，也不会欺骗朋友，但别人来和他做朋友却不一定是诚心的。在他的众多朋友中，人格清高的朋友固然很多，但想从他身上获取一点利益，心存二意的朋友也不算少。"对于那些不怀好意、不够诚恳的朋友，我总不能也对他推心置腹吧!"商人继续说，"那样只会害了我自己。所以在不得罪朋友的前提下，我把朋友分了'等级'，即有'刎颈之交级'、'推心置腹级'、'可商大事级'、'酒肉朋友级'、'点头哈哈级'、'保持距离级'等等。"

商人会根据这些等级来决定和对方来往的亲密度和自己心窗打开的程度，"我过去就是因为把他们都当成了好朋友，而受到了不少伤害，既有物质上的，也有精神上的，所以今天我才会把朋友分等级。"他说。把朋友分等级听来似乎无情，但听了商人的话，你一定会觉得分等级的必要性，因为它可以帮助你免受伤害。

如果要你把自己的朋友分等级，并非是一件容易的事情，因为人都有主观的好恶，要十分客观地将自己身边的朋友分等级是十分困难的。但面对复杂的人性，你必须强迫自己把朋友分等级不可。你在心理上有分等级的准备，交朋友时才会比较冷静客观，从而使自己受到的伤害降到最低。

对于感情丰富的人来讲，要把朋友分等级更难。因为他们常常在对方没有把他当朋友的时候，他早已倾注了自己的感情，如果真要他分出等级来，他的心理上会有一种罪恶感。不过，任何事情都可以通过学习而改变，做人和交朋友也是如此。慢慢培养这种习惯，等到了一定年龄，人们的热情自然就会冷却，不用他人再提醒，他自己也会把朋友分等级了。

多结交一些朋友是件好事，朋友越多，我们在办事的时候就越方便、越顺利，但是朋友有许多种，不能对所有朋友都同等对待，在交往中要有个尺度。所谓“看酒下菜”，什么样的人就以什么样的方式来对待。

如何划分朋友圈

除了敌人或冤家对头，人们通常习惯把日常生活和工作中所遇到的人统称为朋友，其中有同学、有战友、有同事，这是“人之初，性本善”的天性使然。但是，也许你也会时常听到“某某被他最亲密的好的朋友出卖了”的传闻，所以，这不得不让人们怀疑“朋友”这个词的可靠性。

俗话说，物以类聚，人以群分。如果人们能够把自己所有的朋友，根据不同的类型划分圈子，实行有区别分层次的交往方式，或许会给自己的生活增添更多快乐。

你可以按朋友的亲疏远近分类，或按朋友的交际范围分类，或按朋友的玩耍兴趣状况分类，或按朋友是否有共同理想分类，等等。当然，有一种最简便的方法，就是根据核心朋友、重要朋友、次要朋友、一般朋友、礼节性朋友来进行划分，再决定与其交往的深浅程度，你的生活会显得更有条理。

一、核心朋友圈。这个圈子里主要是你的“铁哥们”、“闺蜜”或平时交往相当密切的朋友，比如同学中的死党，战友中的挚友等。

在这个圈子里，你和你的朋友都是无话不谈、直言不讳的，大家关心的或许并不是你的事业有多么的成功，基本上也不会带有利益的目的与你交往。在这个圈子里的朋友活动或许不可以违法，但可以略微出格，可以尽情显露平时深藏不露的本性，大家以诚相待，在一起图得是放松、快乐，说话做事不需要小心谨慎。但千万不要把你单位里的朋友纳入到这个圈子里来，否则是有百害而无一利。

二、重要朋友圈。这个圈子里的人都是与你有着某种重要利害关系，且能够给予你帮助的人。

对于这类朋友，你应该细心维护，因为他们在你的生活或者工作中能够起到比较重要的作用。他们或许是和你一起长大的人，或许是你在工作或生活中结识的有着共同语言的人。在事业上，他们是你的伙伴，在工作中，他们是你的助手。无论是领导还是下属，他们都是你在这个社会立足和生存的有利资源。

但是应该注意的是，进入这个圈子的人必须是你谨慎的选择和考察后可以信赖的人。

三、次要朋友圈。这个圈子里的人相对比较宽泛，凡是对你的工作或生活有正面帮助的人都可以纳入其中，而且你也不必花太多的心思去打理这个圈子里的朋友。因为这个圈子里的人在一起时通常不会说出什么知心话，你有困难的时候也未必会得到他们实实在在的帮助。

四、一般朋友圈。这个圈子里的人一般都是平时很少联系的人，即使偶尔想到，也不会有想联络的冲动。这些人是你的朋友圈子里最外层的那些朋友，或许人数众多，但联络的是最少的。他们基本上是“无事不登三宝殿”的那些朋友，虽然平时不会给你增添什么麻烦，但也不会帮你解决实际困难。并且，这类朋友也是鱼目混珠和良莠不分的。

五、礼节朋友圈。这个圈子里的人大都是在见面时，只需要礼节性地点点头、略微一笑、打个招呼的那种朋友。他们或许是你在工作时碰到和结识的，日后又见了面不好意思擦肩而过，因此，礼节性地打声招呼就可以了，并不需要你过于热情，否则会给人一种虚伪和不真实的感觉。

当然，每个人对自己的朋友都有一套属于自己的鉴别、划分和管理的方法，只有学会了科学合理地对自己的朋友进行分类及分层次的管理，才可以减少自己无谓的精力消耗，有重点分层次地与朋友们结交，为自己的事业集聚力量。

第六章

认清小人，揭穿披着羊皮的狼

面对人性的复杂、自私，以及贪婪，在社会生活中就会出现小人这一角色。有多少人都是遭遇小人而有苦无处诉。面对小人当道，会让你防不胜防。这就需要你能够从蛛丝马迹开始，从小人的惯用伎俩入手，去一步一步识破小人的真实面目，揭开他们的神秘面纱。

1.识别小人，从蛛丝马迹开始

在历史的舞台上，多少小人粉墨登场，他们淋漓尽致地扮演着阴暗、自私与奸佞集一身的反面角色。关于小人这一特殊的人类变种，至今尚无统一的定义，然而源远流长的历史以深刻的笔触为我们描画了小人们的性格脸谱及其惊天地骇鬼神的“丰功伟绩”。古之小人便是今之小人的老祖宗，哪怕他有七十二变杀手锏、一百零八副面孔，只要我们擦亮眼睛，竖起耳朵，一定能顺着些蛛丝马迹认清小人，揭掉他们的马甲。

相由心生，看清小人相

古人云：“相由心生，相随心灭。”心与相息息相关，心善者，面相大都慈和；心恶者，面相大都狰狞。虽说小人伪装手段之多、乔装技巧之高、变脸速度之快堪称世界第一，但是，当你第一眼看到某人时，此为君子或为小人，或多或少都能从他的“心相”中窥知一二。

一、印堂狭窄，人中短。印堂位于额头两眉之间，若此处过于狭窄，且人中又短，这种人有可能是心胸狭隘者，见不得别人好，倘若看到别人有一点超过他的就会暗中使坏。

二、鼻梁骨突起，同时有三白眼。所谓“三白眼”是指瞳仁很靠上或很靠下，看上去三面的眼白很多。有此面相的人，冷漠无情，

容易产生报复心，而且在人前通常只拣好听的话说，所以，最好是避而远之。

三、鹰钩鼻。一些文艺家很喜欢让狡猾、阴险的人长着这样的鼻子，因为拥有鹰钩鼻的人确实不大讨好，他们极有可能是奸诈之徒，不厚道，自私自利不够朋友，甚至有点邪恶。

四、两颊过大，在正前方无法看到此人两边的腮帮子。此类人言语不诚，是属于心计很重，城府很深的人，和他们打交道，小心为妙。

此外，眉毛相连、三角眼、四白眼、鼻头尖细、唇掀齿漏、嘴角一高一低、嘴唇尖薄、焦枯毛发等面相也需要人们小心防范，打探清楚人品后再与之深交。

次观眼神。俗话说“眼睛是灵魂的窗口”，透过眼睛，我们能窥探人的内心。目光游离不定、左顾右盼或斜眼看人，这类人是不可深交的。正常人看人都是两眼平视，目光正常，而这类人却是在初次交往时，就爱用此目光看人，初次交往时特性最明显，熟了后不易察觉。和这类人交往时最好留一手。

《三国演义》中形容司马懿的“鹰视狼顾”，也是一个不可深交不可重托的典型。说的是这个人眼睛像苍鹰一样，看人时目露凶光，冷酷犀利，回身时脖子能一百八十度转弯而身体保持向前。这种人天生疑心重，而且为了利益就会出卖朋友。据说隆科多曾保荐查嗣庭，但雍正帝却因为查有“狼顾相”，“料其心术不端”而弃之不用。

后察心机。知人知面不知心，画龙画虎难画骨。人心恐怕是世界上最难勘察的物什，看不清想不通摸不透，尤其是小人那颗倏忽多变深藏不露的心。然而，不管怎么变化，怎么伪饰，小人的动机都是万变不离其宗的——无非一为利己，二为损人，而兜兜转转归根结底都在一个“利”上。所以，在权、钱、势、利面前，最容易看清小人的嘴脸。

察“言”观“行”，读懂小人的性格脸谱

“小人巧言令色”，“心口皆是是君子，心口不一即小人”。可以说，小人的功夫全在一张嘴上，因为没有什么实际能力，所以他们通常要靠近权势的中心以此博得大树的庇荫，而为了攀权附贵，他们往往使出自家的浑身解数，如此，我们便能从小人的一言一行中勾勒出他们的性格脸谱。

纵观古今小人，他们的言语行为、性格为人有如下特征：

(1) 溜须拍马，阿谀奉承。小人的嘴就是一门大炮，最爱向上级或有利用价值者发射糖衣炮弹，被击中者晕头转向、神智不清，丧失判断能力。

(2) 捕风捉影，搬弄是非。最爱打小报告，背后论人是非，不顾一切制造流言、传播谣言。

(3) 夸大其辞，挑拨离间。惟恐天下不乱，无中生有，颠倒黑白，歪曲事实真相，分化同事感情，制造纷争和事端，造成人际关系的扭曲。

(4) 拉帮结派，党同伐异。常常收买人心，称兄道弟，搞小团体，为谋取私利而纠结成一帮势力。“顺我者昌，逆我者亡”，遇到阻碍势力通通杀无赦。

(5) 阳奉阴违，两面三刀。言行不一，善于表面功夫，也善于伺机邀功抢功。他们是表里不一的两头蛇，有时面前夸你套出你的秘密，背后就损你出卖你。人前一套，背后一套。

(6) 见风转舵，趋炎附势。谁得势就依附谁，谁失势就舍弃谁。利用别人的权势以提升自己地位，没有利用价值的人，撞个满怀眼皮也不抬一下。用人求人时，卑躬屈膝；无求于人时，看见了也装

作不认识。一旦得势，就会作威作福，狗仗人势。

(7) 贪功诿过，过河拆桥。做出成绩都归自己，出了问题全推给别人；自己三分成绩夸大成十分，别人十分成绩缩小为三分。踩着别人的肩膀上去，成事之后就一脚踢开，不顾脸面，毫无情谊。

(8) 落井下石，忘恩负义。别人掉井里了，赶紧扔块石头下去，只要有人跌倒或失败，他们会追上来再补一脚，常说一些幸灾乐祸的风凉话。对小人而言，无所谓忘恩无所谓负义。人不为己天诛地灭，他们觉得所有人都应该要为自己搭桥铺路。

(9) 暗箭伤人，借刀杀人。明明是自己言行有过错，却死不承认，不择手段也要找一个“挡箭牌”来背黑锅。他们口才犀利又敢发誓，很能误导大家以讹传讹，日久则众口铄金，积非成是。

小人的脸上没有贴标签，但如若具备以上任意三条者，即可定义为小人。事实上，小人的特征不止这些，但基本上经常出没的都已囊括其中。此外还有五花八门的小人都可算作他们的近亲。

其实，早在三国时期，诸葛亮就在其著作《心书》中准确地勾画出小人的行径：

“夫军国之弊，有五害焉：一曰结党相连，毁谮贤良；二曰侈其衣服，异其冠带；三曰虚夸妖术，诡言神道；四曰专察是非，私以动众；五曰伺候得失，阴结敌人。此所谓奸伪悖德之人，可远而不可亲也。”

在书中，诸葛亮列举了五种害群之马，这五种人，现在通俗的说法叫“小人”，也就是卑鄙猥琐上不了台面的人：私结朋党，搞小团体，专爱讥毁、打击有才德的人；在衣服上奢侈浪费，穿戴与众不同的帽子、服饰的人；哗众取宠、妖言惑众、混淆视听的人；专门搬弄是非，为了一己私利而兴师动众的人；非常在意个人得失，暗中勾结敌人的人。

在人际交往中，有的口蜜腹剑，有的笑里藏刀，相信许多人都吃过小人的苦头，但在事前却怎么也想不到他是那种人！以上提供的从外貌到行径的方法供诸位参考，虽然不一定都能对号入座，但往后遇到具有以上特征的人还望仔细甄别，考察清楚对方人品再深交也不迟，以免因识人不当而误入虎穴！

2.妒贤嫉能，小人的本性

嫉妒是人类共有的心理，但是小人却把这种嫉妒心理演绎得淋漓尽致，变成刀，变成箭，插在别人的胸口，以此扫清自己在前进道路上的障碍和堵物。妒贤嫉能是小人的本性，他们一时半刻都见不得别人的好，见不得别人超过自己一点。历来的能人名士都难逃小人的魔掌，哪怕你不是名人，不是伟人，不是才人，但只要你有一点点强过小人的地方，小人都会像蚊子一样围在你的身旁，时不时地叮上一口。

小人“嫉恨”心理之下的作恶多端

说到好妒贤嫉能的小人，就不能不提那个在历史上臭名昭著的唐朝奸相李林甫。史书载李林甫“无学术，仅能秉笔”，“言谈陋鄙，闻者窃笑”，他把“弄璋之庆”（祝贺人家生男孩）写成“弄獐之庆”（祝贺人家生了一头獐子），将“杕（音第）杜（孤立高大貌，喻成绩突出）”（《诗经·杕杜》）念成“杖杜”，如此不学无术之徒居然能高居相位 19 年，可见他的小人功力已经到了炉火纯青的地步。既然自个儿肚里墨水没几滴，要想位极人臣，当务之急当然是把比自己强比自己好比自己厉害的人一一消灭。

唐朝奸相李林甫为相期间，嫉贤妒能，睚眦必报，整日不琢磨事，专门琢磨人。他琢磨哪些人呢？据《资治通鉴》载："李林甫为相，凡才望功业出己右及为上所厚、势位将逼己者，必百计去之；尤忌文学之士，或阳与之善，啖以甘言而阴陷之。世谓李林甫'口有蜜，腹有剑'"。也就是说，凡是才华、声望、功绩超过李林甫的，还有被皇帝重视、威胁到其相位的人，他都要不择手段地铲除他们。古今中外小人多矣，而让李林甫"脱颖而出"的便是他"口蜜腹剑"的本领。表面上对你很好，话说得比蜜还甜，但实际上蛇蝎心肠，整天琢磨怎样才能打压、排挤人。

就是这样一个既没文化又没功绩的李林甫，竟排挤走了大唐名相张九龄，陷害并杖杀了享有"书中仙手"美誉的大书法家李邕。且其当政期间，"文士知名者，汴州崔颢，京兆王昌龄、高适，襄阳孟浩然，皆名位不振"（《旧唐书》）；像李白、杜甫这样的大诗人，也同样受到压制。

李林甫对有贤能的人或杀或贬或压制不用，而只用一些才智平庸而善于溜须拍马的人，这自然使得唐朝末期纲纪崩坏，政治腐败。而他嫉恨文化人的阴暗心理也渗透到朝廷的用人政策中，由于害怕文化人出将入相威胁其地位，他蛊惑唐玄宗专用文化低的胡人为边将。后来酿成安史之乱，大唐从此一蹶不振。

"您要留心嫉妒啊，那是一个绿眼的妖魔！"正常一点的人都知道嫉妒是害人害己的恶魔，惟恐避之不及，但是小人反而很享受嫉妒寄生在身上的快感，因为这会极大地启发他们的大脑，想出更多更狠更毒的整人害国的点子，还会助长他们的嚣张气焰，提升他们的作战能力。可以说，嫉妒不仅是小人的本性，而且是小人的武器，一个为嫉妒心所蒙蔽所毒害的人，还会顾虑什么呢？他们只会无所不用其极，殚精竭虑，呕心吐血，继续进行着他们嫉贤妒能的整人事业。像李林甫这样因嫉恨而排挤、陷害、压制、打杀才学之士的极品小人，不仅迷失自我、颠覆社稷，还危及国家乃至民族的发展，实在可恶可恨之极！

虽然历史已经给了历史上的小人应有的评价，他们到头来无一不遭受世人唾骂，遗臭万年。然而，尽管如此，时移世易，小人还是没有灭迹，也永远不会灭迹，只要有人的地方，就会有小人，就会有被嫉恨心取代良心的小人。

在现实生活中，我们也能发现犯红眼病的人不在少数，大多数人能够控制自己的嫉妒心理发展成畸形病态心理，但还是有一小部分人为嫉妒心所蒙蔽。他们上蹿下跳，或在明处，或在暗处，伺机而动，轻则踩你一脚，重则把你打入冷宫。见识了像李林甫这样的小人，要知道恶语相向、怒目对视是小人，但对你说尽好话、满嘴油腔滑调的也是小人之一种。如果身边有这样的小人，我们则要尽量远离，少招惹他，实在躲不过的，则要打起十二分精神、鼓起勇气、开动脑筋与之斗智斗勇。

小人的枪专打出头鸟

俗话说：“枪打出头鸟”。人人都爱犯红眼病，小人这个枪手犯得更加厉害，以至于滋生了不把人置之于死地就不快活的病态心理。自己就是天下第一老大，别人连给他提鞋也配不上，何谈盖过他的风头呢？世界上很多人本来与小人前世无仇，今世无怨，但就是因为“近小人”，妨碍到了小人在其势力范围呼风唤雨、作威作福的大好形势，所以才被无耻小人的枪口瞄准，惨遭毒手。

大文豪苏东坡才华横溢，声名远播，想必在彼时是个风云人物，如众星拱月般被世人瞻仰和爱戴。殊不知，只要有小人的地方，事实总会朝着歪理的方向发展。其弟苏子瞻说："东坡何罪？独以名太高。"正因为苏东坡太出名，太出色，才惹来诸多小人的侧目，进而成为他们谗害构陷的靶心。

看看当时嫉贤妒能的小人们都是如何贬损苏东坡的。最先诽谤、诬陷苏东坡的是舒亶与何正臣等人，他们写文章告诉皇帝苏东坡到湖州上任后写给皇帝的感谢信中有"讥切时事之言"，还一款一款、苦口婆心地分析给皇帝听，皇帝虽然不尽信，但心里已经对苏东坡失去了好感。

接着是李定，他甚至把苏东坡的贫寒出身、在文化界的地位和社会名声都当作攻击的理由，说苏东坡"起于草野垢贱之余"，"初无学术，滥得时名"，"所为文辞，虽不中理，亦足以鼓动流俗"等等。说才华冠盖天下的苏东坡"无学术"这不是天大的笑话吗？但正是出于嫉妒，李定才不惜鬼话连篇，以达到诋毁苏东坡并扰乱视听的目的。

还有一个值得一提的人是李宜之。他在安徽灵璧县做着一个芝麻绿豆小官，但是在社会风行诬害苏东坡之时，也写信给皇帝检举揭发，说苏东坡以前为当地写的一篇文章中有劝人不必热衷做官的消极言论，分析说这样会使人们丧失进取心，并影响取士。这个李宜之落井下石、推波助澜的一手，虽然不能致苏东坡于死地，但也成为对苏东坡十分不利的社会舆论中的一份力量。

除此以外，王珪、沈括等封建官僚都因嫉恨而诬陷过苏东坡。这样一闹，苏东坡一介文人自然毫无招架之力，只能饮恨认罪。虽然神宗皇帝自己也不太相信苏东坡会造反，但是迫于舆情，且又抱着"宁可错杀一千，不可放过一个"的心理定了苏东坡的罪，后来因为众人求情，才没将苏东坡治罪，而是将其贬到黄州。这便是著名的"乌台诗案"。

俗话说"人怕出名，猪怕壮"，这是具有一定警示意义的。正所谓“树大招风”，人一旦出名、得势，就会招来小人的嫉恨、仇视，乃至陷害和报复。明眼人一看就知道，围困在苏东坡身边的小人们不过是将苏东坡写过的诗文中的部分意象和词句进行过度诠释和引申，罗织“莫须有”的罪名。如此断章取义本来就失之于实，但还真拿他们没辙，因为三人成虎、众口铄金，没点头脑的皇帝还真不能不相信小人们的谗言。

虽然我们一辈子也许都难以取得像苏东坡那样的成就，然而，只要你在组织或集体中学习、工作、生活，你的身边一定不乏嫉贤妒能的小人。他们天生就是名人的宿敌、才子的克星、能人的绊脚石，就连有半点可取之处的普通人，也能成为他们的眼中钉。

但我们很容易发现，身边那些小人未必是大奸大恶之徒，他们只是爱耍点心眼、散布点流言、添点油加点醋拿人说事，要不就是背后打小报告诬陷诽谤，以此灭他人威风装点自家门面。就这么点小心眼小手段虽然难成气候，但也能把人逼得精神崩溃、束手无策。所以，在遇到这种小人的时候，我们一定不能自乱阵脚，忍气吞声甚或一走了之，这样就中了小人的圈套。必要的时候，要寻求朋友、上级或其他渠道的帮助，清者自清，邪难压正。只要揭露了小人的真面孔，他就很难再混下去了。

3.善弄权术，小人的专宠

善弄权术为什么是小人的专宠？这或许不是个太深奥的问题，但却有许多值得深思和警醒的地方。在权术发达的中国，小人们可

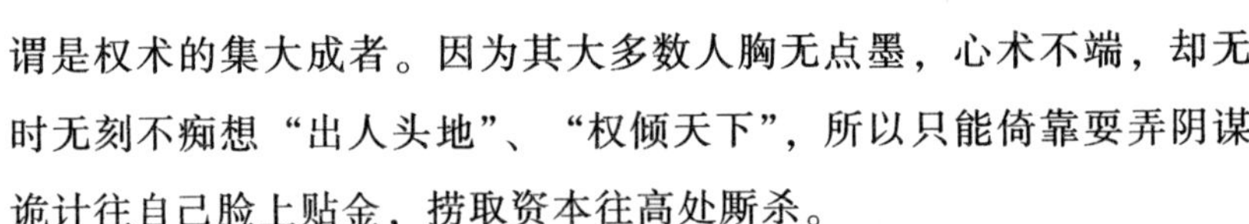

谓是权术的集大成者。因为其大多数人胸无点墨，心术不端，却无时无刻不痴想“出人头地”、“权倾天下”，所以只能倚靠要弄阴谋诡计往自己脸上贴金，捞取资本往高处斯杀。

“权”是小人的保护伞

小人善弄权术，所谓权术，其实就是政治手段，但这个政治手段不是必要的、负责的政策和策略，而是诡诈性、奇谲性的计谋手腕，归根结底就是手段和诡计。权术的主要特点是没有真诚，只有机变手段，只有伪装和欺骗。这样一来，我们就很清楚了。你要是让一个小人去说句心里话，那真是太为难他了，但你若让他想个整人的点子、要点儿手腕，他保准二话不说马上办成，而且还脸不红心不跳，神不知鬼不觉。这，就是小人的本事。

权术，可以说几乎所有的“术”都是指向“权”的。谁高踞权力的顶端，谁就能支配权力。掌握一个公司的权，你就可以享用更多财富和资源，甚至可以决定他人的进退和命运；掌握一个组织的权，你就可以享用更多威望和利益，甚至可以以权谋私、中饱私囊。权，能把一个穷光蛋变成一个大富翁，能让一个人从底层爬上上流社会。只要手执权力，就好像握着一只魔法棒，想要什么有什么，想灭谁灭谁，如此巨大的威力，怎能不诱惑人呢？尤其是不脚踏实地做人不光明正大做事的小人，更是亦步亦趋奉“权”为圭臬，以“权”为轴心，誓死保卫自己在权力顶端的势力。因为他们一旦失去“权”的庇佑，就好像耗子出了洞、狐狸离开了老虎，失去了保护伞，任其再怎么诡计多端，也回天无力。

权术是为了获取和巩固政治权力所采取的谋略，而到了小人的手中，权术则是为了获取和巩固一切他所觊觎的东西，这些东西，可以是权力、财富、美色、名声，甚至是一些不起眼的小东西、不打紧的小事儿。总之，小人如若权术在手，就会为了一切目的不择手段，打破道德和法律的底线。

在封建社会，皇帝就是“权”的化身，于是身边注定要招来苍蝇一样乱嗡嗡的小人。他们为了借助皇权乃至篡夺皇权，总能折腾出一堆大事小事惑乱君臣，甚而害民误国。

春秋时，鲁国的庆父与其嫂鲁庄公夫人通奸。庄公死后，庆父为篡位接连谋杀两任国君，继位者上去一个就被庆父鼓捣下来一个，折腾得国无宁日，留下了“庆父不死，鲁难未已”的千古警训。

而蜀汉的宦官黄皓则是一个善弄权柄的小人典型。黄皓善谄媚，会逢迎，深得后主刘禅宠爱。他的官位一升再升，为了进一步扩大自己的权力，他图谋让后主最大限度地放权。于是，他为后主“增广声色”，遍选民间美女，网罗歌伎，使后主日日沉湎声色之中不能自拔。后主荒淫无度、不理朝政，黄皓便趁机擅权专政，一手遮天，亲近群小，打击贤能，最终直接导致了蜀汉的亡国。

小人祸国殃民的事例不胜枚举，历朝历代都会出现这样的跳梁小丑，他们步步紧逼权力顶端，为了获取权力的庇荫，不择手段，为非作歹。时至今日，这类善弄权术的小人没有消失，反而有增加之势。在物欲横流的现代社会，一切以利益为中心，以权能谋私利，于是，小人们都爱往权势者面前扎堆。如果你是一个领导者，则要警惕这类像狗皮膏药般甩不掉的小人，他们卑躬屈膝、甜言蜜语地围在你身边团团转，实际上他们死心塌地追随的不是你而是“权”，所以不要奢望他们会忠诚于你。如果你的身边有这么几个奴颜媚骨的小人，目中无人，仗势欺人，则要与他保持距离、划清界限，以免引火烧身。

小人是权术集大成者

兵家有三十六计，小人则是权术集大成者。小人的手段无穷无尽，小人的谋略灵活多变。要想悉数小人的权术，可能比数天上的星星还要困难。但是，仔细梳理，我们还是能把小人善用的权术归结出来，以警醒世人。

一、献媚取悦。为了博得上位者的欢心，小人大都熟稔溜须拍马之术。只要把领导侍候得舒舒服服，小人就不愁没有靠山。

据史书记载，齐国有三大著名马屁精，那就是易牙、竖刁和开方。厨子易牙把自己的宝贝儿子杀死，烹成菜给齐桓公尝鲜；侍人竖刁不惜把自己阉割以亲近齐桓公；卫公子开方侍奉齐桓公十五个年头，连父亲死时都不肯离开回去奔丧。齐相管仲临死前曾经警告齐桓公远离“三小”，因为他们的行为悖于常理，若不是为了更大的欲望，一般人不会做如此大牺牲。果然，齐桓公死后，“三小”兴风作浪，导致齐国大乱。

二、攻心为上。小人不仅善逢迎，而且还擅长察言观色，打探消息，揣摩上意。他们在周围布满耳目喉舌，一旦有个风吹草动都能第一时间得知。因此，他们说出的话往往一时间能蒙蔽人心，他们也最清楚每个人的心病。

三、构陷对手。构陷，就是陷害，设计陷人于罪。这种小人在历史上可谓多如牛毛，最令人寒心的莫过于中国十大奸臣之一的秦桧以“莫须有”的罪名处死爱国将领岳飞。什么叫“莫须有”？意思就是“我说你有，你就有”。其无法无天、飞扬跋扈已经到了非人的境界。

四、结党营私。物以类聚，人以群分。小人仅凭一人之力是成不了什么大事的，他必然要召集一大帮臭味相投的小人之徒狼狈为奸，拉帮结伙，搞小团体。

五、狐假虎威。说白了，就是狗仗人势。一人得道，鸡犬升天。傍了棵大树，连尾巴都翘起来了。

六、嫁祸于人。把自己的祸事转嫁给他人，不管自己做了什么错事闯了什么祸，总能找到替罪羔羊。

七、挑拨离间。让关系亲密的人疏远，让关系疏远的人互相仇恨。为了达到目的，不惜以扭曲人际关系为手段。

八、弄虚作假。小人最大的本事就是伪装和欺骗，弄点虚作点假是小菜一碟，同时也是十分必要的手段。

小人的权术没有极限，诡变多端，他不在乎人格，不在乎良心，不在乎道德，可以凌驾于任何规章制度之上，他一旦打入人间，便如入无人之境，这正是小人的可怕之处。

司马光曾说无才无德的愚人危害有限，有才无德的小人就不同了："小人智足以遂其奸，勇足以决其暴，是虎而翼者也，其为害岂不多哉！"就算无真才实学，但是深谙权术且又勇猛无惧的小人如虎添翼，他的危害不严重才怪呢！我们把小人常用的若干权术罗列如上，希望大家能够睁大眼睛，辨识小人，防范小人，远离小人。

4. "过河拆桥"，小人的惯用伎俩

"过河拆桥——忘恩负义"，想必大家都听说过这个歇后语，它形容一个人达到目的后就把曾经帮助过自己的人一脚踢开，有多远踢多远，不顾脸面，不顾情谊。这说的不就是小人吗？其实，过河

拆桥就是小人的惯用伎俩。在小人的眼里，除了他自己，每个人都是一粒棋子，用你的时候，就把你攥在手心里；榨取干了你的利用价值之后，就把你丢在旮角旮旯。

以人为梯，过河拆桥

有人把勤恳当作晋升之道，有人把学识当作晋升之道，有人把关系当作晋升之道，而有些人，则是不惮于踩着别人的肩膀，踏着别人的鲜血以求晋升。不管是错综复杂的官场，还是竞争激烈的职场，它们都恍如变作了战场，成为人们互相厮杀的兵家之地。这恐怕要归功于小人，尤其是那些为了高升攀附权力而不顾一切以人为梯的小人。

宋仁宗嘉佑初年，年仅二十四岁的吕惠卿中了进士，在汴梁结识了王安石。王安石为吕惠卿的才华所折服，又因两人有许多共同见地，遂结成了莫逆之交。

宋神宗熙宁二年，官拜参知政事的王安石主持变法，并在皇帝面前力荐吕惠卿。于是，吕惠卿一步步被擢升。王安石事无大小巨细，都要先同他商议再实行，凡是所提议的请议、奏章都由他代笔。此时，两人的关系非常亲密。

后来，王安石变法遭到保守派的强烈反对，罢相而去，吕惠卿则在朝廷中坚持新法，扶植亲信，利用其手中的权力鱼肉百姓。大臣郑侠、冯京还有王安石的弟弟王安国看不惯吕惠卿的所作所为，吕惠卿竟将三人一同贬谪出京师。这时王安石对吕惠卿的做法有些不满，但吕惠卿却不买王安石的账了，他翻脸不认人，反咬一口，说王安石误国误民，凡有陷害机会他都不放过。

在王安石和吕惠卿交好的时期，司马光曾写过一封信给王安石提醒他："阿谀谄媚的人，现在对您百依百顺，言听计从，一旦您失去权势他一定会出卖您的!”无奈当时王安石与司马光政见不同，不把他的话放在心上，以至于最后深悔用人不当，遗憾终生。

吕惠卿可谓是把“过河拆桥”这一招数运用得神乎其技的小人之一。时任右谏司的苏辙一针见血道出了他的本性：“王安石对吕惠卿有以翼覆卵之恩，如父如师之意。吕惠卿求进之时，则附之若胶，及王安石去势之日，则化为仇敌，不遗余力辱骂诬陷。犬豕不屑之事而吕惠卿做了。”王安石待吕惠卿有如恩师，且提拔他在官场上平步青云，然吕惠卿非但不感恩戴德，反而在王安石失势之后，绞尽脑汁诬害他。如此忘恩负义之小人，连禽兽也不如！其实，吕惠卿求进之时，近的是权势，亲的也是权势，而不是一个王安石。

想不到一代改革家也会为小人所误，这与王安石本人也有关系。司马光曾说：“可惜安石虽贤德，却刚愎自用，不通世故。吕惠卿出主意，安石就身体力行。”王安石虽然贤能，却强硬固执、自以为是，从不考虑他人的意见，才被吕惠卿这个小人占了便宜。苍蝇不叮无缝的蛋，历史的教训告诉我们，小人虽然难识，但是他骗得了一个人，骗不了所有人，我们为人处事应该广开言路，虚心接受他人的意见，再假以时日慢慢考察，正所谓“日久见人心”，这样或许能减少为小人所祸害的几率。

鸟尽弓藏，兔死狗烹

据《史记》记载：春秋末期，吴、越争霸，越国被吴国打败，屈服求和。越王勾践卧薪尝胆，任用大夫文仲、范蠡整顿国政，历经十年的忍辱负重和励精图治，使国家转弱为强，终于击败吴国，洗雪国耻。越王勾践灭了吴国，在吴官欢宴群臣时，发觉范蠡不知去向，第二天在太湖边找到了范蠡的外衣，大家都以为范蠡投湖自

杀了。

过了不久，有人给文仲送来一封信，上面写着：“蜚（同飞）鸟尽，良弓藏；狡兔死，走狗烹。越王颈项特别长而嘴像鹰嘴，这种人只可和他共患难，不宜与他同安乐。您为什么不离开呢？”

文仲此时才知范蠡并未死去，而是隐居了起来。他看到信以后，常常称病不去上朝，有人造谣说文仲将要造反作乱。一天勾践登门探望文仲，留下佩剑并说：“你教我七个消灭吴国的方法，我只用了三个就把它灭掉了，还剩下四个方法，是不是你去先王那里试一试？”文仲明白勾践的用意，悔不该不听范蠡的劝告，只得引剑自尽。

这便是成语“鸟尽弓藏、兔死狗烹”的出处，飞鸟打尽了，弹弓就被收藏起来；野兔捉光了，猎狗就被杀了煮来吃。在古代喻指敌国灭掉了，为战胜敌人出谋划策的谋臣就没有用处了，就要被废弃或遭害。事情成功之后，就过河拆桥，把曾经出过力的人一脚踢开，甚至落井下石。古今中外，卸磨杀驴的事例比比皆是，吕雉诱杀西汉第一功臣韩信，赵匡胤杯酒释兵权，朱元璋火烧功臣楼等等，令人唏嘘不已。

封建社会的统治者为了维护自家天下，不禁也用起小人手段来巩固其统治。其实，古代也好，今日也罢，鸟尽弓藏、兔死狗烹都带着历史的必然性，功高盖主是一方面，另一方面它直指人性深处狭隘自私的心理。当所有难题都解决了，当所有障碍都消除了，人们面临的便是如何分配劳动成果的问题，是独享还是共享？小人当然会选择独享了，所以这时过河拆桥便不足为怪了。

在现代社会，“过河拆桥”依然是小人的看家本领。以职场为例，甲和乙为某单大生意合作共事，事成后两人都可能得到晋升。他们同心协力谈成了生意，但是乙却先下手为强，在上司面前邀功抢功，忽视甲的功劳甚至抹杀他的价值。不明真相的上司听信了甲，便升甲降乙。又比如某些老板，榨取完员工的利用价值后便一脚踢开。这种小人最难识别，因为他最初会假装对你很友好，等从你这儿套到好处以后便翻脸不认人，比变色龙变得还快。但再怎么伪装，明眼人也能看出些蛛丝马迹。这种小人急功近利，心事重重，所以适当的时候以利益诱之，观察他的反应，试探他的本性。

5.重利轻义的“白眼狼”，一定要远离

孔子说：“小人喻于利”，也就是说，小人着眼于利，唯利是图。如果说“过河拆桥”只是小人的惯用伎俩，那么，重利轻义则是小人的本性，这种小人堪比“白眼狼”。狼生性凶残冷血，而尤以长着“吊白眼”的狼最为凶狠，不通人性。不管你对白眼狼怎么好，他都不会有丝毫感动，无所谓义气和恩惠，只要能够满足个人私欲，白眼狼不惜见利忘义、恩将仇报。

见利忘义真小人

小人的本质是自私自利、不讲原则、不讲道德，更不会讲义气。“义”是维系人与人之间的一条纽带，绿林土匪尚且讲义气，你对我有恩，我涌泉相报；你对我有义，我舍生取义。然而，小人是毫无义气可言的。无权无势无财时，他可以对任何一个人笑脸相迎，尤其是攀龙附凤、趋炎附势，待有权有势又有财时，他马上露出狐狸尾巴，不管是对他有恩的还是有义的，统统该杀的杀，该废的废，

该走的走，反正不能挡他的道，沾他的光。

雨果说："卑鄙小人总是忘恩负义的，忘恩负义原本就是卑鄙的一部分。"在利益面前，小人不惜出卖自己的灵魂，更何况是于己有恩有义的人呢。不管是有生育教养之恩的父母，有同甘共苦之情的朋友，有合作共事之谊的伙伴，有拔刀相助之义的贵人，小人都不会放在心里，该利用时利用，该背叛时背叛。因为卑鄙是卑鄙者的通行证，"白眼狼"根本就没有义气的概念，只有一颗变质的腐烂的利欲心。

在我们的身边，随时随地都可能遇到这样重利轻义的小人。这种小人最根本的准则是，为了个人利益，不择手段，拍上面，压下面，对上巧言令色，对下颐指气使，一旦利益到手，就忘乎所以，见利忘义，除了他自己，谁也不认识了。他们的行为代表了他们的办事风格，因此他对你永远不可能表里如一。还有更令人不齿的是损人以利己的小人。每当觉得自己吃亏，他就立刻把别人也拖下水，要亏，大家一起亏！要死，大家一起死！要输，大家一起输！这种害人精，比较严重的，就会演变为大家公认的坏人。

见利忘义之徒是典型的小市民意识，行事处世都以个人小利为出发点，他们会为贪小便宜而出卖团队，甚至与自己一起工作多年的伙伴。卖友求荣对这种人来说是家常便饭。利欲熏心心渐黑，他们以私利为出发点，以义气为踏脚石，以己之利为最大动力。为了蝇头小利，不择手段，甚至做出令人作呕的事情来。不可否认，对大多数人而言，工作的重要目的之一就是换取薪水或者荣誉，可是，我们不能因此便被利欲蒙蔽眼睛，并陷入贪婪的深渊，成为见利忘义的小人。

然而，在如今的社会上，重利轻义甚至见利忘义的小人却比比皆是。上至官场，所谓的称兄道弟只是建立在共同利益的基础之上；下至职场，人前说好话，背后插一刀的现象也是见惯不怪。之所以产生这么多“白眼狼”固然与社会的土壤有关，但主要是人性的弱点在作怪。

首先是贪欲。贪字头上一把刀，利字旁边也是一把刀。这把刀在还没砍向自己之前，往往先把别人灭了。贪欲会消灭人的感恩之心，因为任何好处任何恩惠任何礼物都满足不了人的贪欲。欲壑难填，贪欲是一个无底洞。其实，贪利之徒在把刀朝向别人的时候，他也被慢慢地腐蚀，最终丧失人的本性，为兽性所奴役。

其次是自私。也可以说是以自我为中心，过度自尊。他们只关心与自己有关的一切，他们只会考虑自己的利益，连别人的恩惠也会认为是他应得的。小人无不是自私自利之徒，在他们眼里很难看到别人的身影。

再者是嫉妒。我们都知道小人大都嫉贤妒能，善于打压、排挤能人志士。其实，重利轻义之徒也会为嫉妒心所蒙蔽。他们只有通过膨胀的占有欲和支配欲来平衡内心的不满和自卑。所以，对于别人的好，他们很难会记在心上。

可以说，小人无不重利轻义，利益是检验一个人的试金石，而小人往往能在利益面前露出马脚。

谨防引狼入室

见利忘义之徒混迹在你我身边，他们貌似人形，实则包藏狼子野心。他们是人群中的“白眼狼”，为了喂饱自己的贪欲，他们可以无视法纪、为非作歹。

周先生是某工地的一个小包工头，爱喝酒，也喜欢结交朋友。前段时间，他在朋友的酒局上认识了一位叫“大刘”的年轻男子。自那以后，双方有过几次接触，并常在一起喝酒。周先生很欣赏大刘的豪爽，很快把他当作了朋友。

有一天，大刘说想去周先生的工地玩。好客的周先生听到以后很高兴，他马上吩咐工人买菜做饭，准备了一大桌酒菜招待大刘。当天下午，大刘开车带了5人来到工地，得到周先生的热情款待。在周先生上厕所的间隙，大刘带来的人居然无缘无故将酒泼向工人，双发引发口角，在将要动手时，大刘的人居然亮出尖刀和木棍，把工人们吓坏了。周先生回来后，这伙人就推搡着把他押进了车里。

周先生在车上越想越郁闷，好心请人吃饭，怎么会被这样对待？他尝试向大刘打探原因，谁知一开口就遭到拳打脚踢，还被用木棍猛抽。这个大刘还是我认识的大刘吗？周先生不禁倒抽了一口凉气。20分钟后，车子停在一个僻静处。大刘和他的同伙抢走了周先生身上的现金和手机，还把他关到一间暗室里。

原来，这伙人是要绑架周先生的。他们事前早就摸清了周先生的家底，连周先生的亲戚有些钱都知道，所以才有意接触他，并策划了这起绑架案。最后，在家人付了5万元赎金后，周先生才获得了自由。

“白眼狼”就是这样在人世间四处出没，他们嗅着，盯着，处心积虑着，哪里有利可图，他们就奔向哪里。法律可以置之度外，良心早就被狗叼了去，哪里还会顾虑区区义气？只怕是以义气为诱饵，专门陷害忠厚老实之人。生意场上无朋友，酒桌上恐怕也是如此。周先生在酒桌上结识大刘，这本就是一个推杯换盏的名利场，又怎能推心置腹全交一片心呢？

一样米养百样人，只要人心存恶念，人们就注定不能避免遇人不淑的际遇，但是，我们可以慧眼识人，绕开识人不当的错误。小人善伪装，固然很难一时辨别，所以，我们在与人交往时，就要“放长线钓大鱼”，看一个人值不值得深交，还是要依靠时间来检验。日久见人心，只有长期的交往，才能看清一个人的真心假意。有时候，我们很容易为自己对他人的第一印象所蒙蔽，与人初次见面，看人家仪表堂堂、彬彬有礼，便以为是人中龙凤，赶紧屁颠屁颠地跑过去和他称兄道弟。须知古训有“金玉其外，败絮其中”，人不可貌相，第一印象只能是印象，而不能成为你评判对方人品的依据。

另外，小人是察言观色的高手，我们更要成为察小人之言、观小人之色的高手。就算没有那反侦察的本事，在人际交往上多留一个心眼，看人多注意一些细节，曝光小人坚决远离，尤其是那些在利益面前六亲不认、心狠手辣的“白眼狼”，疑似小人慢慢观察，则可以避免许多因识人不当造成的祸害。

6.看清“伪君子”的高调论

古人曾把人分为君子和小人，君子有德，小人无德。而打着君子的幌子却怀着小人之心的则无疑是伪君子。正所谓“仁有假仁，义有假义”，伪君子就是假仁假义之人。他们披着君子的外衣，假装拥有君子的美德，在人世间这个广阔的舞台上道貌岸然、矫揉造作、高调作秀，实际上骨子里还是真小人，且还是比小人更加可恶更加可怕的小人。

不怕真小人，只畏伪君子

伪君子是戴着君子面具的真小人，迫于道德舆论的压力，不得不在其丑恶的灵魂外面裹着一件道德的外衣。他整天提着自己的面

具，说着言不由衷的谎话，干出欺世盗名的勾当，四处兜售和叫卖他那蜜糖般的谎言和处心积虑的幌子——他那慢条斯理的言辞、文绉绉的腔调、儒雅的外表以及夸张的表情。其实，伪君子这一切都是演戏，他的一生活跃在口是心非的舞台上，只顾盘算自己的利益，为声名所驱动，他的人品已经在他的躯体上腐烂。

纪昀是清朝大学士，驰骋官场近50年，为乾嘉时代的文坛领袖，一生阅人无数，深知伪君子这类假好人难以辨识。当他的儿子初入社会，他便写了一封《训大儿》的家书以示告诫：

“尔初入世途，择交宜慎，友直友谅友多闻益矣。误交真小人，其害犹浅；误交伪君子，其祸为烈矣。盖伪君子之心，百无一同：有拗捩者，有偏倚者，有黑如漆者，有曲如钩者，有如荆棘者，有如月剑者，有如蜂虫者，有如狼虎者，有现冠盖形者，有现金银气者，业镜高悬，亦难照彻。缘其包藏不测，起灭无端，而回顾其形，则皆岸然道貌，非若真小人之一望可知也。并且此等外貌麟鸾中藏鬼蜮之人，最喜与人结交，儿其慎之。”

纪晓岚在家训中明确告诉儿子，交友要慎重，要三思而后行，勿交损友。如若误交真小人为害还较浅，要是误交了伪君子祸害便严重了。文章一开始就分析了真小人与伪君子的外貌与表现，指出真小人易于辨别，危害性相对小些；而伪君子却形态各异，心肠个个都不一样，道貌岸然，起灭无端，极具迷惑性，因此不易识别，防不胜防，所以危害就极大。对伪君子这类人就要睁大眼睛格外注意，以免上当受骗。所以交友要交“友直友谅友多闻”的，也就是说交友要交正直的人，守信用的人，见多识广的人，可以真心对待的朋友。

俗话说：“不怕真小人，只畏伪君子。”真小人干坏事明刀明枪，一看便明明白白、清清楚楚，防之不难，避之则吉。伪君子形似忠厚，满口仁义道德，不屑于蝇营狗苟，不贪利不图小便宜，平时貌似憨厚忠良，伪善作假，欺人惑心，岸然道貌扮好人，心里却尽是阴谋诡计。他们内心想什么你永远猜不透，给他害了还不知是怎么回事。而且，这些外表看上去老老实实却心怀鬼胎的人，为达到其丑恶目的，又最喜欢与人交朋友，好坏不露行迹。所以纪昀才如此对儿子千叮万嘱。

现代社会比古时复杂，伪君子的坏心肠更多，他们往往高调宣扬自己的美德，背地里却是婊子假仁假义。

如何辨别伪君子

真小人和真君子比较好区别，真小人一作恶便人尽皆知，真君子历经时间和名利的考验自成气场，惟独伪君子难以区别。法国古典主义戏剧家莫里哀的剧本《伪君子》成功地塑造了一个“伪君子”形象，可以帮助我们认识真正的“伪君子”。

巴黎有个富商奥尔贡，很受国王的赏识。他是一个虔诚的天主教徒，每次来到教堂，他都看到这样一位信士，他双膝跪地，专心致志，祷告上帝，时而激动，时而叹息，时而流泪，对上帝毕恭毕敬，末了，还要亲吻地下的土地。每当奥尔贡离开时，那人总要抢先赶到门口，向他献上圣水。奥尔贡被他吸引住了，经打听，得知他名叫答丢夫。

奥尔贡把答丢夫接到了自己家里。刚开始答丢夫还能事事当心，处处虔诚，可是时间一长，狐狸尾巴便露出来了，他把目光投向了奥尔贡的妻子欧米尔。大家都对答丢夫很厌恶，惟独奥尔贡很信任，他还准备将女儿嫁给答丢夫。

一次，夫人欧米尔想说服答丢夫放弃和女儿的婚事，答丢夫竟无耻地动手动脚向她求爱，说：“您的美貌是上天的奇迹，爱您就是爱造物主。如果说我有错，那只能怪您太美了。……我爱惜名声，

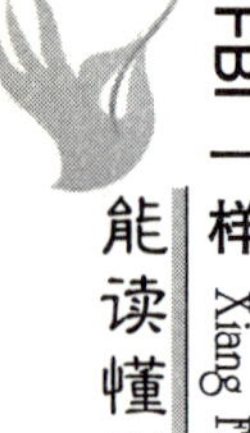

小心谨慎，我们既能得到欢乐，又不必怕惹出是非。”一番花言巧语，把他对欧米尔的“求爱”也说成是符合高尚道义的了。

后来，奥尔贡要赠送一半财产给答丢夫，他面对金钱和财产说：“财产我本不在意，之所以接受是怕被歹人乱用。他们分到这笔家私，在社会上胡作非为，不像我存心善良，主要用于上天的荣誉和世人的福利上。”

最后，欧米尔设计让奥尔贡识别了答丢夫的卑劣行径，国王也下令把答丢夫抓了起来，把财产还给奥尔贡。

这个故事一方面揭露了教会的虚伪，另一方面也揭露了“伪君子”的本来面目。从中我们得出伪君子的基本特征：

一、虚伪性强。林语堂先生对此有一段精辟的论述：“虚伪的社会不然，上下相率而为伪，说话立言做文章，都是做给人家看的，说给人家听的。于是高谈阔论，辞严意正，篇篇都是门面语，句句是得体文章，腰膝吟之，朗诵读之，都是好文章，而与人生之真实何与？谁还有一句衷心之论，肺腑之言，见之笔端？这是思想硬化，文字枯竭，性灵摧残之原因。”虽然主要说的是说话立言做文章有“伪君子”，其实，就是在生意场、官场、情场、娱乐场处处都有，他们戴着假面具，施展表演的技能，表面上说得天花乱坠，可到了关键时刻却装疯卖傻，满嘴胡言。

二、野心大。伪君子故意将别人抬得很大，夸大其词，借以迷惑当事人，在当事人思想麻痹的情况下，他却趁火打劫，达到实现个人野心的目的。王莽在当皇帝以前，表现得很是仁慈友善，但篡汉之后，却极为残酷；袁世凯在戊戌变法过程中，刚开始对“维新”很感兴趣，事发后，谭嗣同要求他解救“戊戌六君子”，他当面很仗义，可在后面阴告慈禧，致使“六君子”被杀。

三、迷惑性强。伪君子极善伪装，他除了处处展示、吹嘘自己，把自己装扮成君子的化身之外，还掌握着一套歪理。从他们的嘴巴里说出来的话看似与道德挂钩，实际上道德只是他们欺行霸市的工具和手段。

真心向善的人，并不时时炫耀自己，责难别人，只有那些一心谋求私利的伪君子，才需要“高调论”来颂扬他们的美德，假冒伪善，魅惑人心。伪君子迷惑性大，极难辨识，比小人更容易使人上当受骗，由此造成更大的危害，他可以使人身败名裂、倾家荡产，甚而使人遭受杀身之祸，所以人们不得不警惕。正如有句俗语说：“害人之心不可有，防人之心不可无”啊！

7.揭开骗子的“华丽”外衣

从某种程度上来讲，所有的小人都是骗子，他们戴上各种各样的面具，披上各式各样的外衣，以达到欺世盗名的目的。如果说通过交往的时间长久能检验出一个人的品行，然而，如果有些人与我们仅仅有一面之缘，又或者相交甚浅，那么，我们该如何识别他呢？骗子与小人的区别或许在于，骗子流动性强，待你回过神来他已逃得无影无踪。这时，了解骗子的那些专为骗人而披上的“华丽”外衣就很有必要。

骗子的“华丽”外衣有多少

骗子爱骗什么？归根结底，无非骗财，骗色，骗权，骗名。除了一些活跃在政治舞台为了谋权谋势尔虞我诈的大骗子，出没在日

常生活中的小骗子们，主要是那些骗财骗色之徒。然而就是为了这两大人生目标，骗子可谓绞尽脑汁，创造了千万种骗术。一家有一家的独门秘籍，一人有一人的“华丽”外衣。

在某著名征婚交友网站，有一个男人的人气指数一直很高，几年来一直高居点击排行榜的前列。他之所以能迷倒万千佳丽，主要是因为满足了大多数女人的审美标准——长得帅、高学历、有事业、为人幽默，可以说他是大多数女人心目中的“白马王子”。

有一次，一个叫玫子的女人试着给这个“白马王子”发了封邮件，却得到不温不火但得体的回应，大意是：我很忙，交友也很严肃，不过，看了你的简介，倒是愿意进一步交流。男人还把自己的手机号留下，这更加激起了玫子想进一步交往的欲望。

经过几封邮件来回之后，男人利用出差的机会见了玫子。这次见面，果然没让玫子失望，她感觉和这个男人待在一起很舒服。几次见面之后，男人自然流露出想要同居的要求。玫子留了个心眼，因为交往以来，男人一直用手机打电话，只有一次用了固定电话，男人解释是在一个朋友家。

一天深夜，玫子怀着好奇心，拨打了这个固定电话，接电话的也是个女人。玫子立刻就明白了一切，好心地提醒这个女人：“不要相信这个男人。”女人一点儿也不惊讶，反而提醒玫子：“这个男人的事情我都知道，像你这样的女人很多，我都习以为常了。”女人还为男人的行为向玫子道歉，请玫子原谅，并且强烈表示，不管男人做了什么，自己永远都不会离开他。听了女人的话，玫子瞠目结舌。

故事中的男人就是所谓的情感骗子，他披着“长得帅、高学历、有事业、为人幽默”的外衣，吸引着女人们的眼球，迷惑着女人们的心智。众所周知，女人是一种感性动物，一旦深陷情海，哪怕知道自己就处在万劫不复的无底深渊，也会不管不顾无怨无悔地难以自拔。所以，在恋爱之前，看懂一个人就显得相当重要。玫子是一个聪明的女人，她通过一些蛛丝马迹揭开了男人的真面目，然而可悲的是，那位已经完全被男人俘虏的女人，盲目地坚守着那虚无的泡沫爱情，不管是他的妻子抑或情人，她都注定难以享受到真实而完整的爱。

不管是在情场，还是在生活中的各个场合：街头、火车车厢、生意场、职场、娱乐场等等，骗子的一个惯用伎俩就是将自己包装成一位人见人爱、人见人粘的成功人士。例如故事中的男人就是一位既有貌又有财的“钻石王老五”，还有一些大打传奇牌，称自己是某大型外资公司的老总，身边还跟着个小蜜，或者冒充国际刑警、国家军人，利用人们的善良和无知，编织美丽的谎言，从中骗取利益。

我们难以揭开骗子的一件件外衣，然而，不管是把自己装扮得多么神奇和耀眼，让你第一眼看到他时便觉得光芒四射，你也不要轻率地一头钻进他的生活。提高防范意识，切忌以貌取人，多些细致深入的观察和了解，多问几个为什么，谨慎行事，在涉及到经济和其他利害关系时多留一个心眼，则能最大程度地避免造成伤害和损失。

既要识人防骗，还要正己正身

所谓“外衣”，主要是表现为外在，也就是说，一个骗子善于通过外表迷惑人。从以上小人的行为特征及诸多例子来看，有两样外在的东西是需要大家谨慎对待的。一为外貌，二为言辞。

虽然从一个人的长相多少可以推算他的为人，然而，常言道“人不可貌相”，一个人的外貌只是爹妈给的皮囊，而绝对不能代表他的内心。有的骗子便是利用俊俏的外表博取人们的好感和信任，

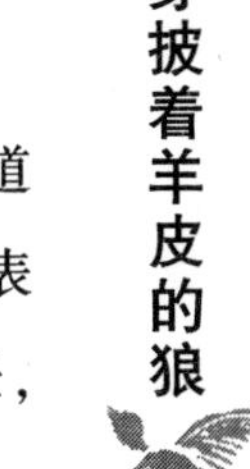

进而近距离接触，伺机实行阴谋诡计。看人不仅不能单凭外貌，就连他的衣着打扮、行为举止也不能尽信。也许你在某个交际场合遇到一个举止得体、风度翩翩、颇具儒家风范的男子，便以为他是谦谦君子。且先别妄下结论，第一印象岂可以偏概全？现代整容技术可以把东施整成西施，同样，人也可以通过伪装技巧，把自己包装成风流名士。然而，不管怎么“装”，一个人的气质、涵养、心地是装不出来的。识人心，可以透过细节管窥一豹，可以通过时间长久检验，也可依靠你阅人的经验和直觉来判断。但是，万万使不得的是，将外貌作为判断的标准，或者仅凭一面之缘便定夺他的为人，轻信他的言辞。

我们知道，古今中外的小人不管心怀怎样的鬼胎，他们的一个共同点是嘴上功夫了得。语言，恐怕是世界上成本最低但成效最佳的手段。语言，可以彰显一个人的人格，也可以美化一个人的皮囊。古代的谋士三下两下能说垮一个国家，现代的骗子三言两语便能说迷糊一个人。骗子的语言有什么特点呢？最大的特点便是说好话。好话，包括对未来美好的陈述以及人听了舒服的话，诸如赞美、附和、讨好等等。众所周知，骗子见人说人话，见鬼说鬼话。人们听了好话，往往很受用，哪怕话中带着些虚夸的成分，在自尊心和虚荣心的驱使下也会照单全收。一旦听信了骗子的好话，噩梦也许就拉开帷幕了。所以，在好话面前，不妨秉持实事求是的客观标准，哪些是实，哪些是虚，哪些是真，哪些是假，多品咂几遍，那话里的味道就出来了。好话由朋友的嘴里说出来是衷心的称赞，但是从骗子的嘴里飘出来，便是裹着糖衣的炸弹。如果不想被炸弹击中，那么对那些美丽的言辞，也要“先检验，再签收”。

其实，骗子的很多骗术并不高明，但是，为什么还是有那么多人屡屡受骗？主要原因便是骗子善于捕捉人的心理，尤其是一些不良心理。

首先是贪小便宜心理。“小便宜”人人都爱贪，连那些经济优越的人也难以幸免。因为此种心理符合人好逸恶劳的天性，不要白不要，要了不白要。殊不知，天底下最大的骗局便是天上掉馅饼以及地上的“免费午餐”。俗话说“贪小便宜吃大亏”，在街头的一个黑色钱包面前，脑子里先别急着幻想那里装着万元大钞，而是调到“警讯频道”，冷静，再冷静，别被小便宜冲昏了头脑。须知，“一分耕耘一分收获”。

其次是封建迷信心理。看见“神医”、“祖传秘方”、“特效药”就如同看到华佗再世。冒昧问一句，如果这些神医真的那么厉害，那世界上还有病人吗？值得一提的是，现在出现了一些披着科学和权威的外衣进行行骗的骗子，在这类骗子面前，我们要擦亮眼睛，结合常识、科学原理和证据加以鉴别，别让这些伪科学小人得逞！记住，凡是超出常情且非常美好的事情都是值得怀疑的。

再次是盲目从众心理。在街头巷尾，我们经常看到一群人围拢在一个“大喇叭”面前，“大喇叭”叫呀，嚷呀，大力吹嘘着他的某种产品要多神奇有多神奇。出于好奇或者从众的心理，你也凑到人群中去。其实，这很可能就是受骗的开始。又有一些情况，你身边的一些亲戚、朋友都用了某人介绍的产品，你也跟风买来试一试，谁知一试竟发现是货真价实的“水货”！生活中的经验告诉我们，看一个人也是如此，不能别人说他好，你就说他好，你必须有自己的观察和判断。

最后是爱慕虚荣心理。水往低处流，人往高处走。财富、身份、地位、美貌等等都可以成为一个人爱慕的荣耀，然而，当一个人本身并不具备获取这些荣耀的条件时，他便会很容易为笼罩在这些荣耀光环之下的人所迷惑。因此，不加辨别，他会百分之百地相信和顺服披着这些华丽外衣的人。

时代的车轮滚滚向前，小人和骗子也“与时俱进”，在历史的舞台上喧嚷叫嚣。除了其自作孽以外，每一个人都应该反躬自省。我们身上是不是也存在一些小人习气？我们是不是不够光明正大才让骗子钻了空子？增进识人的本领，固然能够远离一部分小人，但是最根本的办法，莫过于正己正身，用自己的一身正气抵御小人的侵犯，用自己的满腔智慧应对小人的奸诈。

第七章

看穿对手，把握人生的发球权

如果你有看穿对手的本事，就意味着你可以掌握他人的长短优劣，辨人于弹指之间，察其心而知其人；观人于咫尺之内，识其言而审其本，潇洒自如地辗转于人生的竞技场中，把人生的发球权紧紧掌握在自己手中！

1.观察对手，发现自己的不足

竞争对手往往能为我们带来全新的观念和行为方式，认真观察学习，你会发现自己的不足，得到令自己意想不到的东西。这不是沮丧，也不是失败，恰恰是开阔的视野和超脱的胸怀。这是竞争对手的功劳，也是你思考的结果。

站在竞争对手肩上

一位诺贝尔奖得主曾经说："我成功的一半应归功于我的竞争对手，是他使我对这个问题的认识更加深刻，更加具体。"最深的江河流动起来声音最小，水平高深的竞争对手看上去最为平和。有人害怕竞争对手强大，认为难以与其抗衡。他们认为竞争对手是挡在眼前的山峰，是无法逾越的障碍。事实上，你完全可以换一种思维方式，站在竞争对手的肩上，你不仅会发现自己的渺小，还能得到更宽阔的视野。

牛顿说过："我看得远，是因为我站在巨人的肩上。"世界上许多伟大的发明创造都是几代人不断努力的结果。亚里士多德、伽利略、牛顿、爱因斯坦，这些科学巨匠的辉煌成就，都是在前人的研究基础上经过深入探索取得的。他们做出了巨大贡献，也为后来者树立了目标和超越的竞争对手。科学的进步离不开超越，超越就是竞争，在前人或者竞争对手努力的基础上探索研究，这也是一种成

功的捷径。

众所周知，站得高才能看得远，向他人学习。职场生涯中，强大的竞争对手就是一座座山峰，你可以害怕它，认为它无法翻越；你也可以勇敢地攀登上去，登高望远。当你站在峰顶，极目远望，风景自然不同一般。当你的竞争对手超过你时，不要着急，而是要详细研究他们的优势何在，只要你能够找到答案，再想方设法“站”在他们的肩膀上，那么你就能取得比他们更大的成功。

有人做过杠铃试验，让参与者事先估算个人的举重极限。比如有人认为自己最多举60公斤，那么，当他面对70公斤的杠铃时，他无论如何都举不起来。你的目标定得有多低，你的能力也就有多低。反之，你把目标定得高，你也会自觉向高度冲刺。在人生的奋斗历程中，这个目标就是你的竞争对手，你选定了一个水平高的竞争对手，那么，你会很快向他看齐，最终追上他，然后超越他。

乔治·巴顿是美国陆军四星上将，是二战期间最著名的美军统帅之一，也是美国坦克防护装甲专家，号称“铁胆将军”。他研究出了当时世界上最先进的坦克，这种命名为M1A2的坦克除了拥有最先进的火控系统外，还有世界上最坚固的装甲，它可承受时速接近5000公里、单位破坏力近1万公斤的打击力量，这种最坚固的防护装甲是怎么研制出来的呢？乔治·巴顿中校受领了这个任务后，不是马上组成自己的研究小组，而是在全国范围内苦心寻找自己的竞争对手，最后找到了麻省理工学院著名破坏力专家麦克马茨工程师。两人经过商讨后，就各自带一个小组开始工作，一个小组研制防护装甲，一个小组负责摧毁装甲。做了近百次的试验，马茨每次都是把巴顿的装甲炸得稀烂，可贵的是，每炸毁一次装甲，巴顿就到马茨那里请教一次，并一次一次地更换装甲，重新修订设计方案，最后随着时间的推移，马茨使出了浑身解数，始终未能摧毁巴顿研究的新装甲，就这样，当时世界上最坚固的装甲就在近似“破坏”与

“反破坏”中诞生了。

乔治·巴顿之所以能成功，正是因为站在竞争对手的肩上，他不断地向竞争对手学习，通过对手看到自己的技术缺陷，终于超越竞争对手，取得了成就。要是没有麦克马茨，没有他突出的“破坏能力”，就不可能产生最坚固的坦克。

在生活和工作中，只要你用心观察、总结竞争对手的优势，并勇敢地学习这些优势，那么你就能站在一个高起点上。比如，那些比你先来的同事，相对来说会比你经验多，有机会时你不妨聆听他们的见解，从他们的成败得失里寻找可以借鉴的地方，从他们的言谈中了解公司的情况，这样不仅可以帮助你少走弯路，更会让他们感到你对他们的尊重。站在他们的优势上，你就站到了高处，进入了新的境界，你所有的工作才能得心应手。这就是最简单的提升自我的方法。

做不到就向对手学习

一位中年人闯进了小沃森的办公室，大声叫道：“我还有什么盼头？销售总经理的差事丢了，现在干这闲差有什么意义？”这个中年人就是伯肯斯托克，是IBM公司“未来需求部”的负责人，他是刚刚去世不久的IBM公司第二把手柯克的好友。由于柯克与小沃森是对头，所以伯肯斯托克认为，柯克一死，小沃森定会收拾他，于是决定破罐破摔，打算辞职走人。

沃森父子俩是以脾气暴躁而闻名的，但是面对故意找茬的伯肯斯托克，小沃森并没有发脾气，他很了解他的内心。小沃森觉得，伯肯斯托克是个难得的人才，甚至比刚去世的柯克还精明。虽说此人是已故竞争对手的下属，性格又桀骜不驯，但为了公司的前途，小沃森决定尽力挽留他，小沃森对伯肯斯托克说：“如果你真行，那么，不仅在柯克手下，在我和我父亲手下都能成功。如果你认为我不公平，那你就走，否则，你应该留下，因为这里有许多机遇。”就这样，小沃森把伯肯斯托克留了下来，并开始认真地向伯肯斯托克学习有关计算机方面的知识，尤其对计算机的前景预测，伯肯斯托克给了小沃森很大的帮助。

后来发生的事情证明当时小沃森留住伯肯斯托克是正确的，因为在促使IBM做计算机生意上，伯肯斯托克的贡献最大。当小沃森极力劝说老沃森及IBM其他高级负责人尽快投入计算机行业时，公司总部响应者很少，而伯肯斯托克却全力支持他。正是由于他们俩的携手努力，才使IBM免于灭顶之灾，并走向更辉煌的成功之路。小沃森在他的回忆录中说了这样一句话：“在柯克死后挽留伯肯斯托克，是我有史以来所采取的最出色的行动之一。”小沃森不仅挽留了伯肯斯托克，而且提拔了一批他不喜欢，但有真才实学的人。他在回忆录中写道：“我总是毫不犹豫地提拔我不喜欢的人。那种讨人喜欢的助手，喜欢与你一道外出钓鱼的好友，则是管理中的陷阱。相反，我总是寻找精明能干、爱挑毛病、语言尖刻、几乎令人生厌的人，他们能对你推心置腹。如果你能把这些人安排在你周围工作，耐心听取他们的意见，那么，你能取得的成就将是无限的。”

很多时候对手身上的优点正是我们所欠缺的，如果能不计前嫌，与对手言和并加以合理利用，对手反而会成为我们事业上最得力的助手。在管理上，用人要看其能力而不是所在的阵营，哪怕他是自己的对手，也要想方设法进行疏导，科学地采用适合于彼此的工作方法进行管理。处理人事关系，要避免简单生硬和感情用事，避免不必要的误解和纠纷，扬长避短、因势利导，赢得同事的支持与配合，造就一个和谐的团队，并且能更迅速、更顺利地制定和贯彻各种决策，从而实施更加高效的管理。

找准竞争对手的最大优点和自己的致命弱点，才能找到提高自

己、超越竞争对手的最佳方法。如果一味沉迷于自己的长处，或者不去思考竞争对手的优点和成功的原因，不去比较，只能故步自封，就像置身隧道，难以看到宽广的空间，难以得到长足的发展。

无论在什么样的竞争中，一定要善于观察和思考，这样有利于你看清与竞争对手之间的矛盾点，看清解决问题的最佳方法。上例中，其实是小沃森用他的宽广胸怀和长远目光，击败了竞争对手，让人对他刮目相看，小沃森最可贵的地方就是善于向竞争对手学习，善于从竞争对手身上思考如何应用战术才是合理的。小沃森出类拔萃的思考能力让他赢得成功，验证了观察、思考的正确性和重要性。职场上，瞬息万变，风云莫测，没有观察和思考的本领，就会走进陷阱无法自拔。

著名的帕金森定律之鲇鱼效应说：一种动物如果没有竞争对手，就会变得死气沉沉。同样，一个人如果没有竞争对手，他就会甘于平庸，养成惰性，最终庸碌无为。

孔子曰："三人行，必有我师焉。"人与人之间相互学习是必要的，这之间的差距可能只是一条光线。谦虚讨教，将别人拥有的学到手，将自己的长处传送出去，与他人共同分享共同创造奇迹。当奇迹出现的时候，就可能是这个圆中明亮的一点。

日本企业家福富先生，17 岁时进入一家公司工作，当时与他共事的都是富有经验、资历较深的老员工。福富年纪轻、资历浅，经常受到老板训斥，受到老员工轻视，处境非常不妙。

聪明的福富没有畏惧退缩，他把挨训和慢待当作机遇，总是力求从中学会一点东西，知道一些事情。有了这样的决心，福富在面对老板和老员工时，不再像老鼠见了猫一样惊慌逃走，而是主动上前，躬身行礼并谦虚地招呼说："我难免有做不到的地方，请多指教！"碍于情面，老板和老员工们不再摆架子，而以长者的风度指出他应该注意和改正的地方。福富洗耳恭听，然后立即按照他们的指导改正自己的缺点，以求做得更好。

功夫不负有心人，两年后，老板对他说：“通过长期考验，我看你工作勤恳能干，善于向他人学习，从明天起，你就是公司的部门经理了。”福富当时只有19岁，却战胜了公司里许多老员工，成为最年轻的经理，他的成功是由于他勇于虚心向竞争对手学习，创造并把握住了学习机会。

如果你也想在职场中尽快得到提升，那么就应该勇敢地向竞争对手去学习，变被动为主动，提高学习能力，注重学习细节，以促进自我早日成功。现代职场中，很多员工特别是具备高学历的人一般都很自负，他们认为自己无所不知，专业知识丰富，平时的工作方式虽然与同事们有差距，那也是自己的工作风格和个人魅力所在，这样的细节问题不是评定自己的工作能力的标准。真的是这样吗？要知道，你的文凭只代表你的过去，它的价值往往只体现在你的保底薪金上。你如果想在优秀的企业中站住脚，就必须从小学生做起，积极主动地向周围的人学习，否则很难在职场上或者人生中有很高的成就。

2.了解对手，才有可能战胜对手

通常，如果想在各个方面都领先于对手，首先就要做到知己知彼。战胜对手首先要了解对手，很多实践经验告诉我们，竞争之中谁更了解对方，谁就会占据主动。因此，在开“战”之前，不要因自己一时的强势而骄傲，也不要因一时的弱小而气馁，一切皆有变数，只要能把握市场的动向，能洞悉对手的攻略，胜利永远都是属于你的。

不要轻视对手

无论在商场还是在职场，与对手之间的较量是团队综合实力的较量，比的不仅是技术、人才、资本，还要比大家对环境的适应，对政策的把握和对竞争对手的了解。总之，任何一个因素都可能对整个局面产生决定性的影响。

清楚自身的实力，掌握对手的实力，只有这样才能在适当的时机采取合理的策略，既不延误战机，也不以卵击石、螳臂当车。所谓知己知彼，百战百胜。“知己”就是要了解自身的实力，确定合理的发展规划，不做不切实际的幻想，也不低估自己，既要有远大的目标，也要脚踏实地地往前走。“知彼”就是要充分了解市场的情况，掌握市场的发展趋势和竞争对手的动向。

20 世纪 70 年代初期，在跑鞋制造领域，阿迪达斯公司是占领先地位的，而那时也正是跑鞋需求量大幅增长的前夕。在那以后的几年里，参加跑步和散步活动的人，甚至那些并不进行跑步运动的人都开始穿跑鞋。因为，跑鞋不仅穿着舒适，而且更是健康和年轻的表现，而这也正是大多数人向往的形象。由于美国人对自己的健康状况越来越关心，以前很多不参加锻炼的人也加入了跑步者的行列。在整个 20 世纪 70 年代中，参加跑步的人不断增加。

据 20 世纪 70 年代末的不完全统计，有 2500 万~3000 万美国人坚持跑步和散步，还有 1000 万左右的人在家中或者街上都穿跑鞋。而与此同时，跑鞋制造商的数量也大大增加，原来只有阿迪达斯、彪马、台格三家公司，后来耐克公司、布鲁克斯公司、新巴兰斯公司、伊顿尼克公司和康弗斯公司等都陆续加入了跑鞋制造业。

为了迎合庞大的市场需求，各种新杂志也争相问世，而且发行量不断上升，如《跑步者》、《跑步者世界》和《跑步时代》，这些杂志专门为跑步者提供相关装备的最新信息。

意大利的阿迪达斯公司是一家大型跨国公司，20 世纪 70 年代以前在全球各地的市场上都占领先地位，当然，在美国也不例外。面对美国市场的变化，阿迪达斯公司对跑鞋市场的增长估计不足。这家有着 40 多年制鞋历史的公司，对于跑鞋市场的繁荣程度和持久性持怀疑态度。在慢跑运动潮流中，阿迪达斯公司的销售量迅速增长，这让公司的领导者产生了骄傲自满的情绪，放松了警惕。在很长一段时间里，他们没有积极开发更新的产品，也没有加强宣传促销。但是，这股潮流却给美国许多公司带来了巨额财富。耐克公司迅速崛起，势头直逼阿迪达斯公司。耐克公司生产出比阿迪达斯公司种类更多的产品，开创了鞋形的许多新潮流。耐克公司让各种各样的跑步者感觉到，耐克公司是提供产品类型最全的跑鞋制造商。而且，耐克致力于寻求更轻、更软、更舒适的跑鞋，并使之对穿用者具有保护性。同时还加强了营销力度，把阿迪达斯公司所创的制鞋业营销策略运用得更有效果。

阿迪达斯对市场的错误把握和对竞争对手的轻视成就了耐克公司。到 1979 年初，耐克占领了美国 33%的市场份额，而阿迪达斯则减少到 20%。两年之后，耐克的市场份额已经接近 50%，而阿迪达斯的市场份额则继续减少，不仅远远低于耐克，甚至连布鲁克斯这样的美国公司也成为令其不安的对手。

由阿迪达斯的受挫可以看出，不注意竞争对手的发展策略，即使再强大的团队也会失败，也会被对手击垮。阿迪达斯的过去是个悲惨的教训，一失足成千古恨。机会稍纵即逝，在今天这个发展日新月异的社会，一旦你对竞争对手有一丝的不屑，对市场有一丝的大意，就会被对手见缝插针。而如果能及时地了解对手的实况，不

仅能让自己有机会抢先对手占领相应的市场，还会给其严重的打击。

春兰集团董事长陶建幸总结在竞争中取胜的秘诀时说："用田忌赛马的方式应对外来竞争，一定要善于发挥自己的长处，所谓以己之长，攻其之短。"对竞争对手的忽视，意味着减弱自己的竞争优势。因此，要时刻警醒自己，切不可轻视竞争对手以及潜在竞争对手的巨大威胁，保持灵动的思维，注重与竞争对手进行比较分析，发现他们的优势、劣势和个性，准确定位自己的比较优势与个性，凸显比较优势与个性魅力。

在企业中，企业的员工、基层管理者最关心的是他们的老板在想什么、做什么，向老板负责固然是部下的分内事，但他们经常因此忽略企业的竞争者在做什么、想什么，最终莫名其妙地被对手击败。比尔·盖茨说："一个好员工应密切注意公司的竞争对手的发展，对竞争对手的产品的好坏和经营的有无效率都能努力了解。"比尔·盖茨反复告诫部下要清醒，要有忧患意识，周围全都是虎视眈眈的对手。"去了解他们"、"多想一下竞争对手"这些都是盖茨经常重复的话。

不要惧怕比自己强大的对手

在这个竞争日趋激烈的年代，企业的成功，很大程度上取决于能否进行有效的竞争，那么企业怎样才能进行有效竞争呢？其中，一个重要的途径是以竞争分析为前提，统筹企业策略。只有了解对手，才能在激烈的竞争中做到处变不惊、游刃有余。

任何企业，要想在市场竞争中立于不败之地，就必须客观、及时认识其直接竞争对手和潜在竞争对手，必须明确竞争对手的战略和目标、优势和劣势，从而确立行之有效的竞争战略和营销策略。强敌环伺，了解竞争对手有助于理清思绪、修正财务目标、开发更好的产品。可以说，了解和分析竞争对手，是展开竞争的前提条件。成功的硅谷人对竞争对手了如指掌，他们通过各种渠道摸对手底细。诸如：工程师拆了对手的产品逐一分析；律师研讨对手专利权；销售人员检查对手的销售网络；高科技天才仔细分析对手产品，希望找出产品瑕疵，推出更新的改良版。这种事情对于他们来说已经是些家常便饭的小事了，可见其对竞争对手的重视。

1977年，香港地铁工程项目竞投，引起了地产界各大巨头的普遍关注，因为这是全香港最浩大的公共工程，谁都想抢到这块肥肉。当时置地地产居地产界的霸主地位，无论资金、实力还是名声，都无人可与之抗衡。而李嘉诚的长江实业地产，当时才成立不过六年，各方面都不能与置地地产相提并论。但就是这个毫不引人注目的长实地产，却在竞争中一举击败了包括置地地产在内的29家公司，这样的结果让很多人大跌眼镜。

李嘉诚的长实地产能在竞争中获胜，也源于他对强大竞争对手的深入了解与分析。李嘉诚通过认真的分析发现，置地地产有一个常人不易觉察的薄弱之处，妄自尊大，目空一切，未必会认真研究竞争各方的优劣，太过以自己为中心，这样的企业往往会“大意失荆州”。在分析了置地的弱点以后，李嘉诚还认真研讨地铁公司招标的真正意向，通过各种渠道了解港府的意图。经过一番调查，他得知港府准备以估价的原价批地给地铁公司，但要求地铁公司用现金支付地价款。这时，李嘉诚分析地铁公司一定会出现现金不足的情况，于是他制定出两条对地铁公司有利的条款：一是由长江实业提供现金作筑路费；二是两个地盘均设计成一流商业大厦，大厦建成后全部出售，最后的利益由地铁公司和长江实业地产共享。

李嘉诚当时的实力并不如竞争对手，但是由于懂得分析对手，找到了对手的劣势，最终在合适的时机给对手以猛烈的攻击。在竞争中，既要对自己的情况了然于胸，更要对对手、敌人进行详细了解，这样才能每战必胜。“商场如战场”，在商场上，也应该像战场上的侦察兵一样，去刺探、了解、分析自己的竞争对手，了解同行的经营目标、产品开发、市场营销、人才战略等等情况，这样才能提出相应的应对策略与对手周旋、竞争，不但使自己不被对手蚕食，还能给对手以反击。

但有些企业的管理者不愿意了解竞争对手，对竞争对手不屑一顾，认为要想在竞争中打垮对手，只要自己有雄厚的实力就可以。殊不知，有时候，许多聪明的中小企业经理正是利用大企业对他们的瞧不起，故意保持低调，不引起大企业的注意，而加紧在其眼皮底下发展自己，等到自己企业发展到一定规模的时候，像一个巨人一样矗立在他面前，等到这个时候他才醒悟过来就为时已晚了。反过来讲，有些实力并不是很强大的企业虽然垂涎某些项目，但是由于实力限制，畏缩不前，生怕遭到强大对手的打击，殊不知，越是强大的对手，在面对这样的小企业时就越容易产生自大的情绪。因此，不要担心自己目前的实力，实力都是渐渐做大的，挑战比自己强大的对手正是一次成长的机会。

关注和了解竞争对手，并不是要攻击竞争对手，更不是要消灭竞争对手，而是接受竞争对手存在的客观现实，严格自律，正当竞争。恶性竞争不但损人而且害己，而良性竞争则可以增强自身的危机感和紧迫感，在工作中更加努力，在竞争中取得发展。张瑞敏在提到自己的成功蹊径时说：“向失败学习、向成功学习、向竞争对手学习”，通过不断学习和探索，整合相对竞争优势，出奇制胜，这就是成功企业之所以成功的秘诀。

3.借鉴对手的成功方法

人们在奋斗的同时也是在学习知识，积累经验，丰富自己的人生阅历，但也不能忘了要尽可能的多学习一些成功人物的范例，借鉴其成功的经验，并吸取失败人士的经验教训。当然，这些人中也包括我们的对手，只要对成功有帮助，都应该拿来，为我们所用。往往我们真正的对手，所做的领域也是我们所涉及的领域，因此，他们的成功和失败，对于我们来说，有很大的借鉴意义。

成功可以借鉴

一位企业家经常打探和挖掘对手的技术、人才和门路来扩张自己的事业，这位企业家透露他的成功秘诀时说：不知道出于什么原因，经常听到人们提倡创新有多么好，却从来没有人提起模仿其实也一样重要。事实上，我们日常生活中百分之九十五以上，都是模仿别人得来的。我们的民族重视了几千年的学习，其实就是一种模仿。没有模仿，根本不可能创新，模仿是一条安全而高效的捷径。

事实是，走一条从来没有人走过的新路，总是比别人已经走过的旧路要慢，要曲折。因为，走新的路，通常会遇到更多障碍，要面对更大的风险。留意对手怎样走同样的路，一定有让你受益的地方，它让你避免重复对手已经走过的弯路；另外有一些路，很值得你跟着对手一起走，这样会提高你成功的几率。

然而，要想比对手飞得高，甚至走在前沿，就要有属于自己的东西，或者有新的发现。否则，你永远只能跟在后面。模仿和创新，两者其实并不矛盾，创新总是在模仿的基础上，而模仿通常也包含着一定的创新，偏执任何一方面，都不会令你获得持久的成功。懂得选择、吸收、消化对手的好东西为己所用，并且用得更出色，这本身也是一种精明的创举。

人类之所以能不断进步，恐怕也要归功于人们具有模仿这种能力。创新总是带有偶然性和特殊性，模仿却能够把任何的创新，迅速地变成每一个人都掌握的东西，从而促使整个人类共同进步。创新就是在模仿他人的同时，对自己所处情境的洞察和判断，在借鉴中走适合自己的路。

在做一番事业之前，并不是只有你会遇到阻碍，那些成功者同样经历过困境。在他们还未取得成功之前，也跟常人一样。探索、挖掘出成功人士如何能够在这样的情况下，克服所有的障碍，最终获得成功的奥秘，学习他们成功的经验和心得，这样，你才能跟他们一样，走向成功，实现梦想。

那些成功人士或者你的对手之所以会成功，一定有方法，也一定有原因。你可以研究他们为什么会成功，他们有什么想法与做法和别人不一样，他们有什么样的目标，他们到底如何制定计划，他们成功的策略是什么等等。成功的核心原理就是复制成功，成功学专家陈安之经研究得出：成功是一种客观现象，有规律可循，有方法可依。找到已经获得成功结果的实例，分析成功的过程、机制，总结出这一实例的方法，这个方法就有普遍意义，只要重复这个方法，就必然有特定成功结果出现，这就是复制成功。成功一定要有方法，成功是可以复制的。既然如此，为何不去学习借鉴、复制现成的经验呢？

当然，学习借鉴、复制成功并不是全部抄袭、照搬。在运用成

功经验的同时，一定要结合自己的实际情况。许多事情，只要差了一点点，就可能有截然不同的结果，所谓差之毫厘，谬以千里，画虎不成反类犬是也。何况有成功也有假象，有些人今天是成功了，但他成功的背后说不定还隐伏着失败的线索，如果你对此没有很好的洞察，而不加鉴别地去学习、复制，就有可能给自己带来隐患，将自己置身于危险的境地。

这些营销案例值得借鉴

优秀的营销成功模式首先有较强的可复制性，能让人们从策略的制定和实施中得到启发。比如可口可乐和第九城合作之后，娃哈哈也效仿此法，与QQ开展了合作。另外，营销活动的终极目的是生产销售力与品牌提升力，达不到这样效果的策划，再轰动也缺乏实际的意义。从这个标准出发，有很多成功的营销案例是值得借鉴的。如果他们是你的竞争对手，那就更值得虚心学习了。因为他们既然能成为你的竞争对手，说明其能力与你相当，而且所从事的行业也与你雷同，那么他们的成功无疑就是整个行业的典范，别人都在学习这个典范，如果你不赶快采取正确行动，就会落后。

2005年4月，可口可乐（中国）与第九城市在上海签署了跨领域推广《魔兽世界》的协议，开创饮料公司联手网游公司的先河。“饮料+网游”这一跨行业合作营销模式带来了新的消费群拓展模式。

行业巨头之间的“异同合作、共生营销”是近年来企业普遍采取的一种营销策略，但关键前提是合作企业之间的产品应该具有良好的互补性和相关性。可口可乐和第九城市利用了双方的目标消费群体一致，看准游戏玩乐者的消费习惯进行异业营销，追求双赢。娃哈哈、百事可乐等饮料企业随后的模仿，更说明其模式的成功。可口可乐显然是百事可乐和娃哈哈的竞争对手，但只要是成功的模式，就可以去借鉴，这也是大企业之所以会越做越大、越走越远的秘诀。

由蒙牛与湖南卫视联手推出的“超级女生”活动，在2005年令上亿中国人兴奋不已。据全球领先市场研究公司AC尼尔森的调查显示，2005年6月蒙牛酸酸乳在广州、上海、北京、成都四个城市的销售超过100万公升，是2004年同期销量的5倍之多。

这一营销案例的成功不仅在于产品和宣传形式的创新，还在于它通过低成本运作获得了轰动效应。一个电视节目带动企业产品、节目生产者、移动运营商、“超女”本人四者共赢，实现了销售系统和媒介系统的完美整合。

2005年，在“超女”决赛落下帷幕的24小时之内，神舟电脑用七位数的代言费签下李宇春。此后，一向以“4999、3999元超低价笔记本”闻名的神舟进行了高端产品线的扩张，推出了由李宇春代言的“万元笔记本电脑”。如果说蒙牛与湖南卫视推出的“超级女生”是其成功的关键和值得自豪的地方，那么神州电脑“超女版”最值得学习的则是其速度，其不到24小时操作时间的营销决策力在中国企业中并不多见。

2005年4月，百胜集团在徐家汇开了第一家中式快餐店“东方既白”，取名取自苏东坡的“不知东方之既白”。2005年8月，肯德基针对“传统洋快餐产品选择少，难以达到营养平衡”之软肋，在16个城市提出“拒做传统洋快餐，全力打造符合中国国情的新快餐”的口号。随后，1500家肯德基餐厅推出全新的“蔬果搭配餐”。

这是2005年跨国公司在华真正实践“本土化”的营销案例。快餐的“快”和中式的“中”是其营销的关键点。百胜将自己在西式快餐中掌握的窍门及供应管理体系，结合本土饮食习惯，打出新的品牌。

2005年8月，上海大众启动“飓风行动”，旗下有4种品牌

10余款车型全面降价。此后，上海大众围绕新营销思路出发的动作频频，服务篇“汽车周末免费检测暨销售推广活动”在全国近50个主要城市首批同时启动，正式推出的全新服务品牌“Techcare大众关爱”，同时调整经销商网络。汽车行业的降价已经不算是重大的营销事件，但是上海大众旗下4大品牌集体降价使其成为业内最有代表性的营销事件。虽然其中也有痛苦的背景，但“飓风行动”可谓是出其不意：在各大汽车厂家没打算降价时，上海大众进行全方位的降价，又提升其服务水准，超出了单纯降价的意义，是一场“出手之狠”、高举快打的营销战。

当然，成功者走过的路，通常都不适合其他人跟着重新再走。在每个成功者的背后，都有自己独特的、不能为别人所效仿和重复的经历。但是，你所要走的路中，总有那么一段，同他们曾经走过的路有很大的相似之处。有时候，大家所走的其实就是同一条路，即使有所区别，也是大同小异。只是因为你看不见，或者没有注意别人已经走过了，以为自己走的是一条新路。人们常常沉溺于自我探索，不屑于观察和模仿对手的成功之道，这样，很容易错失借鉴的良机，最后吃亏的还是自己。

4.选择对手也是选择成功

一个人在社会上生存，难免会在竞争中遇到对手，很多人也因此而烦恼。但是没有对手的人生是苍白的人生，不会选择对手的人生是不幸的人生，善于选择对手的人生才是辉煌、成功的人生。我们的生活会因为对手的存在而充满生机，充满竞争的活力。

人生的关键在于选对对手

世事难料，人心莫测，我们在竞争中所遇到的对手有的是贴心的“知心朋友”，有的则是给你脚下放绊脚石的居心叵测之徒，有的是真心换真心的生死之交，有的则是猥琐卑劣一无是处的小人。选择什么样的人做竞争对手，取决于所选择之人的人品、实力、学识以及为人处世的胸襟。选择一个德才兼备、光明磊落的人做竞争对手，因为对手的出色可以带动自己，提升自己的能力和素养，从而获得竞争的快感；反之，同能力低下，各方面条件都比不上自己的低能儿甚至是跳梁小丑式的人物做竞争对手，不仅白白消耗了自己的精力、浪费了自己的感情，而且即使在竞争中赢了对手，也不可能获得竞争的快感，相反还会令自己变得陋俗甚至堕落。

德国哲学家费尔巴哈既是黑格尔的学生，也是黑格尔的对手。他曾经为黑格尔的思辨哲学所倾倒，但是在之后的岁月里一直在批判黑格尔的唯心主义。面对强手，面对唯心主义统治的德国哲学界，他一直在与唯心主义进行着艰苦的论战。在激烈的竞争中他始终坚持“吾爱吾师，但犹爱真理”的原则，终于在德国哲学界确立了自己唯物主义的权威。费尔巴哈之所以能成为德国哲学界泰斗级的人物，主要是因为他选择了一个比自己博学而强大的导师作为对手，从而让自己大有作为并声名远播。

很多人经常犯的错误就是不善于为自己选择对手，他们虽然对未来有着很好的目标和工作计划，甚至有了具体实施的方案，但就是因为他们不善于选择与自己“旗鼓相当”的人作为竞争对手，而是眼高手低地选择了那些在品质上、能力上、竞争实力上与自己相差甚远的人作为竞争对手，从而使自己陷入尴尬境地，在使自己离成功越来越远的同时，也给别人留下了耻笑的把柄。

一个美国作家，由于他的努力和勤奋，使他的前半生有着辉煌的成就。然而，在他的后半生，由于他在故乡小城里与一个名叫马利丁的文坛小丑较上了劲，并将其视为竞争对手，从而使他前半生的辉煌与后半生无缘。马利丁为了抬升自己的身价，得到名利和地位上的双赢，以其卑鄙的钻营伎俩不断地在报刊上制造一些低劣的花边新闻，并向阿扎洛夫叫板。凭着阿扎洛夫的人品和地位，他本不该去理会这种“跳梁小丑”式的人物，但不幸的是，他被这个小丑激怒了，并丧失理智地与这个叫马利丁的人在小报上展开了长达数年的论战。结果，这个马利丁靠着他既得到了名又得到了利，而阿扎洛夫，在无端地空耗青春与生命的同时，竟成了世人耻笑的对象，并从此一蹶不振，落得个郁郁而终的人生结局。

一位哲人曾经说过：“正直的对手和正直的朋友一样可爱，卑鄙的朋友和卑鄙的对手一样可憎。”无论是选择朋友还是选择对手，都是对自身品质、见识和智慧的一种检验，这关乎人的一生。

对手也是福星

1886年世界上第一瓶可口可乐在美国诞生，距今已经有一百多年的历史。这种神奇的饮料以它不可抗拒的魅力征服了全世界数以亿计的消费者，成为“世界饮料之王”，甚至享有“饮料日不落帝国”的赞誉。但是，就在可口可乐如日中天之时，有另外一家同样高举“可乐”大旗的企业向其挑战，它宣称要成为“全世界顾客最喜欢的公司”，并且在与可口可乐的交锋中越战越强，最终形成分庭抗礼之势，这就是今天实力同样强大的百事可乐公司。

1898年世界上第一瓶百事可乐诞生于美国，比可口可乐的问世晚了12年。它的味道与可口可乐相近，于是便借可口可乐之势取名为百事可乐。由于可口可乐早在10多年前就已经开始大力开拓市场，早已声名远扬，控制了绝大部分碳酸饮料市场，在人们心目中形成了定势，一提起可乐，就非可口可乐莫属，百事可乐在第二次世界大战以前一直默默无名，曾两度处于破产边缘，饮料市场仍然是可口可乐一统天下。尽管在1929年开始的大危机和二战期间，百事可乐为了生存，不惜将价格降至5美分/镑，是可口可乐价格的一半，以致于几乎每个美国人都知道“5分镍币可以多买1倍的百事可乐”的口头禅，但是百事可乐并没有因此而摆脱困境。

在饮料领域，可口可乐和百事可乐一个是市场的领导者，一个是市场的追随者。作为市场的追随者，有两种战略可供选择：向市场领导者发起攻击以夺取更多的市场份额；或者是参与竞争，但不让市场份额发生重大改变。经过近半个世纪的实践，百事可乐公司发现，后一种选择连公司的生存都不能保障，是行不通的。于是，百事可乐开始采取前一种战略，向可口可乐发出强有力的挑战，这正是二战以后斯蒂尔、肯特、卡拉维等“百事英才”所做的。在百事可乐最初的70年里，它一直是一种地方性的饮料品牌。直到20世纪初，它找准了一个对手——老牌可口可乐，并制定出“年轻一代”的品牌策略，一个新的时代开始了。于是这对伟大的对手，从彼此的身上寻找到了灵感和冲动，并造就了一场伟大的竞争。后来的经济学家评论：“百事可乐最大的成功是找到了一个成功的对手。”

如果不是在同一个起跑线上，那么尽管你取得了胜利，也是没有多少意义的。好的朋友难找，而好的对手似乎更难找。生活中，人们总是喜欢找比自己棋艺高的人下棋，而对比自己差上一大截的人不屑一顾，原因就是能真正打败你的人如果败在了你的手下，会让你产生某种成就感，否则的话，虽败犹荣，只有这样你的棋艺才会蒸蒸日上。如果有一个好的对手，要好好珍惜，甚至热爱它，这会给你带来难得的启迪，而这种启迪会让你受益一生。

5.感谢打击过你的人

也许你当初恨透了让你出丑、给你打击、欺辱你的人，但是你今天的成就难道不是因为这些而在努力中得来的吗？其实很多时候，正是别人对你的轻视和冷漠激起了你奋进的决心。因此，当你拥有一定成就的时候，不要忘了感谢曾经打击过你的人。

别人的嘲笑和欺辱让你成长

一个人不可能保证自己不犯错。如果你害怕遭到别人的嘲笑，而不得不对自己的过失加以掩饰，那就先自己嘲笑自己，这是最高明的一步。因为这样可以保证你不再把自己的全部精力都放在避免别人的嘲笑上，而是放到你的工作中去。

茶陵裕山主是守端禅师的师父，有一次他诗性大发，做了一首诗，“我有神珠一颗，久被尘劳关锁。今朝尘尽光生，照破山河万朵。”守端很喜欢师父这首诗，就牢牢地背了下来。一天，守端去拜访方会禅师，方会问他：“听说你师父做了一首好诗，你能背来听听吗？”守端非常得意，因为记得牢，所以他非常流畅地背了下来。等他背完了，方会大笑一阵，然后转身出去了。守端很是不解，他回来后苦苦思索了一个晚上，也没有想出头绪来。

于是第二天清早，守端又来到了方会的禅房，问他昨日为何大笑不止。

方会反而问他："你见到昨天那个驱邪演出的小丑了吗？"

"见了。"守端回答。

"可你连他都比不上啊！"

守端一听吓了一跳，问道："您这是什么意思？"

方会说："他们喜欢人家笑，你却怕人家笑。"

守端听后，恍然大悟。

小丑的表演很滑稽，但是他们并不害怕自己出丑，因为他们就是靠出丑取悦别人来谋生的，也就是说他们的出丑得到别人的鄙视反而会给别人带来快乐，得到别人的认可。而我们却不能接受别人的嘲笑，哪怕是一次，可越是不能接受，就越会受到别人更多的挑剔和攻击。人生中如果你不能忍一时之痛，那么你的痛苦将会是长久的。因为你总是拒绝别人的嘲笑，并且因为害怕嘲笑而对自己的过失加以掩饰，可是一个人不可能保证自己不犯错，尤其是刚刚进入某个行业或职场的新新人类。面对事业或工作中的失误，面对同事的嘲笑，你会抱何态度呢？无一例外的，你会感到尴尬，然后就会在以后的工作里变得更加小心翼翼。一个时刻担心自己犯错的人，是最容易犯错的，因为他的主要精力不是集中到处理好工作上面，而是集中在如何避免犯错上面，不全力投入工作当然就很可能犯错。

也许解嘲还远远不够，有时一些事情给我们的感觉甚至是屈辱。屈辱，可以成为泯灭一个人理想之火的冰水，也可以成为鞭策一个人发愤成功的动力。学会把你的屈辱变成一根鞭子，鞭策你鼓足勇气，奋勇前行。韩信是为刘邦打天下立下了汗马功劳的一位将军。可在他很年轻，还没有练成剑法的时候，一天，一个无赖拦住了他，要和他比试。如若不然韩信就要遭受胯下之辱。这可以说是莫大的耻辱，然而韩信是一个胸怀大志的人，他觉得为了和一个市井无赖拼命而使自己的事业发生转折是一件很不值得的事。于是韩信不顾人们的嘲笑，从那无赖的胯下钻了过去。然后，大踏步地走了。正是因为有这种忍一时之辱的勇气，才使他成就了自己的千秋大业。

当司马懿第二次与诸葛亮决战陈仓城下，面对诸葛亮的唇枪舌剑，他心里还是充满感恩之情。诸葛亮虽然是自己最强大的对手，但如果没有诸葛亮，就成就不了司马家族。曹操虽然是主子，同时也是自己的对手，面对一代枭雄的咄咄逼人的态势，司马懿学会了隐忍，学会了潜伏。面对曹丕的阴险与奸诈，司马懿从此没有了笑脸，他已经习惯了低调与谨慎。曹真与曹休屡次排挤司马懿，可司马懿还是以笑迎之，他深知，在通往成功之路上，必有曹真牵行，只有在他们的身上才能体现出自己不可代替和不可逾越的价值。

一位哲人说过：任何学习，都不如一个人在受到屈辱时学得迅速、深刻、持久，因为它能使人更深入地接触实际、了解社会，使个人得到提升、锻炼，从而为自己铺就一条成功之路。学会对屈辱抱着一种积极的态度，受到打击和嘲笑，不是愤恨难消，而是借着打击来锻炼自己的心性、品格。感谢打击你的人，感谢他们给了你锻炼自己、提升自己的机会。

感谢打击过你的人，是他们鞭笞你前进

艾伦是一名电视台记者，由于口齿清晰、相貌堂堂，而且反应敏捷，所以除了白天采访财经线，晚上还播报电视台的7点半黄金档新闻。按常理说他的事业应该是一帆风顺的，但却因为他不够圆滑而得罪了自己的直接上司——新闻部主管。在一次会议上，新闻部主管突然宣布不准艾伦播报黄金档，改播深夜11点的直播新闻。所有的人都愣住了，艾伦本人更是大吃一惊，他意识到自己被贬了，但是极力保持镇定，甚至做出了欣然接受的样子。

从此，艾伦每天下班都去进修，并在10点多赶回电视台，预备夜间新闻的播报工作，他把每一篇新闻稿件都详细阅读，充分消化，

丝毫没有因为夜间新闻不重要而有任何松懈。渐渐地，夜间新闻的收视率提高了，观众的好评不断，终于惊动了总经理。总经理不高兴地将厚厚的观众来信摊在新闻部主管面前：“艾伦为什么只播11点，却不播7点半?”于是总经理亲自下令，将艾伦“请”回了黄金档的新闻节目，并在不久后艾伦获选为全国最受欢迎的电视记者。

心有不甘的新闻部主管终于又想出了“报复”艾伦的方法，他故意当众宣布：“艾伦虽然是学财经的，但是由他采访财经新闻容易产生弊端，以后让他改跑其他线。”对于跑财经早已颇有名气的艾伦来说，这简直就是当面侮辱。艾伦怒火中烧，但是他知道只要自己爆发，就会落入敌人的圈套，所以，他再一次默默地承受了。日子一天天地过去，一天，总经理打电话给新闻部主管：“后天有财经首长来公司晚宴，请艾伦作陪。”新闻部主管应付道：“艾伦现在不跑财经线了。”“不跑也得来参加，他是专家。”

从此，每当有重要的财经界人士到公司去，都由艾伦作陪，并顺便专访。渐渐地，观众甚至同事，都耳语着：艾伦现在是大牌了，只有要人才由他出面。而每一位曾经接受过艾伦采访的人，都以此为荣。没有被艾伦采访过的人，则有了怨言。“不能厚此薄彼，以后财经线一律由艾伦跑，别人不要碰。”总经理终于下了令。艾伦被“请”回了财经记者的位子。两年后，原来的新闻部主管调职坐冷板凳，新任的主管上台，此人就是艾伦。

真正的朋友可以从感情上为我们带来最好的鼓励，对手则可以从理智上为我们带来最深的刺激。善用对手的刺激，可以学到最重要的成功方法，但是朋友却没有这样的作用。

首先，并肩的人，观察只及我们的侧面，不容易看出真正的弱点，所以也谈不上如何建议补强这些弱点。对手不是要和你正面冲突，就是要从背后杀你个措手不及。不论是从正面攻击还是背后偷袭，他们的观察一般最全面。对手发动攻击的时候，必须针对你的弱点，同时展现他们所长。所以，光是从他们的攻击中，你就可以体会他们最强的是什么，而你最弱的又是什么。

其次，有时朋友也会看到你一些弱点，然而，弱点是每个人的伤疤。指出一个弱点，就是揭人一个伤疤。朋友都太珍惜和你的友谊，不舍得伤了你们的感情，破坏和你的往来，所以，朋友往往是最不可能实话实说。指不出你的弱点，你也学不到本领。所以，我们在情感上需要朋友，在知识上需要对手。人只有拥有相互竞争的对手，才能得到持久的成长。

6.对手不一定就是敌人

朋友总是在我们身旁默默守候，关注着我们，在危难关头挺身而出。而对手则是与我们在同一片领域里竞相追赶的人，就好比大家都是在竞赛场上的马，我们会一起狂奔到终点。也许有的人觉得，对手让我们感受到了压力，甚至为我们的成功设置了障碍。但也应该想一想，正是因为这样的障碍和压力，我们才会不遗余力地想突破它、超越它，从而获得成功的快慰，而这时，所谓的压力不也就变成一种动力了吗？因此，对手是另一种意义上的朋友，因为他们，我们的人生才不会有缺憾。

把对手变成朋友

朋友与对手，其实只在于人的一念之间。但是与对方成为朋友或成为对手有着本质的区别，因为这将决定着你们之间是两败俱伤，还是齐头并进达到双赢。

美国微软与苹果两大公司自20世纪80年代起就一直处于敌对状态，史蒂夫·乔布斯和比尔·盖茨为争夺个人计算机这一新兴市场的控制权展开了激烈的竞争。到了20世纪90年代中期，微软公司明显占据了领先优势，占领了约90%的市场份额，而苹果公司则举步维艰。但令所有人大跌眼镜的是，1997年，微软向苹果公司投资1.5亿美元，把苹果公司从倒闭的边缘拉了回来。2000年，微软为苹果推出Office2001。自此微软与苹果真正实现双赢，他们的合作伙伴关系进入了一个新时代。面对竞争对手，明智的比尔·盖茨选择的方式是：站到对手的身边，把对手变成朋友。

1957年，当时还默默无名的约翰·温斯顿·列侬在一次小型演出中认识了15岁的保罗·麦卡特尼。演出结束后，保罗批评约翰唱得不对，吉他也弹得不好，约翰很不服气。于是保罗用左手弹了一段漂亮的吉他，向约翰展示了他的天才，而且他能记住所有的歌词，这让约翰大为惊讶。约翰想，与其让这小子成为自己将来的对手，还不如现在就邀他入伙。就在这天，20世纪最成功的音乐搭档诞生了，约翰和保罗携手合作，组建了披头士乐队，也就是甲壳虫乐队。后来这支乐队风靡全球，成为历史上影响最为深远的乐队。聪明的列侬比比尔·盖茨更有远见：在对手还未成为对手之前，就快步上前站到他的身边，把他变成朋友。

我们处在同一个市场环境下，处处存在竞争。竞争促人进步，协作使社会发展。能够成为竞争对手的都有相当的实力，打倒一个对手，需要花费巨大的力量，况且，杀敌三千，自损八百。击倒对手的是勇，把对手变成朋友，把对立的力量协调成一致的是智。有竞争，必有合作，合作中有竞争，竞争中有合作，才能形成一个和谐的发展格局。当然，把对手变成朋友的前提是你要有转变对手的实力，最终在双方的努力下实现共赢。

生活中，事业上，对手如影随形，无处不在。愚蠢的人把对手当成敌人，聪明的人把对手当作朋友。对手是需要战胜的对象，我们身边需要战胜的人太多了，因此，我们疲于应付。由于把对手当成敌人，我们往往盯住对手的缺点，想方设法诋毁对手，甚至想置对方于死地，这种思想束缚着我们，使我们无法超越。面对对手，勇往直前，不惜一切代价夺取胜利，这种执著令人动容。感动之余，不妨思考：这种鱼死网破的结局是我们想要的吗？既然双方对立对谁都没有好处，为什么不把对手变成朋友？

仇视对手是一种遗憾

很多人在碰到对手的时候，首先是不屑，觉得对手的东西不怎么样，然后就是愤怒，发现这不怎么样的东西居然有很多人喜欢，还威胁甚至超越自己，最后则是不能在他面前提起对手的只言片语。其实，越是敌人和仇人，可学的才越多。对方要打败你，一定是倾巢而出，精锐毕至。在他们使出浑身解数的时候，也就是传授你最多招数的时候。敌人为了激怒你，伤害你而使出一些非常手段，而这正是任何老师都无法教给你的，也是书上的理论知识所涉及不到的，但却很实用。

所以，如果你有个对手，很强的对手，应该打心底高兴。你要每天仔细盯紧这个对手，好好欣赏他，好好跟他学习。而最好的学习，永远来自于你和他交手，甚至来自于被他击中的那一瞬间。

周瑜作为三国时期东吴的大将，聪明过人、才智超群。然而他却嫉妒心极重，容不得比自己能力强的人。他对诸葛亮一直耿耿于怀，几次想要除掉他，却未能得逞。赤壁之战，周瑜损兵折将，费了不少钱粮打仗，却让诸葛亮从中得了不小的便宜，气得周瑜“大叫一声，金疮迸裂”。后来，周瑜用美人计，骗刘备去东吴成亲，被诸葛亮将计就计，结果是“赔了夫人又折兵”，气得周瑜又“大叫一声，金疮迸裂”。最后，周瑜用“假途灭虢”之计，想谋取荆州，被诸葛亮识破，四路兵马围攻周瑜，并写信规劝他，周瑜仰天长叹“既生瑜，何生亮”，连叫数声之后气绝身亡。

无论是企业竞争，还是个人竞争，都不能以狭窄的心胸来面对对手、仇视对手，周瑜在这方面犯了大忌，因此得了个悲惨的下场——英年早逝。两者利益对立，在很多人心目中，宽容、忍让、大度等词语都不用于对手。可是，任何事物之间既有对立的一面又有统一的一面，二者还可以互相转化。对手之间确实矛盾重重，但生活在这个相互影响的世界上，我们需要看到生活中的相互联系。多想想利益一致的地方，努力使双方利益达到相对平衡。古人有一句话说得非常好——化干戈为玉帛，这是古人政治智慧的结晶，也是我们应该学习的优良传统。把对手当作朋友需要真诚，需要勇于割舍的胆量。这种割舍是一种失，但相对于两败俱伤的结局来说，这是一种得。

孟子说：“国无外敌者，恒亡。”就是这个道理。然而，很多人没法这样看待对手。由于对手和敌人往往只有一线之隔，甚至一体两面，所以，对手也很容易成仇人。如此这般，看待对手的时候，首先混杂了情绪。

2010 年，在男子自由式摔跤 60 公斤级铜牌决赛第一场比赛中，中国名将高峰战胜伊朗选手哈马蒂获得铜牌。在比赛第一局过程中，哈马蒂右腿膝盖处被撞伤。在现场医生进行绷带处理后，哈马蒂缠上绷带继续投入比赛，但他的伤势还是影响了比赛，最终高峰以 3:1 赢了。当比赛结束时，疼痛难忍的哈马蒂倒在了地上，表情十分痛苦。经过裁判和高峰两人的搀扶，哈马蒂才最终站立起来接受比赛结果的宣布。勉强站立的哈马蒂此时已经浑身大汗，蜷缩着伤腿，表情非常痛苦。这时，只见高峰大步走到哈马蒂的身边，一把将他抱起送回教练的身边，而高峰的这一举动也引来了现场观众的热烈掌声。

比胜负更能吸引人的是人性的光辉，不少人把对手的痛苦当成自己的快乐，很少有人能像高峰一样，在对手遇到困难的时候伸出友爱之手，或许他们会想自己不落井下石已经不错了。须知，仇视对手，在给自己带来诸多精神困扰的同时，也会让自己迷失前进的方向。

7.把掌声送给对手

常言道：高处不胜寒。一个人如果在哪一方面达到了顶峰，便会变得孤芳自赏，无人问津。此时，也只有你的对手能达到你的境界，与你谈笑风生，畅所欲言。是的，我们需要对手。对手可以激发人的斗志，磨砺人的意念，增长人的才干，对手是压力，是动力，是镜子，是催人奋进的力量！是的，人生需要对手！

对手是前进的动力

在现实生活中，我们的对手可以分成两类，一类对手对你并无恶意，只不过他的能力在你之上，或与你难分伯仲，让你感到有所威胁，你的地位也因他而被撼动。这样的对手其实不仅无害，反而有益，在对手的挤压下，自己的水平才会有所提升。譬如：没有瑞典这样一个伟大的对手，中国乒乓球运动恐怕很难长期维持如此高的水平；没有印尼这样一个强劲的对手，中国羽毛球也难有这么大的发展；没有阿兰·约翰逊、杜库雷这样的对手紧追其后，刘翔可能破不了世界纪录……由于与对手的实力旗鼓相当，比赛才不会出现“一边倒”的情况，才更有看头，更刺激，反过来才能吸引更多的人来观战，更能提高自己的知名度和前进的激情。如果在某个领域里，缺乏能够与你对话的对手，你不免会感到寂寞、无趣，没有挑战性，从而丧失七分斗志。

在生物界，也存在着类似的现象，一种动物，一旦没有了天敌，其机能就会渐渐退化。澳大利亚一牧场狼群出没，经常吞噬牧民的羊，牧民于是求助政府和军队将附近的狼斩尽杀绝。狼是没有了，但羊的体质却大大下降，羊毛的质量也大不如前了。著名的“鲶鱼效应”说的也是这个意思，因为有天敌鲶鱼的放入，沙丁鱼才四处躲避，游动激发出了沙丁鱼的活力和生机，最终活了下来。对手使我们多了一种紧张，多了一份危机感，因此就不会飘飘然，不会忘乎所以。这时，我们的状态就会特别好。

还有一类对手，他成心跟你过不去，今天放冷箭，明天使暗枪，搞一些小动作使你难受，捏造一些莫须有的东西败坏你的名声，专挑你的问题和毛病。见了这样的对手，就容易来气，这只说明你的胸怀还不够宽广，何况你跟他去一般见识，正好是中了他的计，他就会愈加来劲。

不过，有时对手是我们自己制造的，是我们把他推向自己的对立面。或许是你锋芒太露，占尽风头，使其醋意大发，调动了他的嫉妒心，让他很不爽，这恰恰说明你还不够低调，不够温良恭让，境界还不够高。要知道，成熟的稻穗总是低着头的，而且稻穗越沉，头越低。对于真正的强者，不是不甘示弱，而是要敢于示弱，因为只有弱者才想努力证明自己的强大，而作为真正的强者也无须再去

证明什么。

无论你喜不喜欢自己的对手，都要感谢他，是他给你带来了动力。很多伟人的成功都是在与对手进行了一番较量后才取得的，你的对手同样也是你成功的垫脚石。

感谢你的对手，是他们为你酿造了生命的春天

草原上的羊群是因为狼的存在而不断繁衍壮大，敌人对于我们来说也有着很大的激励作用。在现实生活中，要感谢你的敌人，你的进步和成熟是在与敌人的较量中逐步积累的。没有天敌的动物往往最先灭绝，总是腹背受敌的动物则繁衍至今。在人类社会中，这一现象得到了惊人的验证。罗马帝国因没有了强大的对手而分崩离析，东方的强秦，建立不久就迅速覆灭，不能不说也是由于同样的原因。敌人能激发你的生命冲动，敌人能使你沉闷死寂的生活荡出奋进的波纹。

可以说，没有敌人就没有人生的超越，没有敌人你的生命就会走向懈怠和堕落。回头看看你走过的路，会惊奇地发现，真正促使你成功的不是顺境和优裕，真正让你坚持到底的不是朋友和亲人，真正激励你，让你昂首阔步的不是金钱和荣誉，而是那些可以置人于死地的打击、挫折或者死神。

生活在非洲大草原奥兰治河两岸的羚羊群引起了一位动物学家的兴趣，他在研究的过程中发现东岸羚羊群的繁殖能力比西岸的强，奔跑速度每一分钟比西岸的快13米。这位动物学家对这些差别曾百思不得其解，因为这些羚羊自下而上环境和属类是一样的。有一年，他在动物保护协会的协助下，在东西两岸各捉了10只羚羊，把它们送到对岸，结果运到东岸的10只剩下3只，那7只全被狼吃掉了。这位动物学家终于明白了，东岸的羚羊之所以那么健壮，是因为它

们生活的周围有一个狼群，西岸的羚羊之所以弱小，正是因为它们缺少天敌的威胁。

大自然的法则就是“物竞天择，适者生存”。没有竞争，就没有发展；没有对手，自己就不会强大；没有敌人，就谈不上胜利。

菲洛·法恩斯如果不是因为对手的出现，也不会加紧将电视机原理图研究完善，从而提早了电视机的问世时间。一代“乐圣”贝多芬的对手是耳聋，贝多芬藐视耳聋这个对手，用声音振动的原理将乐谱完成，成为一个“扼住命运咽喉的人”。苏东坡的对手是坎坷的仕途，他自认为无法战胜，准备退却，但是他的文学天赋却被对手激发出来，因此，我们才读到了“大江东去，浪淘尽，数千古风流人物”的万丈豪情。爱迪生的对手是失败。每一次爱迪生在用材料作灯丝实验时，失败总会对他露出嘲讽的笑容，但是，爱迪生却从对手中寻找弱点，最终发明了白炽灯。其实，人们最大的对手就是自己。没有人能够强迫你做什么事，惟有你自己，正与邪，善与恶，成功与失败全在你一念之间。惟有战胜自己，才能获得更加成熟的自信与勇敢。

第八章

读懂上司，让晋升水到渠成

同样在职场拼命，有的人青云直上，步步高升，甚至很快就能成为企业的高层管理者；但更多的人依旧是“当一天和尚撞一天钟”，随波逐流、碌碌无为。两者天差地别，原因是什么？其实，晋升的关键就在于你能不能得到上司的赏识，这对于你的职业生涯很重要。因此，读懂上司，你才能步步高升！

1.细微表情变化，透露上司隐藏的情绪

身在职场，察言观色是最基本的一项技能，是一切人情往来中操纵自如的基本技术。如果不会察言观色，等于不知风向便去转动舵柄，应付纷繁的世事也无从谈起，弄不好还会在小风浪中翻船。与上司打交道需要很大的学问，因为上司对你的晋升、薪酬、福利等都有很重要的影响力。有些人觉得上司很神秘或者对上司很敬畏，从而与上司的距离也就更大了，要想了解上司也更难了。但是仍然有办法判断上司的情绪，那就是观察其细微的表情变化，无论对于正常人还是你的上司，这都是行之有效的方法，因为一个人不可能将情绪掩饰得天衣无缝。

读懂上司的小动作

察言观色的更高境界就是懂得根据表情变化推理和判断，言辞能透露一个人的品格，表情眼神能让我们窥测他人的内心，一些小动作、衣着等也会在毫无知觉中出卖它的主人。

在人际交往中，对他人的言语、表情、动作以及看似不经意的行为进行较为敏锐细致的观察，是掌握对方意图的先决条件。测得风向才能使舵，与上司打交道，对其小动作的观察，能够让我们洞悉其内心。

（1）如果上司手指并拢，双手构成金字塔状，指尖对着前方，

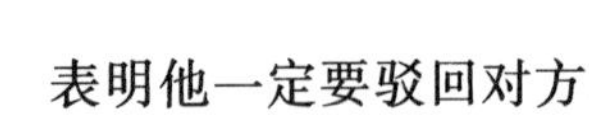

表明他一定要驳回对方。

(2) 如果上司友好或者坦率地看着下属，或者有时对下属眨眨眼，说明这个下属很有能力、讨他喜欢，甚至犯错也可以得到他的原谅。

(3) 如果上司双手放在身后互握，这是一种优越感的表现。

(4) 如果上司的目光锐利，表情不变，似利剑般要把下属看穿。这是权力、冷漠无情和优越感的显示，同时也在向下属示意：你不要试图骗我，我能看透你的心思。

(5) 如果上司偶尔往上扫一眼，与下属的目光相遇后又往下看，多次这样做，可以肯定上司对这位下属吃不准。

(6) 如果上司说话时不抬头，不看人，这是一种不良的征兆，说明他轻视下属，认为眼前的人无能。

(7) 如果上司向室内凝视着，不时微微点头，这是非常糟糕的信号，表明上司要下属完全服从于他，不管下属说什么，想什么，他一概不理会。

(8) 如果上司久久地盯着下属看，说明他在等待各种信息，他对下级的印象尚不完整。

(9) 如果上司双手合掌，从上往下压，身体起平衡作用，表明其和缓、平静。

(10) 如果上司双手叉腰，肘弯向外撑，这是好发命令者的一种传统人体语言，往往是在碰到具体的权力问题时所做的姿势。

(11) 如果上司把手捏成拳头，表明其不仅要吓唬别人，也要维护自己的观点，倘若用拳头敲桌子，那干脆就是企图不让别人说话。

(12) 如果上司坐在椅子上，将身体向后靠，双手放到脑后，双肘向外撑开，这固然说明他此时很轻松，但可能也是自负的意思。

(13) 如果上司食指伸出指向对方，这是一种赤裸裸的优越感和好斗心。

(14) 如果上司拍拍下属的肩膀，这是对下属的承认和赏识，但只有从侧面拍才表示真正承认和赏识。如果从正面或者上面拍，则表示小看下属或者显示自己的权力。

(15) 如果上司从上往下看人，这是一种优越感的表现，表明其好支配人、高傲自负。

如果说观色犹如察看天气，那么看一个人的脸色应如“看云识天气”，有很深的学问，因为并不是所有人所有时间和场合都能喜怒形于色。“眼色”是“脸色”中最应关注的重点。它最能不由自主地告诉人们真相。人的坐姿和服装同样有助于识人于微，进而识别他人整体，对其内心意图洞若观火。

读懂上司的体态语言

民间有一句谚语是：一个目光表达了一千句话。心理学家认为眼睛是心灵的窗户，它能作为武器来使用，使人胆怯、恐惧。心理学家经过研究得出，在人表示反感或仇恨时，瞳孔会缩小，还露出刺人的目光。相反，睁大眼睛则表示有同情心和怀有极大的兴趣，还表明赞同和好感。从人的目光中除了能看出上司与下属、权力与依赖的关系外，还能揭示出更多的东西。

体态语言专家认为，嘴的闭合也能泄露一个人的情绪。在“哈哈”大笑时，人们表现得放松和大胆，“嘻嘻”的嗤笑，则是幸灾乐祸的表现，而“嘿嘿”笑时，则意味着讥讽、阴险或者藐视，这样笑的人大多数为狂妄自大、自恃清高的人。

精神学家通过研究发现，一个容易冲动、重感情的领导，他的表情、手势会很丰富；但如果手势做得太夸张，则说明他是一个对外界反应很敏感、容易受他人影响以及很苛求的人，这样的领导者往往显得比较软弱。

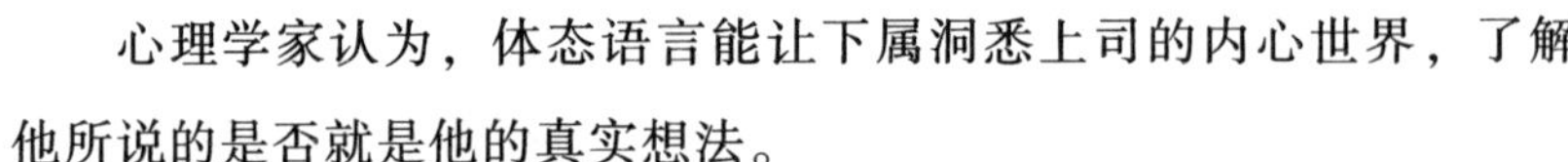

心理学家认为，体态语言能让下属洞悉上司的内心世界，了解他所说的是否就是他的真实想法。

一位精神病专家提醒那些抱过高希望者，“要想改变自己的体态语言，这需要很长的时间，因为一个人不可能在太多方面自我控制。”也就是说，体态语言能反映出一个人的真实情绪及其内心深层的东西。在与上司打交道的过程中，看清其隐藏的情绪对你的行动有很大的指导意义，而这一切则能通过体态语言显露出来。

言行举止、穿着打扮，都能反映出一个人的经历、追求、修养、智慧。要想看懂上司的体态语言，还要从细节着手，因为每个人都不愿将自己的情绪完全暴露于人前，上司在下属面前通常也有一定的掩饰，这就需要下属通过观察上司细微的表情变化来得到最正确的答案。

2.读懂上司的“心”，听懂上司的“话”

这个年代越来越流行职场暗语，人们在职场上打拼也都小心翼翼，说话也变得更加含蓄、委婉。在这样的职场环境中生存，一定要学会适应，也就是说一定要能听得出对方想要表达的真正意思，尤其是对上司的话，一定要能听得懂，否则会在工作中出现很多失误，甚至让你失去升职的机会。

上司的话暗含深意

小楠前年毕业于一所知名高校，一毕业即被一家外企高薪招聘。入职后，她处处严格要求自己，年终考核时，其业务量遥遥领先于同一批入职的大学生，常常受到上司的称赞："你的个人表现很突出。"难得领导欣赏自己，小楠自然欣喜不已，对工作更是一丝不苟。有时为了显示自己的能力，毫不犹豫就包下了一个组的工作。

一年以后，部门主管调离到其他岗位，小楠心想，升职的机会到了。然而，左等右等，却扑了一场空，领导并没有考虑她，而是提拔了一位能力明显低于她的同事。

小楠对此感到很不解，便找上司理论。谁知上司却很坦诚地告诉她："这个职位需要的其实是善于与团队合作的人，而你过于在乎个人的表现。"小楠这才意识到，上司过去"称赞"她个人表现突出，实则是在暗示她要注意团队协作。最终她与这次升职失之交臂。

上司给员工说的每一句话里面都可能包含一些隐藏的意思，尤其是上司特意嘱咐的时候，更要三思其深意而后行。一个聪明的下属在上司第一次说出这种话时，就应该意识到这是对自己的提醒。经过仔细的反省，小楠特别留意上司的一言一行，渐渐学会体味上司的言外之意。一次上司出差前说："一切都交给你了。"但是，小楠在谈业务时，仍然没有自作主张，用长途电话与上司沟通请示，最终做成了一笔大业务，上司也由此被公司嘉奖。不久，她如愿以偿升为主管。

可见听懂上司暗含讽刺或者其他深意的话是非常有用的，就像小楠一样，如果一开始她就能听出上司"赞扬"的真正目的，日后在工作中做出一定的改进，想必她晋升的道路就不会那么坎坷了。因此，听不懂上司的言外之意会让人在职业生涯中走很多弯路。

须知，职场只有三分话可以大胆地相信，另外七分话需要去揣摩其真正的含义。也有很多时候，即使上司夸你，也要小心是美意还是陷阱。比如上司看完你的报告后随口说了一句："做得不错，就是语法上有一些漏洞。"其实也有可能在讽刺你犯的错误竟然这么低级，如果你只往好的方面想，以为是在夸自己，那么你是不会反省自己的错误的。你为什么不在领导指出错误的时候深一步请教呢？就算上司的总体意思真的是在夸你，但语法错误仍然是美中不足的，如果继续追问下去，上司也很愿意赐教的。这样既能让你改正错误，还能满足一下上司"指点江山"的虚荣心。

山姆一直很庆幸自己有个好上司，每个方案他都会笑眯眯地说不错、很好之类的话。初出茅庐的山姆一听到表扬，就忘乎所以了。然后便与朋友吹嘘自己最近就要加薪了。

有一次，山姆与凯莉一起做一个项目，给老板做流程演示的时候，老板依然像往常一样点头微笑，连说很好。山姆还没有来得及完全展开自己开心的表情，就听见凯莉用很诚恳的语气说："请给我们一些意见，我们真的很需要知道这个项目还有哪些不足之处。"结果，老板一连点出了好几处死穴，山姆被吓出一身冷汗。他不知道"很好"、"不错"背后的意思其实是"不够好"、"很糟"，真正的意见是需要追问过后，人家才会恩赐于你，让你下次在做的时候会有更好的成绩。

山姆一开始没有去深究上司话中暗含的深意，自以为工作做得很好，后来追问下去，才知道原来自己的工作中存在很大的漏洞，上司没有点破，自己也不去追问，结果差点让公司蒙受损失。一个人不可能十全十美，在职场中，"很好"的背后往往蕴藏深意。做一个有心人，虚心求教，不满足于现有的成绩和优点，才能不断进步，才能获得上司的好感和青睐。

在上司召开会议的时候，许多人经常抱怨怎么还不结束，总是不自觉地去打断或者走神，根本没有深刻地理解上司的意思。结果在工作中不仅做了很多无用功，还要不停地去与上司沟通，解释自己的意思。其实，这是因为许多人不注意倾听上司的话，一开始就没有听明白上司的意思，才会出现之后的反复沟通以及沟通不畅快。

重视上司的话外音

王毅与上司的私交很好，有一次上司有意安排他同自己一起去美国出差。当时想去的人很多，一时间，大家对这件事讨论得很热烈。怕影响不好，于是上司当着大家的面先问了王毅一句："小毅，你的英语很不错吧?"王毅当时没考虑太多，老老实实地回了一句："我的英语很差的。"话一出口，身边就有同事举手自荐，说自己的英语不错。王毅立即意识到自己做了件蠢事，上司只是在找一个让他去的理由，只管点头就行了，这下却把大好机会拱手让给别人。果然，那位自荐的同事顺利去了美国，而王毅也深知，其实当时在场的各位英语水平都马马虎虎。

上司的"话外音"往往是最具有职场属性的，多半会涉及到升职、加薪、裁员、绩效考评等敏感的话题。而"话外音"的表达方式一般是试探、激励、提问等，因此，对上司的"话外音"要格外小心，不要被表象蒙蔽。有时，看似漫不经心的谈话可能就是对你工作的总结和下一步工作的重点部署。其实上司所说的每一句话都是受其心理的支配，因此，要想听懂上司的话，就要先读懂上司的心。

职场中，话外音是让每个员工都头疼的问题。现代职场，无论是同事之间，还是上下级之间，都可能会出现话外音。有些话上司不好直接说出来，但他还是希望你能明白他的真正意思，只要你能抓住话外音的本质，就会减少工作中出错的几率，这也能加重你升职的筹码。

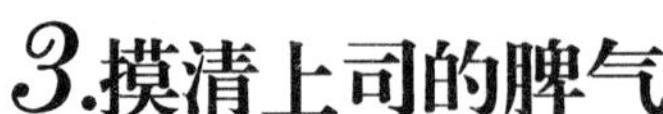

3.摸清上司的脾气

身在职场的你，是不是经常感叹“老板的心思更难懂”？与上司相处需要摸清他们的脾气，看透他们的心思，这样才能让自己的晋升之路更顺畅，让自己的职业发展得到更多的机会。但是学会和上司相处并没有标准的答案，因为不同的上司，个性不同，当然也要用不同的招数去应对。

从不同角度了解你的上司

了解上司，才能做出正确的行动，从而达到双赢的互动。主要可以从三个方面着手：

(1) 上司的价值观

每个上司都有自己最在乎的价值观，这些信念构成了人们内在思想的基础，心理学家称之为“核心价值观”。这些核心价值观不太能妥协，不容易改变，所以也往往是最容易引爆人们情绪的原因。例如有的上司在意“守时”，只要有人迟到，他就会开始跳脚抓狂；有的上司则注重“诚实”，所以一旦你言辞闪烁，他就立刻动粗开骂。此外，有人重“勤俭”，有人看“效率”等，只要多跟同事们打听，并培养敏锐的观察力，你就能找出上司的核心价值观，并调整自己的工作态度来配合，就不会遇到“自己怎么死的都不知道”的尴尬和困扰。

(2) 洞察上司的情绪反应

认真地打量上司的应对进退，看什么样的事情会让他高兴，什么样的事情会惹他生气，什么样的事情会让他焦虑，什么样的事情会让他产生压力……而当他出现这些异常的情绪反应时，他通常又是怎么处理的。每个人都有着固定的情绪处理模式，每次发作时的过程也都差不多，所以一旦能够掌握上司的情绪反应后，下次你就知道该如何避开暴风圈，并能采取更好的沟通方式，以免不慎让对方的情绪雪上加霜。例如你发现老板其实是个夜猫子，早上往往大脑仍因疲劳而不太灵光，这时去向他报告工作所碰到的瓶颈，就容易惹来一顿臭骂。因此，你不妨等一下，如果不是特别紧急的工作，等到吃过中午饭他心情有所好转再去汇报也不迟。

(3) 掌握上司的沟通模式

沟通专家们发现，每个人最习惯的沟通方式各有不同，因此很多时候沟通效果不好的原因之一，其实是没能掌握到与对方沟通的最佳渠道。沟通不当，会“差之毫厘，谬以千里”，造成很多冲突。

常见的沟通方式不外乎以下三种：

首先是视觉型的沟通。这种类型说话者的语速快，呼吸急促，并常用视觉词汇，例如“我‘看’不出来”等。如果上司是视觉型的沟通者，那他会喜欢阅读书面数据，所以跟他沟通工作事项时，光是口头说明效果不彰，别忘了一定也要准备一份书面报告，好让上司能瞧个仔细。此外，加快你的语速来配合对方，也会提升你的沟通效率。

其次是听觉型的沟通。听觉型的人说话速度适中，温和而有节奏，喜欢用“听起来”、“倾听”等字眼，例如“这主意‘听’起来不错!”或是“这‘听’起来没啥特别的嘛!”而你也许已经猜到了，这样的上司用口头简报的方式来沟通，效果最佳。

最后是感觉型的沟通。这种类型的说话者往往语速缓慢，呼吸深长，喜欢用“感觉”、“掌握”等字眼。与感觉型的上司沟通时，情绪的气氛营造很重要，察言观色的功力绝不可少。有话慢慢说，只要感觉良好，事情一般不会太难缠。

看清你的上司是哪一类的沟通者很重要，如果把握不大，不妨直接开口问：“请问您比较喜欢我做口头报告，还是书面报告呢?”

此外，还要了解上司的兴趣嗜好以及对自己的工作期望要求等。只要能对自己的上司多几分了解，就能与上司互动愉快，升职、加薪也就水到渠成了。

了解上司的风格

其实，在职场上我们拥有很多资源可以利用，不同的资源带给我们不同的支持与力量，合理、有效地利用资源是职场成功的要素之一。人力资源中最重要的资源就是企业内外的“人”，而在这众多不同的“人”中，你的上司在你的日常工作中起着极其重要的作用，可视为你在人力资源工作中的“第一资源”。那么，如何赢得上司，将是工作中的关键之一。性格决定上司的风格，“志同道合”合作起来才会顺利，否则难免会困难重重。就上司的风格而言，一般可以分为以下四种：

(1) 细节型

细节型上司的性格一般都是“完美型”的，从职场特质的角度分析，这类上司应该属于“猫头鹰型”。细节型上司由于事事追求完美，通常会把工作当成“艺术品”来要求。所以，工作一定要系统化、程序化，看起来一切都有条不紊，尤其不要打乱上司的工作计划以及原有的工作节奏。细节型上司看待事物多关注细节。所以，精细、全面的书面沟通是极佳的方式。在可行性报告中详细排列出主次目标，找出完成各分目标所需要的资源，可行的计划，预计达到的效果，会使其认可你的工作。细节型上司的处事风格就是“善思”。因此，在处理问题时，最重要的是多动脑筋思考，而不是急着动手去做很多无用功，而且不能轻举妄动，否则会给上司留下有勇无谋的印象，从而失去信任。

(2) 机会型

机会型上司的性格一般都是“活泼型”的，从职场特质的角度分析，这类上司应属“孔雀型”。由于机会型上司性格活泼、思维敏捷，不时会冒出新点子，且多具冒险性，所以决定往往是暂时的。也就是说，首先你的思维一定要跟上上司的节拍，其次你还要做好应付临时性改变的准备。机会型上司本身有着极强的创造力，所以更喜欢工作上的创新，也就是说你一定要多维度的去思考问题，善于发挥想象空间，这样上司才会认为你是可造之材。因为性格特点，机会型上司多很爱面子，因此在工作中既要有理有据，又要尽可能让其感觉是他自己的主意，也就是说多起推动的作用，少起牵引的作用，否则抢了上司的风头，会给今后的工作埋下很大的隐患。

(3) 结果型

结果型上司的性格一般都是“力量型”的，从职场特质的角度分析，这类上司应属“老虎型”。结果型上司，多是急性子，所以，在工作中不必有太多的“花招”，他所欣赏的是一招直击“要害”。太多的铺垫会让他觉得絮烦，快、精、准地切入主题反而会得到他的认同。结果型上司工作最关注的就是事物的重点和结果。所以，在解决问题的过程中一定要突出问题的重点，简单明了地列举出各种方案所能达成的各种结果及影响。“忙”是结果型上司的一大特点。因此，不要指望上司会在办公室内等候你的约见，凡事要主动出击，在这样的上司面前要做事干脆、利落，从而赢得他的好感。

(4) 整合型

整合型上司的性格一半都是“和平型”的，从职场特质的角度度分析，这类上司应属“变色龙型”。整合型上司善于综合、喜欢听组织内的各种传言。所以，在工作中面对问题时，一定要准备充分，列举的问题要准确，结果预计要合理，切不可留下冒失、经验不足的印象。整合型上司非常注重人际关系，所以先期建立良好的关系可以为后期达成工作上的共识建立良好的基础。整合型上司性格敏感、易妥协，因此，在这样的上司手下工作要有耐心和耐力，对大多问题都要留充分的考虑时间，不要急于求成，欲速则不达。

职场扬帆的第一阵“东风”就是了解上司的风格，从而想方设法赢得上司的支持与协助，使自己在职场上获得更多的发展机会。

4.眼观六路，透视你的“隐形上司”

在办公室里，谁是最自由的人，老板吗？未必。在职场中，有一类人，他们在公司的职位很普通，却工作得自由自在的，上至老板，下至一些管理者和普通员工，都对他们客气有加。他们比老板更轻松，比普通员工更自在，表面上他们没有多大的权力，但他们的“隐形势力”会在关键时刻，让很多人乖乖就范。

你身边有“隐形上司”吗

楚凡的烦恼一直不为人所知，他在一家上市公司任财务总监一职，在组织构架中排名第五。可是，只有极少数人知道，他在财务部要向一位五十出头的老出纳妥协，因为这个人跟随公司董事长的时间已经近30年了。

刘阳终于和老板说清楚了条件，如果他这个部门经理连炒一个部下的权力都没有的话，他宁愿辞职不干。刘阳在上任前曾经许下宏愿，要在三个月内扭转公司的亏损，可是他这三个月的工作一直受到前任的影响。前任的亲信和部下都已经习惯了他们之前的作风，因此，他们在这三个月中一直有意无意地抵制刘阳的一些决策。

可以说楚凡和刘阳有着极为相似的经历，他们虽然都位居要职、手握大权，但是在他们周围都有“隐形上司”牵制着他们的日常工作。

冯硕大学毕业一年后，被姐夫拉到了自己的公司，职位是销售代表，由低做起。可是他发现自己这个销售代表好像地位超然。上司对他礼让有加，同事有事没事都喜欢与他一起吃饭，以他为中心。冯硕觉得自己不像销售代表，倒像一个钦差大臣。

王强和公司的人事部经理的关系非常好，他向来能说会道，将人事部的女经理哄得非常开心。要知道，在这家公司，这位人事部的经理可是出了名的女强人，同事们都不敢和她多说话，只有王强例外。虽然同事对此在背后都爱说一些风凉话，但是在王强面前，他们都只能笑脸相迎，生怕得罪了王强，到时他在人事部经理面前参一本可就惨了。

冯硕和王强都是公司的普通员工，但是他们凭什么能高人一等，就连顶头上司也对其敬畏三分？这就是“隐形上司”的威力之所在。

人和人之间的制约可以说大多是通过权力而形成的，有些人天生就有领袖的感染力，能使周围的人群向他靠拢，即使在公司毫不起眼，甚至没有一官半职，但却有发号施令的本事。而有些位居高职的管理人员，他们有时甚至想开除一个普通员工都无能为力。这些看似反常的现象，其实在公司中是很常见的，也已经不足为奇了。

那些无权胜有权的人，所具备的权力是来自多方面的。当你在

一个公司任职时，公司通过这个职位给了你明确的责任以及权力范围，但这只是一个方向而已。在日常工作中，我们会发现公司中存在很多隐形的上司，一不小心碰到地雷，只能自认倒霉。在你开始与“隐形上司”打交道之日起，就注定了在公司受到这样那样的委屈，一般很难讨到一个所谓的公道。因此，从你任职之日起就要开始观察，自己的周围有没有“隐形上司”，并尽量避免与之过招，否则只能吃哑巴亏，不仅影响你的工作积极性，甚至会对你的职位产生威胁。

“隐形上司”是怎么形成的

“隐形上司”的影响力自不用说了，关键要看清他的“能量”到底是怎样形成的，这样才能在你不幸遭遇“隐形上司”时采取相应的措施。

如果一个人是公司某一领域的能手或专家，或者是某个环节的高手，那你就要小心了，这位“专家”时刻都在影响同事和上司，上司对他要礼让三分，同事对他会小心翼翼，甚至有时候，他能取代上司发号施令。不妨看一下你身边的同事，为什么他们可以在一些会议上主导场面而你不能。他们大多数都是表现优秀的人才，这种情况在中小企业尤为明显，往往同一个级别的同事可以有天壤之别的能力差异。而在大公司，制度就像一个模具一样，尽量地维持同事之间的平衡，而有影响力的“专家”则更多的是来源于一个团队。

作为公司高层的幕僚是没有权力的，他只是直线主管的辅助人员，比如总经理助理、董事长助理等职位，但由于他们是辅助主管人员的，他们的一言一行，都可以通过直线主管来影响你。因此，他们在无形中也拥有了不小的权力，这种权力主要取决于他们的直线主管有多大的权力和地位以及他们在主管心目中的地位。

在中国人甚至是亚洲人的生活圈中，“关系”占有很重要的地位。有了过硬的后台，一个人说话就会底气十足，就好像如果你在公司能与总经理称兄道弟，那么谁还敢看低你。别看一些公司的制度面面俱到，但是权力关系却是大公司里面最为员工所追逐的利刃。

个人魅力也是形成“隐形上司”的一方面，这可能是先天的，有些人天生就有领导人的气质和风范。每个公司都有各种各样的非正式组织和核心领导者，这些任务可以通过个人的政治技巧和手段，或者通过他们所处的非正式组织去完成。不过这种权力与以上几个相比是最弱的一种，有时它取决于你周围的同事是否愿意给你面子。

有很多历史经验让我们明白，实权往往来自于职位以外，而这些来自于幕后的权力，却有很大的杀伤力。职位权力是老板授予的，而人格魅力则是先天而定的，如果这两者你都不具备，那就要从现在开始提升自己的素质。当然这种素质不仅包括实力，还包括职场生存技巧。既然隐形上司的影响力如此之大，那说明你照样可以靠能力之外的东西帮助自己早日晋升、拥有一定的权力。不过当你不具备做隐形上司的条件时，最好先将自己的能力提高上去，这样才有机会得到重用，才有机会在上司面前抬头说话。

5.见机行事，主动维护上司的“脸面”

中国人在处理各种人际关系时是最讲究“面子”的。上司面子受损会使他感到你对他怀有敌意，会使他感到自己的权威受到威胁和损害。所以，作为下属，无论是在提意见时，还是在执行工作时，都要见机行事，主动给你的上司留足面子。

公共场合给足领导面子

中国人爱面子，这种偏好源于中国五千年的文化，绵绵不绝，又扎根于伦理型的社会人际关系网络中，根深蒂固，几乎每个人都要受到其影响。因此，就中国的传统而言，在公共场合，人们都比较注意面子问题，不但给别人面子，也为自己争面子。

“面子”哲学的另一面则是，不到迫不得已，绝不首先撕破面子。而一旦有人敢于直言不讳，不给别人面子，这在中国人眼里已经是具有相当的敌意了，甚至是发出挑战的信号。因为，在逻辑上，我们可以很方便地做出推论，即首先撕破了面子，那就肯定是出于迫不得已，或者是受人胁迫，或者是有怨气而不得不发。

领导作为一个特殊的人群，他们也有着相同或者类似的感受。即使这种“面子”哲学是错误的，但在中国这种文化氛围和社会环境下，我们都会不可避免地套用中国人独特的思维习惯和模式，进而得出相似的结论。在领导的眼中，如果自己的部下在公共场合让自己下不来台，丢了面子，那么这个部下肯定是对自己抱有敌意或者成见，甚至可能是有组织、有预谋的公开发难。正如一位心理学家所说的那样：“人们都喜欢喜欢他的人，人们都不喜欢不喜欢他的人。”这样，在公共场合不给领导面子的后果便是，领导要么以牙还牙，通过行使权威找回面子；要么怀恨在心，在以后的工作中处处刁难，秋后算账慢慢报复。这种结果当然不是下属在向上司提出意见或批评时所想看到的，也违背了下属这样做的初衷。

作为领导，自然十分重视自己在公共场合，特别是在其他领导或者众多下属都在场的时候的权威，这绝对不是仅仅因为有文化的潜意识在作祟，更是在于领导从行使权力的角度出发，维护自己权威的需要。如果下属不注重自己的说话方式，即使下属是出于善意的愿望，即使他的确是“对事不对人”，但其结果必然是一样的，使领导的威信和自尊受到伤害。

当领导的威信受到伤害，便会使权力的行使效力受到损失，影响到领导在今后决策、执行、监督等各个方面的决定权和影响力。因为人们不禁要问，他说的是否都对呢？是否会产生应有的效果……这样，下级在执行中便多了几分疑虑，这必然会降低领导权力的有效性。因为服从越多，权力的效果才会越好，行使权力必须要以有效的服从为前提，没有服从，权力就会空有其名。

人的自尊受到伤害，是最伤人的事情，因为它触动了人最为敏感的地带，挫伤了“人之所以为人”的信条。在公共场合丢面子，这说明领导正在失去对下属的有效控制。于是，人们不禁对他个人的能力乃至人格都产生了怀疑。因此，无论是谁，身处此境，最先的反应肯定是怒火中烧，而不是理智地对意见内容的合理性进行分析。那么，此后的一系列举动肯定都是很情绪化的。即使他当时很有面子、很得体地将这件事情掩饰过去，情感上的愤怒还会存在，这个阴影将会把对你的美好印象浸没，使你在后来饱尝麻烦，悔恨不已。所以，作为下属，在公共场合给领导提意见时，一定要注意给足领导面子。

给上司留面子，其实就相当于给自己留下充分的余地，下属可以利用这个余地同上司私下里进行更为深入的交流和探讨。同时，这也说明，下属只是行使了一定的建议权，而上司仍保有最终决断的权威。留有余地，还会使下属能够做到进退自如，一旦提出的意见并不确切或者不恰当，还有为自己挽回面子的余地。

留面子，表明你对上司还是善意的，是出于对领导的关心和爱戴，是为了帮助上司做好工作。这样他才愿意理智地分析你的看法。留面子还表明，你是尊重上司的，你依旧服从他的权威，你的意见并不代表你在指责他，相反，你是为了他的工作着想。

留面子，首先表明你对领导是善意的，是出于对领导的关心和爱戴，是为了帮助领导做好工作。这样，他才愿意理智地分析你的看法。

唐朝李世民继位后，佛道之争日常激烈。唐太宗本来十分推崇道教，当时有个名叫法琳的僧人写了一本揄扬佛教的《辨正论》，结果引起唐太宗的不满。唐太宗一怒之下，把法琳打入大牢，并对他说："朕听说念观音者，刀枪不入。现在让你念七天，然后试试我的宝刀。"法琳顿时吓得魂不附体。

七天后，法琳面见太宗，说："七天以来，未念观音，惟念陛下。"唐太宗听后，不仅免其死罪，而且还转变了自己的观念，大兴佛教。法琳的高明之处在于，他用"未念观音，惟念陛下"这八个字，把太宗比作大慈大悲的观音菩萨，既让太宗杀人没了借口，又巧妙地赞扬了太宗，使他感到佛教于他的统治无害，反而有益，为大兴佛教埋下了种子。此外，一个"未"字，一个"惟"字把唐太宗置于为难境地。若杀之，不灵不在观音，而在陛下，因此要灵，只有不杀。七天想出妙语一句，真可谓一字千金。

当然，给领导留足面子，并不是鼓励做下属的只是去"见风使舵"、做"老好人"。多给上司提宝贵意见是一件值得提倡的好事，同时也应该对直言不讳、敢触犯龙颜者表示深深的敬意。但我们的着眼点应该在于，提意见要注意场合、分寸，要讲究方式、方法。很多历史经验证明，如果只注重提意见的初衷和意见的合理性，而不去考虑它的实际效果，这样的劝谏只能给下属带来灾祸。因此，在公共场合，一定要给领导留面子。

面子猛于虎

人们为了保护一张不足人体皮肤总面积百分之十的脸，可谓煞费苦心。单单从越来越火的化妆品广告、越来越多的美容院、越来越多的整容风波来看，这小小的面子对于人们来说，是多么的重要。人们还曾调侃说："头可断，发型不可乱。"诸如此类的言论也都是为了维护人们的面子，发型乱了有损外在形象，但身体上的伤却可以用衣服遮住，别人看不到，也就无关紧要。

其实除了"脸面"之外，人们更加看重的还是背后的"面子"。

李蕊在一家规模比较大的公司的分公司上班，虽然工作表现出色，但是多年来一直没有得到提升，原因是她在饭局中因为不喝酒而"得罪"了上司。

有一次分公司的经理要接待总公司的一位领导，经理叫上李蕊一起赴宴。席间，经理多次让她喝酒，都被她拒绝了。李蕊后来说，她平时滴酒不沾，所以才拒绝经理，除此以外没别的意思。但是当时李蕊屡屡拒绝喝酒，无形中使经理在领导面前失去了"面子"。

从那以后，李蕊总觉得经理处处为难她。不但升迁之路受阻，就是想调换岗位，也是一种奢望。

李蕊让上司失去"面子"其实也是无心之失，因为她从不喝酒是事实，但是在上司的饭局中如此坚持所谓的原则，让上司丢了面子，遭到上司嫉恨也是在所难免的事。在职场中，由此得罪上司的大有人在，就在于人们太坚持自我而忽略了照顾上司的"面子"。站在经理的角度来看，李蕊在饭局上不单不赏脸，且又不懂得变通，那么以后出入这些场合她怎么应付得来？李蕊的拒绝，不仅损害了上司的面子，而且让上司怀疑其交际能力并对其丧失好感。那么，"你让我失面子，我让你失位子"就很自然了。

天下没有哪一个人不爱面子，上司也是人，同样也爱面子。美国第26届总统西奥多·罗斯福也很爱面子，无论在什么场合，他都要成为人们关注的焦点。“我父亲不喜欢参加婚礼和葬礼，”他的儿子有一次说道，“因为在婚礼和葬礼上他既不能做新郎，又不能做死者。”但是过分顾及面子也不是什么好事。

三国时的孙策，由于勇冠三军，颇有后来楚霸王项羽的魄力。其实，孙策不光在战场上与项羽有几分相像，在爱面子这一点上也与项羽有一比。孙策是古代标准的美男子，号称“美姿颜”，也就是“帅哥”的意思。

有一次，孙策外出打猎，被人射中脸颊。大夫贴了些膏药在伤口上面，并嘱咐他不要生气，伤很快就会好。但是孙策是个爱美之人，按捺不住，就偷偷拿镜子照，结果这一照把他吓得够呛，镜子中的人满脸膏药，太丑了。于是孙策大嚎：“面如此，尚能建功立业乎?”意思是说脸变成这样，还能建功立业吗？这一嚎太用力，加之心怀被毁容的悲愤，结果伤口崩裂了，流血不止，没几天就死掉了，所以后人根据这个故事造了一个词——死要面子。

从某种角度讲，这小小的面子，有时候也是万恶之源，面子猛于虎也。让李蕊失去升值的机会，让经理错失一名好员工的辅助，让孙策失去性命。人若死要面子到这种地步，不也是一种悲哀吗?

6.服从上司是你的天职

在工作中，合理的服从精神，是每个员工必备的素质之一，也是企业立于不败之地必须解决的第一要务。作为一个普通员工，只有学会了服从，勇敢地承担起相应的责任，才能不断地提高自己的实力。企业拥有了这样以服从为天职的员工，在大家的共同努力下，一定能不断创造出更加辉煌的业绩。

服从精神是每个员工的必备素质

服从即无条件地执行管理者下达的命令，就是不找任何借口，快速认真地完成上司交代的任务。服从是建立在责任的基础之上的，一个有责任心的人，不用别人强迫，不用他人督促，就能自觉地、不打折扣地服从命令，积极地完成任务。公司做出的任何规定、策略，都经过深思熟虑，有时甚至经过了众多经验丰富的人员的共同商讨，具有明确的指向性和目的性。只有服从公司，服从管理者的决策，才能保证整个业务流程快速顺畅地进行，使企业获得更高的效益，到头来收益的不仅是企业，还有每一位员工。

一名员工，要完成上司布置的任务就必须具有强有力的执行力。而强有力的执行力，则意味着对上司下达的指令和任务欣然接受，全力以赴地贯彻执行；意味着无论遇到什么艰难险阻，甚至陷入绝境，也必须恪尽职守，不达目的不罢休。无论是谁，如果一直贯彻这种理念，他在工作中一定会取得很大的突破。

卡尔是一个初出茅庐的年轻小伙子，是美国一家公司最年轻的职员，他工作十分勤奋。随着公司的业务量增多，公司准备在西部地区开拓一个新市场，但新市场的负责人迟迟未能确定下来。当时，美国西部还处在开发的起步阶段，大部分地区都很贫穷，在这样的地方开辟市场非常困难。那些经验丰富的人都不愿意吃这个苦，于是，默默无闻的卡尔便成了这次任务惟一人选。

卡尔接到任命通知时没有任何怨言，带着公司生产的产品样本就出发了。经过三个月的努力，卡尔终于在那个人人都预言没有销路的地方使公司的产品站稳了脚跟，还兴致勃勃地预言那里的市场有更大的发展潜力。

当卡尔把这个振奋人心的消息带回公司时，人们都惊奇地问他是如何看到那里的开发潜力的。卡尔浅浅一笑说："其实在出发时我也没有信心，而且觉得你们的观点是正确的，但我必须服从公司的安排。到那里后，我知道我必须全力以赴地去执行我的任务，结果我成功了。"

每一个成功的人都不是什么圣人，成功也并不像我们想象的那样遥不可及。像卡尔一样无条件服从上司，不找任何借口，做好自己的工作，一样可以成为成功者。这种具备良好的服从精神和强大的执行能力的人，才是老板最需要的人，也会成为上司最喜欢的下属。

如果问什么样的员工是最难管的，相信很多管理者都会说是那些不服从自己决策的员工；如果问他们是怎样管理这样的员工的，相信管理者会说：不是我炒他们，就是他们炒我。那些能留在公司被上司赏识并有晋升机会的员工，他们总是服从公司的决定，即使在自己有不同意见的时候也是如此，他们会向公司反映自己的意见，但是仍然不会违背公司的指示。

公司在每一个阶段都有一定的计划，下达每一个命令也都有一定的目的，而计划和命令的执行者就是公司中的每一位员工，因此，执行力的提升对于公司战略目标的实现有很重要的意义。

一个年轻人从一所著名的石油大学毕业后，被分配到一个海上油田钻井队。在海上工作的第一天，领班要求他在限定的时间内登上几十米高的钻井架，把一个包装好的漂亮盒子送到最顶层的主管手里。他拿着盒子快步登上高高的、狭窄的舷梯，气喘吁吁满头是汗地登上顶层，把盒子交给主管。主管转身背对着他打开盒子，看了一会从盒子里取出来的东西，然后封好包装并在上面签下自己的名字，就让他送回去。他又快速跑下舷梯，把盒子交给领班，领班同样背对着他，然后换了一个新盒子，也在上面签下自己的名字，让他再登上去交给主管。

他看着领班，犹豫了一下什么也没说，又转身登上了舷梯。当他第二次登上顶层把盒子交给主管时，已经浑身是汗，两腿发颤，主管却和上次一样，背对着他仔细看了会儿后又在盒子上签下名字，让他把盒子再送回去。他擦擦脸上的汗水，转身走向舷梯，把盒子送下来，领班重复着第一次的动作，再次换了个新盒子并签完字，让他再送上去。

这时，这个年轻人有些恼怒了，他看看领班平静的脸，尽力忍着不发作，只是拿着盒子再一次一个台阶一个台阶地向上爬。当他上到最顶层时，浑身上下都湿透了，他第三次把盒子递给主管，主管看着他，傲慢地说："把盒子打开。"他撕开外面的包装纸，打开盒子，里面装了 2 枚螺母。他当即怒火中烧，愤怒地抬起头，看着主管。主管又对他说："把这两枚螺母分别拧到那边的螺丝上。"这时年轻人再也忍不住了，愤怒地将盒子摔在了地上："如果你们这样耍人的话，我就不干了！"说完，看着摔在地上的盒子心里痛快多了，刚才的愤怒也释放了出来。

这时，主管严肃地对他说："螺母虽小，但却是固定整座井架的关键。你可能不知道，你反复地上下并没有白忙，因为找到了合适的螺母。再者，我们刚才让你做的这些，叫做承受极限训练，因为我们在海上作业，随时会遇到危险，这就要求队员身上一定要有极强的承受力，承受各种危险的考验，才能完成海上作业任务。作为一个优秀的海上油田钻井队队员，首先应该对上级命令绝对服从，它是成就油田事业的素质之一。可惜，前面三次你都通过了，只差最后一点点，你没有把螺母拧到螺丝上。现在，你可以走了。"最后这个年轻人失去了一次很好的工作机会。

如今很多企业的作业方式已经越来越流水化、单纯化，无可否认，这也是导致员工工作情绪低落的原因之一。如果你不能适应这样的环境，不了解企业作业的各个环节，又如何做好一名称职的员工，又怎么能得到上司的信任从而达到升职的目的？服从角色的宗旨，就是坚决地遵循指示去做事，去高效率地完成任务。服从的人必须暂时放弃个人的独立自主，全心全意去遵从所属机构的价值观念。遗憾的是，很多员工往往没有把握好服从的角色，自以为“我只是一个普通的员工而已，一切决策和行为都与我无关”。缺乏服从的意识，甚至于“做一天和尚撞一天钟”，这样的员工又岂能有机会成为公司的精英和栋梁？又怎么能取得公司的信任以委派重任？

因此，服从是成为优秀员工的首要任务，也是升职的前提，只有定位好自己的服从角色，才能在职场竞争中立于不败之地。

服从就是不找任何借口

很难想象，如果一名员工对公司的各项规章制度、对上司交代的任务总是不屑一顾，这样的员工怎么会得到上司的赏识、得到升职的机会，怎么在工作中取得突破；一名自视过高、不把上司当一回事的员工，怎能严格按照主管的意图去完成任务；一名凡事都要讲条件、找借口的员工，怎能高质量、高效率地完成任务。

在我们的生活和工作中，喜欢找借口、推卸责任的人比比皆是，“我没有受过高等教育”、“我没有经验”等就是他们常常挂在嘴边的借口。但是他们忽视了很重要的一点，真正的教育和经验来自于社会以及自我提高和学习的过程。

林肯是农民家庭出身，但是他通过自学成为了一名律师，最终还当上了美国总统并且深受国民的爱戴；安德鲁·卡尔仅 13 岁就开始工作，几乎没受过正规教育，却成了美国著名的钢铁大王；李嘉诚只有初中二年级的学历，却通过自己的艰苦奋斗成了世界华人首富。因此，任何理由都不能成为怠慢工作、、推脱责任、抗拒服从的借口。

事实上，找借口不能给人带来任何帮助，反而让人染上恶习。一旦习惯了凡事找借口，上班迟到早退、工作频频失误、业绩不佳都会被你安上一些冠冕堂皇的借口。如果不及时纠正，“雪球”将会越滚越大，以至于你的工作将永远无法做得出色，你的上司还会因此而厌恶你。

服从不是针对某一个员工的职责，对于每个员工来讲都至关重要。一旦你能做到，无论什么事情、什么工作，都会对自己应尽的责任铭记于心，都会竭尽全力地把工作做对、做好。

“员工的天职就是服从执行。”这句话一直以来都是沃尔玛的员工守则之一。毋庸置疑，服从是行动的第一步。对于企业来说，每一位员工都必须服从上级的安排，就如同每一个军人都必须服从上司的指挥一样，这样才能让整个团队发挥出超强的执行能力，使企业得到合理发展。如果没有良好的服从，即使领导有再好的决策也无法执行，整个团队也会失去核心价值，如此一来团队就会失去竞争力，那么员工的升职和加薪问题也就无从谈起了。

美国西点军校不仅是一所闻名于全球的军校，还是塑造企业管理经营者的基地。如世界500强企业的可口可乐、沃尔玛、杜邦化学、通用电气等，他们的创始人或者CEO都是出自西点军校，甚至首度登陆月球的三位太空人当中，就有两位出身于西点军校，成就早已超过哈佛商学院训练出来的领导人才。毕业于西点军校的沃尔玛创始人沃尔顿经常说：“没有服从就没有执行，团队运作的前提条件就是服从。我们要的不是和领导作对的员工，而是服从领导决策，第一时间完成任务的员工。”一个陆军军官军校为什么会培养出那么多的企业家，难道这只是偶然吗？在西点军校培训的经历是帮助这些人担任商界领袖的重要法宝之一，他们正是用这个法宝创造了一个个举世瞩目的企业神话。

据这些企业名人回忆，西点军校一直有一个传统，就是新生不管什么时候遇到学者或者军官问话，只有四个标准的回答可供选择："报告长官，是。""报告长官，不是。""报告长官，没有任何借口。""报告长官，我不知道。"除此之外，没有任何额外的字句。例如上级问新学员："你的皮鞋这样算擦了吗？"新生当然希望为自己辩解，心想："自己的皮鞋本来擦得很干净，排队时一不小心让同学给踩了一脚。"但这只能在心里想想而已，实际上新学员只能回答："报告长官，不是。"如果上级再问为什么，惟一适当的回答是："报告长官，没有任何借口。"以上四个标准答案对于西点军校的新生来说，看似苛刻，不合情理，甚至有些刁难，但实际上是为了培养他们的服从意识。西点军校认为：军人必须以服从为天职，否则就无法在军队立足，更没有资格担任中高级领导职务。因此，百年军校——西点军校的宗旨之一就是：服从胜于一切，服从造就一切。

"服从是员工的天职"这句话一点都不夸张，员工在进入一家新的企业后就应该从零开始，为自己找准定位，明确自己的职责，服从公司分配给你的任务。一个高效的企业必须有良好的服从观念，一个优秀的员工也必须有服从意识，二者的关系是相辅相成的。因为企业整体的利益，不允许部属抗令而行。再者，没有服从理念的员工不能成为一个真正的优秀员工，也无法实现自我的人生价值。所以，每个员工在工作上都要学会第一时间去执行，绝不推卸责任，上司要的是结果，而不是你再三解释的原因，决定你升职因素的是成绩而不是借口。

第九章

洞明同事，他是你的“最佳拍挡”

人生一世，与你的生命轨迹发生交叉的人能有多少？作为上班族，每天大部分的时间都是和同事在一起度过的，假如可以把同事变成朋友，而你又可以通过对方的人际关系认识更多的人，这样一来你的人脉网就会得到更好的充实。和同事在一起，不但有共同语言，而且能增加沟通和了解，提高工作效率。读懂同事，你就能收获工作带来的惊喜！

1.从 16 个小动作看同事性格

职场就如一所“大学”，办公室政治是一门“学问”，瞬息万变，没有任何规律可循，真假难辨，没有反正可言。面对性格各异的同事，只有自己灵活机动去处理，学会绕开走路，学会正视矛盾，学会保护自己，学会处理关系。当你读懂了这门学问，你也就等于打开了成功之门！

学会和各种性格的同事打交道

对于职场人士来说，难免遭遇难以相处的同事，因为在职场法则中，从来没有什么“合理”、“不合理”，只有“巧妙”、“不巧妙”。只要你置身其中，就必须要和性格各异的同事打交道。

经过多年努力，兰馨已经升任公司市场部主管，本以为凭借一定的工作经验和专业水平，能在新部门里有一番作为，可是没过三个月，她便发觉事情不像想得那么简单。部门里同事间的关系复杂而微妙，有人结成小团体，让她在管理上感到很为难。兰馨是个不喜欢搞关系的人，做事喜欢就事论事。尽管她在工作中从不偏向或打击任何人，可却还是受到非议。年终考核，兰馨在部门考核中分数最低，看到这样的结果，她很失望，甚至感到委曲。

在现代社会中，不管你从事什么工作，团队精神都很重要。但在团体生活中，不可避免地会产生一些利益纷争。你必须先弄清团

队中哪些人属于核心人物（与公司核心业务有关联的人物），想办法与之搞好关系，不要给自己带来不必要的麻烦。还要适时研究办公室政治，多帮助别人，不求立即回报。在能力范围内，主动帮助同事，是累积人际资本的双赢方法。在争取及维护自己的权利时，妥协往往是必需的。假如你凡事都要争第一，难免会成为同事们的“眼中钉”。对于女性朋友来说，不要逞一时之强，甚至可以采取“小事求败、大事求胜”的策略，这些才是聪明的职场做法。

在职场中，人际关系是极其微妙的，如果掌握不好其中的度，就有可能遭人“暗算”，你可能就会因此失去一份工作。因此，拥有和谐的职场人际关系是每个职场人都渴望的，因此在职场中我们一定学会和各种性格的同事打交道。

身在竞争激烈的职场，为了生计考虑，有时候我们无奈地成了可怜的“受气包”和无奈的“变形金刚”，忍无可忍也须容忍、改变自身以求容身。但渐渐会发现，我们得到的其实更多——豁达的心境、融洽的人际、腾达的事业……事情或许正如法国思想家卢梭所言，忍耐是痛苦的，但它的果实是甜蜜的。不过最后要提醒的一点是：关键还要看你所在的事业平台有没有发展潜力，若是面对毫无希望的企业加上难以相处的同事，就不妨走为上计，谁给你白当“受气包”！

从16个小动作看同事性格

在职场中，假如对同事和客户的性格能够有更多的了解，那么合作起来也会更有效率，如果从心理学的角度来讲，一个人在日常无意之间所流露出来的小动作，能够说明那个人的本性，尽管并非100%的准确，不过还是有些道理的。想了解同事是什么性格的人，不妨就认真观察一下他吧。

(1) 边说边笑：这一类人在和你谈话的时候，你会感觉很轻松快乐。他们通常都是性格开朗，对任何事情都不会苛刻要求，往往是“知足常乐”，极富人情味。对感情非常专一，对友情、亲情看得很重。在职场中人缘非常好，爱过平静的生活。

(2) 掰手指头：这种类型的人总是习惯于把自己的手指关节掰出声响。他们往往是精力充沛，极为健谈，爱钻“牛角尖”。对自己的事业、工作环境都很挑剔，假如他们爱干一件事，就会任劳任怨不求回报地去做。

(3) 腿脚抖动：这种类型的人通常喜欢用脚或脚尖使整个腿部抖动；最突出的表现就是自私，他们为别人考虑的很少，凡事都会以自己的利益为重，对别人非常小气，对自己却很大方。不过他们往往思维敏捷，总是能提出一些让人意想不到的问题。

(4) 击打头部：这样的动作通常是表达懊悔和自我谴责的意思。他们往往对人苛刻，不过对事业却有一种开拓进取的闯劲。他们在职场中往往心直口快，待人真诚，极富同情心，喜欢帮助同事，不过他们往往不能守住秘密。

(5) 玩弄饰物：这种类型的人大多是女性，通常都性格内向，不会轻易展露自己的感情。她们有一个最大的特点是工作认真踏实，公司若是举行座谈会、晚会或舞会，人们都走了，还留在会场收拾的总是她们。

(6) 耸肩摊手：这样的动作表示自己无所谓。此类人大多为人热情、诚恳，富有想像力，既有创新精神，又懂得享受生活，他们所追求的幸福的最高境界就是生活在和睦、舒适的环境中。

(7) 抹嘴捏鼻：有这种习惯的人，在职场中通常喜欢捉弄别人，却又不能“敢做敢当”，喜欢哗众取宠。这样的人最后往往是被他人所支配的人，他会按照别人的要求去做，购物的时候常常拿不定主意。

（8）时时低头：这种人做事非常慎重。他们往往厌恶过分激烈、轻浮的事，非常勤劳，在选择朋友这件事情上也非常慎重。

（9）以手托腮：这种类型的人服务精神旺盛，厌恶错误的事情，在职场中对松懈型的合作对象会极其反感。

（10）两手腕交叉：这种类型的人往往对事情有独特的看法，不过给人的感觉很冷漠，属于易吃亏型的人，而且工作中也非常自我。

（11）摸索头发：这种人在工作生活中是非常情绪化的，而且总是感到郁闷烦躁。对流行非常敏感，不过也是忽冷忽热。

（12）手放嘴上：这种属于敏感型的人，他们是秘密主义者，往往嘴上逞强，不过内心却非常温柔。

（13）手握手臂：这种是保守派非理性的人，由于不懂得拒绝别人的要求，往往会有吃亏的可能。

（14）靠着某物：这种人的性格非常冷酷，非常有责任感和韧性，属于独自奋斗的类型。

（15）到处张望：这种人是天生的乐天派，有顺应性，对任何事情都表现出兴趣，对身边的同事有明显的好恶感。

（16）摇头晃脑：这样表现的人非常有自信，甚至是唯我独尊。他们非常懂得在社交场合表现自己，同时他们对事业勇往直前的精神很让人称赞。

2.小心老板身边的职场“红人”

不管在什么场合，都切记不要得罪老板身边的职场“红人”，尽量争取和他们友好相处，并且获得他们的认同；就算不能，也千万别和他们发生正面冲突。要明白，一时的退步和忍让能够给你换来长久的好处！

平常心面对职场“红人”

某公司的梁欢、林灿和蔡晓及其他同事均在同一办公室，梁欢和林灿业务能力较强。公司正准备从这几个人中提拔一位作为办公室主任，接替即将退休的老主任，其中梁欢和林灿比较有希望，而梁欢与上层领导关系不错，林灿是老主任的红人，上层领导已经漏出口风，计划由梁欢接任。此时却发生了一件意想不到的事情，传出梁欢好像存在男女关系问题，此事是由蔡晓口中得知。事情的结果是林灿接替老主任，上层领导对蔡晓不满意，借故将其调到一个效益较差的部门去工作了。

蔡晓就是因为传播了同事的隐私，而被能力强的人抓住该同事把柄，搞掉了自己前途上的拦路虎。而蔡晓自己却并没有因此得到好处，反而受到同事们的戒备和领导的批评。

在知道了谁是老板跟前的“红人”之后，就有必要采取一定的措施来争取和他们友好相处，而不是拆他们的台。要细心观察，看他们有什么样的特点，也不要表现得迫不及待想接近他们，跟他们拉关系，有时候这样做说不定会弄巧成拙。不过一定要有一颗平常心，观察他们的言行，打听他们的兴趣爱好和经历等，向他们伸出友好之手，可以表达自己也有一样的兴趣，来拉近你和“红人”之间的距离。当“红人”有困难需要帮助的时候，你需要全心全意地帮他们，从表面看你耗费了时间、精力或是金钱，但是从长远来看，受益也会很多。他们在老板面前的溢美之词能让你在这个公司中升职加薪更容易。

新来的同事杰尼，看得大家眼红，恨得同事们牙痒。也不知他哪来那么大魅力，年纪轻轻，明明没什么实际经验，凭着好口才，就能说得老板中了邪一样动心。一轮面试后，薪水高得离谱，工作充分放权，明摆着是让他“速成”资历，尽快脱颖而出！

做一个策划案，原本应该是老员工指点新人，结果每次开会，都是杰尼不客气地频频发言，其他人的意见，都被他批评得体无完肤，俨然是未来的部门经理。但是偏偏老板坐镇当场，眉开眼笑，频频点头，眼里流露出一种沉醉——连正牌经理都只有洗耳恭听的份，其他人当然只好硬生生憋下一口气，挤出一脸笑容说：“杰尼说的对……”

到了今天这个年代，职场中人越来越有可能遇见资历不深却颇受公司器重的“红人”。妒忌和羡慕，都不利于你的职业发展。最好的方法是仔细观察。假如他们受宠，是由于他们能满足公司目前的需求，你就该考虑自己那套是不是已经跟不上形势了？而一个能够被老板喜欢的人，往往也是在人际沟通技巧上较为高明的人。职场“红人”往往也有明显的优点，此时你可就要见贤思齐了。但是任何人都不可能永远和老板占据高地，刻意去讨好一个，有可能会得罪更多的同事。不管怎样，面对这样的同事，必须以一颗平常心去建立良性合作关系。

当心老板身边的红人

常言道“十指还有长短”，更不用说是老板身边的人。在一些企业中，老板们都自然或不自然地安插一个或几个诸如亲戚、朋友、跟着老板时间长、看似顺眼的“红”人，但是这样的人一旦进入企业，他们的特点就明显地表现出来，例如：对老板阿谀奉承，对其他员工冷言冷语，对直接上司满不在乎，而且他们擅长周旋于老板和其他员工之间，让不善了解员工情绪的老板更加远离员工，让员工常常猜测老板的心理反而忽视本职工作。上述这些行为，往往会影响企业内部的信息沟通，阻滞企业前进的步伐。

对于有知识有能力的新时代员工，我们完全能依靠自身的智力资本工作，那些怠慢工作的并打算效仿“红”人的行为是不可取的。那么，怎么识别“红”人呢？有以下十点：

(1) “红”人工作期间漫不经心，但一见老板过来，马上干劲十足。那么，不管是其他员工或是“红”人的直接领导，不妨当着老板的面，指出他的不足，抑或是私下对他提出警告，再观后效。

(2) “红”人有时不服从直接上司的领导，并且只对老板安排的工作认真。那么，就不妨建议老板调他做跟班秘书，抑或让他独立起来，做一些和个人业绩密切相关的工作。

(3) “红”人由于和老板关系亲密，并且自认有些特权，所以对其他员工指东指西，一副二老板的样子。那么，就不要给他太多权力。

(4) “红”人往往热衷于关心和传播老板的话，震慑其他员工，只要有言语不和者，就被他抓住了小辫子，也许因此降职或下岗。

(5) “红”人喜欢曝料老板的秘密，仿佛对老板的行为敢于直言，而事实上，他是在给同事下圈套，一方面，忽悠其他员工对他表示敬畏，另一方面，炫耀他的特殊地位，警示周围的同事。

(6) “红”人原本碌碌无为、一事无成，却能在企业稳如泰山，这就证明这家企业管理有问题。如果不小心进入这样的企业，切记不能摹仿“红”人，要知道，保持做人的努力和真诚，是任何金钱和地位都无法换来的。

(7) “红”人有事没事常常加班，用这样的行动来吸引老板的注意和伺机向老板进行汇报，因此，他们从来不会实事求是的说，而是无限制地夸大自己的业绩，把别人的辛苦也据为己有。

(8) “红”人非常关注其他员工的劳动成果，他们会在一次会议上或老板面前抢先发表，导致其他员工的智力资本被剽窃，用心可谓是险恶！

(9) “红”人非常喜欢出头露面，因此，要想制约住他们，只有在他们出头的时候才能掌握住他们的“短处”，对他们进行约束。

(10) 制约“红”人，一定少不了要借助老板的力量，要相信老板和引导老板，朝着企业的良性循环发展。

综上所述，老板是人，“红”人是人，作为员工的你同样是人，所以身上都会有人性的弱点。你必须要有一颗平常心，除了自身具备足够强大的能力之外，还应该在面对工作时采取“对事不对人”的态度，只有那样，才能有一个好的职业发展前景。

3.巧妙应对爱妒忌同事的排挤

常言道：“物竞天择，适者生存”，有人的地方就会有竞争。当然大家推崇的是“选贤与能，唯贤者上”，但实际操作中，有些地方、有些人则变了味。在职场中，若有职位的空缺，也只能选一个，这时就有“小人”出来作怪，造谣生事，往往矛头直指着能干的“出头鸟”，千方百计将之“搞下去”。在现代职场，这种办公室“病态竞争”可谓是屡见不鲜。追根溯源，就是人自私、嫉妒的心理在作怪，对办公室的不良竞争意识则起着推波助澜的作用！

职场中的"病态"竞争之痛

病态竞争之一：学历不够被人踩

戴强在一家大公司任部门经理，在10年前就领取每月八九千人民币的高薪。戴强是个实干家，很有能力，但戴强也犯了不少实干家的通病：在人际关系的处理上不是太在意，说话直率，得罪了好些人。渐渐地，公司里头有人不满了，看着他每月拿着那么高的薪水，更是眼睛都要冒出绿火来。随着公司的扩张，人员也增多了，不少本科生、研究生进驻，于是戴强的中专学历就成为受攻击的主要目标。不断有人在年轻人中散布"戴强经理不行啊，只有中专文凭，层次太低了，还拿那么高的工资"，说的人多了，真假也难辨起来。直到换了新领导，戴强降级到部门下面一个不起眼的小单位，等同宣判他是个无能的人。

一直兢兢业业干活的戴强困惑了："说我文凭低，但我的能力大家都看到了；说我花公家的钱图享受，实际上我肝不好还为了公司业务舍命陪酒，我到底图什么啊？"人事调动带来的巨大反差让戴强一蹶不振，上班经常走神，吃饭也没胃口，精神极差。到医院一检查，戴强患了抑郁症。

病态竞争之二：桃色新闻小道消息传播

中年女性汪悦是个转业军人，在部队时就从事宣传工作，能说会道。到了现在的单位后，也难掩其风采，处理事情干净利落，上下关系都能融会贯通。就是这样优秀的一个人却被部门里的其他人看不惯，觉得"这个人怎么这么厉害?"

平时看不惯也就算了，部门人事升迁消息传来，矛盾急剧升级。汪悦的部门只有一个正职，需要从下面职员提个副职，领导有意提拔汪悦。风声传出后，其他职员心里极不平衡："我们都做了十几年，凭什么你刚来一年多就做我们的头?”大家有意无意联合起来孤立汪悦，对她冷言冷语。汪悦才三十多岁，爱打扮，部门其他人有意见了：“一把年纪了，整天花枝招展，这不是故意要诱惑男人吗?”

部门的工作需要联系外界，汪悦不免要接触异性。有次她和一位二十多岁的男青年联系得多了，两人相谈甚欢，这又被别人抓住把柄，桃色新闻出炉：“你看她和那个年轻人肯定有鬼！真可笑，还想老牛吃嫩草。”小道消息一时传播开来，说完了几个人还阴阴地笑，拿鄙视的眼光看汪悦。男青年不联系了，下次只要汪悦与异性走得近，又有新版本的桃色故事传出。汪悦起初还心想身正不怕影子斜，但时间一久，流言还是频出，她在办公室里就像箭靶子，最后愤而辞职。

从上述案例可以看出，种种办公室的病态竞争都由社会竞争的不良竞争而起。看着别人超越自己，很有可能爬到自己头上去，妒忌心理油然而生。在职场中，因为竞争优胜者将获得利益与好处，处于下风的人心理自然失衡。于是，人性中妒忌的一面就爆发出来，不择手段地将对手踩下去。

在职场中，打击竞争对手的手段通常有以下几种：或者抓住对手犯的一点小错误、说过的一两句错话扩大化，添油加醋，小事闹大；或者了解到对手私生活的一两件小事，捕风捉影渲染别人私生活不检点，甚至推理、想象出对手私生活糜烂的证据；或者抓住对手的生理或性格上的小缺陷，加以嘲笑、攻击，甚至侮辱。传播流言的方式传统来说有投寄匿名信和私下散布小道消息两种，后者范围更大，影响更深远。小道消息口口相传，难免添油加醋，传出不同的版本，伤害程度很大。尤其在现代社会，随着资讯的发达，手机、网络等传播渠道增多，流言传播对当事人的伤害就更大。

怎样和有嫉妒心理的同事相处

那么，对于身处职场的人来说，尤其是病态竞争中的受害者，又该怎样正确面对呢？

第一招：走自己的路，让别人去说

如果你的同事嫉妒心很强，在与其相处时，最好别刻意采取一些方法来对付他。因为嫉妒心理本身就是多疑的、爱猜忌的。因此，倒不如将有嫉妒心的人当作普通人来看待，俗话说，见怪不怪，其怪自败。与其绞尽脑汁去想对策，何妨来个“无为而治”，也许就能达到“无为而无不为”的效果。

第二招：采取妥协和退让的必要策略

大智若愚，难得糊涂。先贤孔子说过：聪明睿智，守之以愚；功被天下，守之以让；勇力振世，守之以怯；富有四海，守之以谦。这就是一种处事的策略，事实就是这样，当一个人身处鲜花与掌声中，更要谦虚、谨慎，既能有效防止被嫉妒，还能调整自己的心态。

以爱化恨，以让抑争。所谓以爱化恨，就是要职场人用真诚的爱心去感化嫉妒者，从而消除化解嫉妒。常言道：恨是离心药，爱是胶合剂。所以，当你遇人嫉妒时，若能以德报怨，用爱心去感化嫉妒者，恩怨也就自然会化解了。以有原则的忍让来抑制无原则的争斗，这是根治双向嫉妒和多向嫉妒关键之举。在职场中，若嫉妒者向你发出挑战，你既不迎战，反而退让三分，在坚守原则的前提下来求大同存小异，或求大同存大异。此方法实不失为化解嫉妒，免遭嫉妒的好方式。

第三招：说服、鼓励的对策

在职场中，面对一些因误会而产生的妒忌时，就需要进行说服和交流。不然误会越来越深，以至严重干扰和破坏人际关系的正常

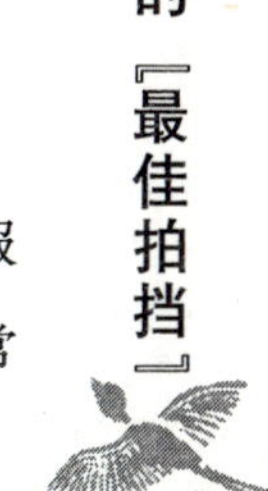

交往。说服时一定要注意心平气和，还要做好多次才能说服的准备。对嫉妒者还要采取鼓励的态度。因为嫉妒者是在处于劣势时产生的心理失落和不平衡，虽表面气壮如牛，实则内心空虚，且隐含着一种悲观情绪。因此需要对嫉妒者采取鼓励的态度，要站在对方的立场上分析他的长处，以强化其信心，转变他的错误想法。最后，在你的能力范围内，不妨为嫉妒者提供一些有效帮助，使嫉妒者转向公平竞争。

那些职场中的嫉妒者们通常认为："我不成功，你也别想成功。"这是很可怕的，有意陷害自己的竞争对手不是件困难的事，以下因素起了助长的作用：中国人的传统心理喜欢听小道消息，听完了又会口口相传。这样一来，就会使当事人陷入左右为难的境地。不辩解，任由他人说去，要承受很大的心理压力，不少人为此出现严重的心理障碍；解释则可能越描越黑，越解释别人越以为你心里有鬼。因此，人在职场，与人相处也是一门大学问！

4.看清不可深交的五种同事

说到办公室友谊，有人精辟地概括——同事间相处的最高境界是永远把别人当作好人，但却永远记得不可能每个人都是好人。更多的人否认办公室友谊的存在。既缺少生理联系，也不受经济地位的限制，原本就很脆弱，在办公室这种"高压"环境下奢谈友情，未免过于奢侈。因此，在职场中最好不要与同事深交！

五种职场同事不可深交

路兰跳槽新进了一家网络公司做渠道助理，二十多人挤在不大的办公室里，倒也热热闹闹，经常说笑打闹，很快路兰就融进了这个随和的气氛里。因为单身，又刚毕业，路兰下了班也经常留在公司里上网，这样就和经常需要加班的郭霞成了好姐妹。两个人常一起吃午餐，聊新闻趣事，说明星八卦，谈论公司里的老女人，郭霞还热心地为路兰张罗男朋友。

成了好友后，路兰发现郭霞的工作其实非常繁琐，她负责配货这一块，客户经常有许多过分的要求，哪怕是下班时间，也要求立马就能得到解决。路兰想，两个人做事，总比一个人快。因此常在下班后自告奋勇地帮郭霞工作，变成了两人一起加班。为表示感谢，郭霞也常请路兰吃饭，路兰就更觉得自己应该帮朋友了。

但时间久了，路兰却发现事情有一些不对劲，先是哪怕自己已经下班，要求发货的客户电话也会直接打到手机上，并声称是“郭霞小姐给我你的号码，说这事你最清楚，你能解决”。次数多了，路兰开始有些不耐烦，觉得自己的生活受到了干扰，但碍于朋友情面，又不好当面指出；但没想到更过分的是，月度工作总结的会议上，郭霞居然大大方方地站起来说：“这两个月来，路兰帮了我不少，我发现她其实很适合做客户配货的工作，而且客户们也给我反馈说她做得很好。经理，我建议把这个工作移交给她。”还没等路兰发话，被蒙在鼓里的经理已经在一边点头赞好，郭霞就这样轻轻松松地把最难啃的骨头丢给了傻乎乎的路兰！而且同事们还以为是路兰自找的，路兰就这样成为了冤大头！

身在职场，当你发现自己被所谓“朋友”利用时，一定要敢于站出来维护自己的利益；当然，由于你是新人，很可能会吃亏，但

吃亏总比做冤大头要好。总有一些小人会利用新人的单纯与友好来获取自己的利益，但或许也会有人是真心想和你做朋友。在职场中，你可以做搞好办公室气氛的积极分子，但切忌涉入别人的工作和私生活。路遥知马力，日久见人心，经过一段时间，你定能分辨出哪些是可以值得真心付出的朋友。

在办公室这个小天地中，职场新人与同事沟通要把握好度，以下五种人，应该尽量避免深交，以防给自己的职业路上增加绊脚石！

(1) 交浅言深者不可深交

初到公司的职场新人，可以通过聊天和同事交流，拉近彼此之间的距离。但有一种人，刚认识你不久，便把自己的苦衷和委屈一股脑儿地向你倾诉。此类人表面看似令人感动，但他也许也同时在向任何人倾诉，你在他心里并不占多大分量。

(2) 搬弄是非的“饶舌者”不可深交

很多时候，喜欢说人是非者，必为是非人。此类人有事没事就喜欢在人背后嚼舌根，抱怨这个同事不好、那个领导有外遇等等。长舌之人可能会挑拨你和同事间的交情，当你和同事真的发生不愉快时，他却隔岸观火、看热闹，甚至拍手称快。这种人就是惟恐天下不乱，一方面鼓捣你去说领导的坏话，暗里却添油加醋地把这些话传到领导的耳朵里，若领导没有明察，那么你的好日子也就到头了。

(3) 惟恐天下不乱者不宜深交

在职场中，还有一些人是“看热闹的不嫌事大”，他们热衷于传播小道消息，制造紧张气氛。“公司要裁员”、“某某人得到领导的赏识”、“这个月奖金要发多少”、“公司的债务庞大”等等，弄得人心惶惶。如果有这种人对你说这些话，切记不可相信。当然也不要当头泼他冷水，只需敷衍：“噢。是这样啊。”

(4) 顺手牵羊爱占小便宜者不宜深交

有的人爱占小便宜，还认为“顺手牵羊不算偷”，就顺手拿走公司的财物，比如订书机、纸张、各类文具等小东西，尽管值不了几个钱，但领导绝不会姑息养奸。这种占小便宜还包括利用公司的时间、资源做私事或兼差，总认为公司给的薪水太少，不利用公司的资源捞些外块，心里就不舒服。此类问题看似是鸡毛蒜皮的小事，但公司一旦发生什么严重的事件，领导最先怀疑的就会是这种人。

(5) 被领导列入黑名单者不宜深交

你不妨认真观察一下，就会发现哪些人是领导的“眼中钉”，若与“不得志者”走得太近，难免会受到牵连。或许你会认为这太趋炎附势，但这也是无奈啊，难道你不担心自己会受牵连而影响到晋升吗？话说回来了，即使不和对方深交，你也用不着落井下石。

办公室友情是把双刃剑——八大注意

世界上没有完全相同的两个人，每个人都有自己的喜好和兴趣，没必要人云亦云，也没必要过分强调自我，或把自己看轻。融入到大集体中可以在不经意间增长你的见识，使你获得意外收获。这个世界上从来不缺乏朋友，别以为战场上就没有友情，事实上如果你肯以真诚之心相对，还是会发现一些真诚面孔的。

办公室是最需要理智的地方，这话应该没人反对。在办公室里，最安全的关系就是商业伙伴关系，就是同事关系。因此有人说，办公室是让友谊流逝的地方。其实，现实并非如此绝对。同在一个屋檐下，就算办公环境再保守，再冷漠，同事之间也总能了解到彼此的生活细节：可能是一个电话，可能是偶尔的一句牢骚，也可能是不经意间流露出来的一种烦恼……但是，这办公室友情是把双刃剑，在享受其欢乐的同时，也有可能背后挨刀。因此，这办公室友情怎样拿捏得恰到好处，是很有学问的。以下八大注意是你一定要知道的：

(1) 工作就是工作，注意将友情与工作尽可能分开。

(2) 把握好信任的度，注意在给予朋友信任时一定要谨慎。

(3) 若你认为友情已经影响你的工作，最好找机会开诚布公地与对方详谈。假如有必要的话，尽量把自己从潜在的危机中脱离出来。

(4) 注意离谣言远一些，自己也不要在办公室里散播谣言，尤其是当你因友情而能获得一些小道消息的时候。

(5) 不违犯纪律，注意公司对友谊进行的各种规定。很多公司都对员工间的友谊进行限定，避免在企业内引发小团体或小帮派的麻烦。另外还有个别公司对员工与客户的友情关系也有明确规定，以避免不必要的事端。

(6) 在工作时间内，注意回避过分个人化的办公室提问。

(7) 将工作和感情因素分开。注意别试图利用任何一种友情关系作为商业操作的杠杆。

(8) 在办公室的人际关系中，相处中一定要注意使用身体语言，注意对声音的运用，注意措辞不要太过亲密。不要在公司内部炫耀与某人的友情，以避免给你造成不必要的麻烦。

在办公室这个特殊环境中，谋求职业发展永远是第一位，友情是第二位。在职场中，人际关系本来就是很微妙的，最忌讳的就是同事跟朋友角色的混乱，工作跟生活混为一谈。原因就是单纯的工作一旦掺入复杂的感情因素，就很可能会打扰工作的状态，本来在工作中应该客观、公正、明朗，但因为渗入了朋友成分，人就可能缺乏公正性，变得主观和情绪化。因此，人在职场，为了生存就不得不将友情暂且搁置，清醒地与同事保持距离是最明智的选择！

5.火眼金睛，揪出“小人”同事

身处在竞争激烈的现代职场中，难免遭遇“小人”同事。那些善于笑里藏刀的人，通常喜欢低着头，不太去正视别人的眼睛，目光萎缩隐藏。笑起来的时候，显得不够放松，举止轻浮，言语中有一些不检点的成分。人在职场，就一定要炼就一双“火眼金睛”，识别那些想利用你的人，让他们的“阴谋诡计”无处遁形！

小心！有人在背后暗算你

有这样一种人，他的经历曲折动人，甚至就像电影里的情节一样，波浪起伏。比如苍凉的身世，婉约而凄美的爱情故事。有这样一种人，他总是自称和你的经历很“相似”。你每说一件事他都会应和，常常给你营造一种“同是天涯沦落人”的感觉。

有这样一种人，他处处总要跟你一样并一致，比如，本来你们从外在到内在，都有着显而易见的差异，但他总是殷勤地说：“咱们相似得就像两姐妹啊！”口头禅是：“你跟我一样……”

有这样一种人，他对你总是超乎寻常的热情，总喜欢给你一些小好处，当你遭遇困难，他会不顾你需不需要地提出帮助，不过从来都是“空头支票”。

有这样一种人，他没来由地拉拢你、依赖你，甚至为你安排一些活动，喜欢说“咱们一起去……”表面上看对方真是热心，但事

实上，假如你真的很出色了，他又会想方设法排挤你了。

实际上，“职场如战场”，职场人士对自己身边亲近的“陌生人”也不可不防，不然你就会被对方“暗算”，到时候就悔之晚矣。

张燕最近郁郁寡欢，她不能想到的是跟自己两年友情的同事兼死党李歌竟会在同行业跟自己公然竞争。李歌是一个离了婚的女人，她刚到公司的时候，对这个行业没什么经验。作为部门主管的张燕自然成了她的入行老师。那个时候的李歌对张燕嘴可甜了，左一个“张姐”，右一个“张姐”地叫，李歌下班后还会到张燕家串门。

张燕是个挺人性化的上司，她对于他人的好意从来不懂得拒绝，比如李歌会常给她两岁的儿子买一个小礼物，张燕则经常手把手地教李歌一些经验。两年后，李歌就辞职到另一家公司，而那家公司是张燕公司最大的竞争对手。她抛出了张燕曾经给她透露过的一些公司计划，来了一个“先下手为强”，搞得张燕措手不及。

事实上，在竞争激烈的职场中，最忌讳的就是同事跟朋友的角色搅在一起。职场中人要想在自己的岗位上有所作为，就一定要保持清醒的头脑，和同事保持在“安全距离”之内。

秦菲是通过老公辛涛推荐认识陈薇的。陈薇是辛涛的同事，两个女人在一起起初很是投缘。尤其是得知陈薇不如意的感情生活后，秦菲更是对她产生了一种类似姐妹间的同情。她经常邀请陈薇到家里来做客，甚至在自己楼内为她找了一套房子，同时，秦菲还积极介绍自己认识的心理医生朋友给陈薇，希望可以帮助她早日走出失败感情的阴影。

但是这样交往三个月后，秦菲发觉辛涛的手机上屡屡收到陈薇发来的信息，而且辛涛有一次向妻子透露，陈薇想邀自己去一个海滨城市同游，而且再三骚扰，最终被自己拒绝。秦菲哑口无言，没想到自己的一片好心却换来这样的回报，她心里一阵发凉……

在现实中，一些女性会有这样错误的假设：我必须跟丈夫的朋友成为朋友。于是，秦菲对陈薇没有了跟别的朋友的一些防备之心，事实上，那些心理有问题的人的心理世界不是一两次心理咨询就能解决的。假如对方不能答应长期心理治疗，那就要坚决远离她，因为她很可能侵入到你的生活。

事实上，对于初入职场的人来说，缺乏相关的工作经验和社会经验，对一些事情的理解陷入了误区，才会导致自己频频遭遇别人的“暗算”。

下面就来看一下职场新人容易走入的误区，以求防患于未然：

误区一：常言道：“害人之心不可有，防人之心不可无。”初入职场的新人很容易犯轻敌的错误。许多初入职场的新人，由于不了解职场竞争的残酷性，面对所有可能成为自己对手的人，往往对他们不设防，有时候甚至将自己的底牌一股脑儿地透露给对方。每个人都有自己独特的生存方式，想投机取巧的人打的就是你对他不设防的主意，因此要想在竞争残酷的职场中生存下来，就不能犯轻敌的错误。

误区二：对于初入职场的女性朋友来说，往往会因为缺乏相关的工作经验和为人处事的经验，轻易相信有些居心叵测的人的建议。其实，同事之间是非常容易有利益抵触的，遇事不能轻易相信别人，哪怕是你最好的朋友。

误区三：在现实生活中，生存的压力迫使人们不得不为了使自己更快地升职晋级，一心钻研业务，而忽略了搞好人际关系，使自己在办公室中老是处于孤立无援的地位。事实上，经常与同事沟通感情，搞好人际关系，这对初入职场的新人来说，也是一种人生智慧。只有这样做，在你遇到“事”时，才会有人站出来为你说话，为你分忧，你就不会感到焦虑和孤单了。

保护自己，免遭“小人”同事暗算

史涵在一家金融机构工作，是办公室中公认的乐于助人之人。有时候同事委托她帮忙她总是能够无差错地完成。有一次，史涵和另一位同事到外地出差，同事有些水土不服，就求她帮忙做一下单子，她想都没想就答应了。

史涵发现有一张单子的数目可能有问题，就问同事是不是需要核查一下，同事在洗手间里说没问题，她都核对过了。于是史涵就帮同事把单子都做完了。结果回到公司后几周，经理找史涵谈话，大意是公司因为史涵做的错误单子而产生了经济损失，要她自动辞职。史涵很清楚，这是同事犯的错，她找了同事在经理面前对质，没想到同事竟然说她没有经手过这张单子。因为单子上签着自己的大名，同事又不承认这张单子是委托史涵做的，结果史涵只得背上这个黑锅，递交了辞呈。

常言道：“商场如战场。”其实职场又何尝不是如此？在平时大家可能和睦相处，亲如一家，可是一旦面临晋升、加薪、裁员等利益问题时，合作关系很可能就会变成竞争关系。假如你还是没心没肺地以为“你好我好大家好”，很可能就会遭人“暗算”。所以，职场中女性不要显得过于善良，不妨适时适度表现得“泼妇”一些，避免给人一种好欺负的乖乖女形象。

那么，在充满着竞争的职场，新人如何做才能不被职场“小人”所暗算，使自己在办公室中如鱼得水呢？下面就为你奉上几个化解误区的方法，对职场女性朋友是很有用的：

方法一：有句话说“人缘是个宝”，在办公室人际交往中，应以诚待人，巧妙“外交”，要善于编织自己的人际关系网。

方法二：时刻警惕，睁大眼睛，绝不让居心不良者有可乘之机。

方法三：不要太低调了，有意识地创造一些能表现自己、展示个人才能的机会。为什么要这样做呢？就是为了引起上司对你的注意，使那些对你有成见的人不能轻易打垮你。

方法四：先贤早就告诉我们：三人行，必有我师。对职场新人来说，一定要多向老同事学习，不断增加自己对社会关系和人际关系的认知能力，使自己能在被人“暗算”之前及时识破对方的阴谋，防患于未然，从而能更有效地保护好自己。

职场人士一定要记住，在你相信一个人之前，要学会对他进行全面的观察和考验，不要一味地给自己一个“对方是善良的”这类假设。因为每个人都有私心，你无法阻止他们可能利用了你的善良去达到自己的某些目的。因此，要小心提防那些“披着羊皮的狼”，笑容背后掩藏的杀机！

6.同事跟你抢功怎么办

在职场中，难免会碰到把你设为假想敌的同事，他们喜欢躲在不起眼的角落，瞅准你的小漏洞跳出来设“坑”。比如遭遇同事跟自己抢功劳，有时自己辛辛苦苦地干了半天，功劳和成果却是别人的，多郁闷啊！直接向领导哭诉，可能并不能改变既定局面，反而还会落得搬弄是非的嫌疑；一味忍让无疑更会助长小人的气焰；针锋相对互相报复换来的将是无休止的办公室风云……那么，在职场中当遇上同事抢功该怎么办呢？

身在职场，会做更要会表“功”

“会哭的孩子有奶吃”，这句老话从前沈珂不当回事，在职场里混过几年之后他才明白过来。在沈珂看来，职场如战场，就如上阵杀敌一样，抢字当头，否则什么都得不到。

以前的沈珂，从来都是一副谦谦君子的样子，为人低调，做事高调，是公司里的销售主力。他做事总是不急不躁的样子，气定神闲，凡事轻松搞定，人人以为他手眼通天，却都看不出他在每一件事情上的努力。老总赏识他，因为他总能更好地完成任务。前年，正值国庆黄金周前的销售旺季，老总下了一单任务，让他去攻克一个大客户，并配备给他一名搭档，说是跑跑腿这类杂事就交给同事去做。沈珂对人向来很厚道，对这同事搭档也并不存戒备之心，带着他一起拜访客户，一起讨论回扣，一起请大客户吃饭娱乐，很快就拿下了这单任务。其实，工作完成得轻松与沈珂几年来在这个行业里广交的丰厚人脉有关，他为人好，办事利索，生意之后客户也就成了朋友。其实，这个大客户跟沈珂的另一个客户朋友关系甚好，于是生意也就是一个电话的事而已。

沈珂的搭档属于眼明手快聪明伶俐的那种角色，看到沈珂如此轻松搞定看似艰巨的任务，很眼红，却不表明在脸上。他嘴甜，一口一个沈哥，一口一句学习，在沈珂面前好话说尽，到老总那里却摆了自己一道头功。他给老总阐明的事实是，沈珂虽然能力强，但做事未免不够认真，总是和客户吃吃喝喝，连客户公司都懒得去一趟，而自己呢，是接连往客户那里跑了不下十趟，才凭着辛苦和诚心拿来的这个大单。要知道，在职场文化里，向来都把勤奋和认真看做第一位，而对轻松搞定一切总带着先天性的怀疑。当老总皱着眉头听取了汇报后，从此对沈珂有了看法。而沈珂的搭档却因会哭并且善于表功，日后升位做了主管。

通过这件事情后，沈珂终于明白，既要会做又要会说，特别要懂得在领导面前说自己有多辛苦，拿单子有多么不容易，自己的付出才能够有回报。

职场中总有人在抱怨：那个人没有我做得多，说得却比我多，最终他升职加薪，我却什么没捞着，这岂不是抢了我的功。不过若是彼此可以开诚布公地谈谈，人家可能也会说："我抢你的功了吗？没有，我只是向老板展现自己的成绩，至于你的成绩，我可没义务去说。"事实就是如此，如果你过度低调，别人是没有义务做你的劳动模范宣传员，因此，你的功劳就属于别人了。因此，不要再把委屈和不满埋在心底，把自己的功劳展现出来，让大家心服口服。

见招拆招应对同事抢功

当你绞尽脑汁想出一个好创意，或者你勤奋工作为公司发展做出了极大贡献时，却有人试图把这份功劳据为己有。在这种情况下，你知道该怎么办吗？生气是没有用的？面对抢功，与其郁闷地心碎，不如勇敢地接招。以下三招你不妨可以参照一下：

(1) 用短信澄清事实

这要有一个前提条件，写的信不能有任何坏的影响，短信内容一定不能让对方产生不快。写信的主要目的是要委婉地提醒一下对方，自己当初随便提出的想法，是如何演变到今天这个令人欣喜的样子。另外，还要在信中适当的地方，写上有关的日期、标题，还要引用任何现存书面证据。

有一点非常重要，那就是要在短信的最后建议进行一次面对面的讨论，这能让你有机会再次含蓄加强一下你的真正意思：这创意是你想出来的。假如真的有人把你的功劳忘记了。要把功劳据为己

有，那么这个方法倒能为你争回功劳起到一定作用。

（2）夸赞抢你功劳的人，再一次重申功劳是自己的

此方法对职业女性来说特别需要。很多研究者发现，女性员工喜欢从“我们”的角度——而不是“我”的角度来做事，所以她们的想法和首创就常常会被男性同事挪用。若将视角放在事情的积极一面——你的同事也是出于要干出最好的工作的目的，同时要注意到同事对要做的事情也有独到的看法——也许这就是你解决棘手问题的突破口。

如果你认为这个方法对你有用，那就一定要早点行动，若等你的同事把你的想法散布开时再行动，困难就会变大。

（3）退出争夺战

从表面看，这好像不能称之为一种方法，或者不能算是一种很好的方法。但对某些人来讲，这或许是最好的。你应该问一问你自己：哪个更重要，是把这个想法付诸实施，还是独自拥有想出这个点子的名誉？这是一个复杂的问题，尤其是对女性来说，什么时候应该跟男同事理直气壮地理论“挪用他人想法”的问题，什么时候又应该为本机构做出一些牺牲呢？在做出决定时，应该考虑一下，要打这场“官司”得花费多少精力。在某些情况下，比如你正要接受一次重要的提升，要付出大量的时间和精力；或者除了“原则问题”之外其他并无妨碍，而要证明所有权只能使你疲惫不堪……可能这只会触怒你的上级，让他们奇怪你为何不能用这些时间来做点更有意义的事情。在这种情况下，退出争夺战才是最聪明的做法。

忙忙碌碌辛苦多日的成果，领导看不到已是令人郁闷之极的事，最可恶的恐怕就是被抢功者横插一杠，功劳他享。转眼间小人得了势，逐渐成了领导身边的红人，而埋头苦干者只能在他的光环下继续黯淡地生活，心中越想越憋气，却又不想说破而破坏同事间情谊。在职场中如果屡次遭遇此类事件，就需要具体问题具体解决，有必要时一定要使用职场战术与对方过招。

7.投其所好，多多赞美你的同事

在职场中，有些人往往善于发现别人的长处、善于赞美别人的优点，当然这绝不是单方面的给予和付出，同时他也会得到很大的收获。通常在你赞美别人的时候，往往也会激励自己。在人际交往里，存在这样一个不等式：赞美别人所付出的远远小于被赞美者所得到的。谁都喜欢受到别人的赞美，哪怕是一句非常简单的赞美之词，也可使人振奋和鼓舞，使人得到自信和不断进取的力量。

赞美，拉近你与同事之间的心理距离

在职场人际交往中，赞美是一种非常有效的交往技巧，能有效拉近你与同事之间的人际心理距离。

现实中，身处沉闷的办公室，到处充满了文件和繁杂的公务，日复一日的重复使人们发现曾经让自己热爱和感兴趣的工作，在不知不觉中变得枯燥无味，当人们面临越来越大的工作压力，情绪也会变得焦虑和抑郁，心态会变得烦躁不安，经常想些不愉快的事情，对能完成的简单工作也会觉得复杂和难度增大！此时此刻，人们内心深处就会涌起一种热望，渴望关心和赞美！

赞美是从心理上给人力量。赞美是发自人类内心深处的对他人的欣赏，然后回馈给对方的过程，赞美是对他人的关爱的表示，是

人际关系之中一种良好的互动过程，是人和人之间相互关爱的体现。在现实中，当内心中充满了对他人的爱护时，赞美就会油然而生。

不妨来看看下面这几个办公室的小场景。

高敏剪了一个新发型，她把一头蓄了几年的披肩长发剪成了齐耳短发，同事们都齐声称赞她的短发清爽简洁，高敏在这鼓励声之中，对理发师的怨气一股脑儿全消了。“我剪完头发，觉得一点都不像我理想中的模样，气得我当时就想跟他吵一场，找他理论，怎么给我做成了这样的发型？这不愉快的心情带到了今天上班，甚至有一个客户来找我，我当时还有些气在心里，平时对客户很有礼貌的，今天不知怎么就看那个客户不顺眼！总想跟他发火，但是听了这些好听话，不知不觉气就消了，心里也觉得顺畅了，看客户也觉得顺眼了，真希望你们天天说让我开心的话！”

柳冬，是个刚参加工作的业务员，出去跑客户，客户不是拒绝，就是给他一副冷脸，让他一腔热情化为湿冷的汗水。因此，回到办公室他就一脸的沮丧，看见同事，说话也没好气，女同事盈盈给他打招呼，问候他的近况，他也爱搭不理的。

“呦，这是怎么了，遇上什么不顺心的事了？”

“一边去，少理我！”

“什么事情让我们的小帅哥不开心啊？”

“帅哥，管什么用呢？还不是照样遭人拒绝！”

“帅哥哥，你放心，我永远不会拒绝你！”

“听你这话我心里真受用！”

一句简单的赞美化解了柳冬一天的疲劳和失败感。

梅楠自己经营一家公司，每天接待客户，还要管税务和财务，忙得不可开交。一照镜子形容憔悴，几个重要的客户还没有搞定，生活真是让她忙得没有照顾自己的时间，一丝伤感悄然袭上心头。合作伙伴韩东看到她的眼神和举动，从中读出了她的感伤，走上前去，递给她一杯香浓的咖啡，“休息一会，梅楠，你永远是最美丽和能干的！”

梅楠喝下了咖啡，同时也在品尝着同事的一份关怀之情，一句简单的赞美之词吹散了梅楠心头的阴影！

有人说：“渴望赞美是人最基本的天性。”现实中，谁没有热切地渴望过他人的赞美？既然渴望赞美是人的一种天性，那何不在生活中就学习和掌握好这一生活智慧，从而为人生增加更多美的愉快情绪体验。

一句赞美之词，就等于是得到别人的肯定和认可，人们在付出了必要的劳动和热情之后，都期待着别人的赞许。那么推己及人，把自己想得到的东西首先慷慨地奉献给别人，体现的是你的大方和成熟。聪明的职场人都知道，赞许别人实际就是对别人的尊重和评价，甚至是比金钱更好的礼物和报酬，同时这也是搞好人际关系的一笔暂时看不到利润的投资。不要吝啬你的赞美，它展现的是你的一片善心和好意，传递的是人与人之间的信任和情感，化解的是你有意无意间与同事形成的隔阂和摩擦。那么，既然赞美同事有这样多的好处，你又何乐而不为呢？

因人而宜的赞美皆大欢喜

在当今世界，没有完全相同的两个人，每个人的素质都有高低之分，年龄有长幼之别，因人而异、突出个性、有特点的赞美比一般的赞美能收到更好的效果。虽说“好汉不提当年勇”，但对某些老年人来说他们肯定不愿这么想。因为他们总希望别人永远记得自己“当年”的业绩与雄风，同其交谈时，可多称赞他引为自豪的过去；对年轻人不妨语气稍为夸张地赞扬他的创造才能和开拓精神，并举出几点实例证明他的确能够前程似锦；对于经商的人，可称赞其头脑灵活，生财有道；对于有地位的干部，可称赞他为国为民，廉洁清正；对于知识分子，可称赞他知识渊博、宁静淡泊……不过，还有个前提，切忌虚夸，更不能阿谀奉承。赞美是一门高超的口才艺术，要能做到皆大欢喜、实至名归！

白涛是某普通高中的一位教师，他形象欠佳，其模样又黑又矮。但是，他的女朋友却天生丽质，身段苗条，美若西施。不少同事便不屑一顾地说道："好一朵鲜花，只可惜将要插到牛粪上了……"有一次，在晚上聚餐的时候，白涛向他的同事问道："与我的女友相比，我是不是显得又黑又矮？"一时间几个年轻老师面面相觑，不知如何回答才好。如果说出事实，不仅会深深伤害他的自尊心，还会打击他不断前进的自信心；如果说假话吧，又觉得十分不妥，毕竟他能够提出这个问题，就是因为自己已经认识到这一缺点……就在大家犹豫不绝之时，一位老教师和蔼可亲地说道："依我看哪，你的女友长得高挑漂亮，则证明你有足够的'男子汉'魅力，大家说对吗？""的确如此，马老师说得太对了！""就是！就是……"其他老师也连声附和道。就是因为老教师的一句话，才把白涛逗得眉开眼笑，聚餐气氛也随之显得更为融洽！

正是因为老教师恰到好处的赞美，才避免了聚餐气氛的尴尬，同时也满足了年轻教师白涛的心理需求。那位老教师貌似恭维的一句话语，由于他夸到了点子上，因而取得了意想不到的效果。试想一下，如果那位老教师换一种说法："嗯，你是有一点配不上她！"或者谄媚地说道："哪儿呀，乍眼一看，你们就很有夫妻相。"前一种不仅会使聚餐气氛维持在那位老教师开口说话之前的尴尬境地，而且甚至可能导致两人老死不相往来；而后一种，可以是可以，但是与老教师的比起来，显然略逊一筹。可见，赞美的话不在多，而在于"准"。赞美要因人而宜，就好比是为对方量身打造的一样，怎能不讨对方的欢心。

事实上，在与同事的沟通交流中，赞美是很容易的，不需要任何代价，而我们在赞美别人后自己得到的报偿也是多方面的。假如你能以诚挚的敬意和真心实意的赞扬满足同事的心理需求，那么任何人都可能会变得更令人愉快、更通情达理、更乐于协力合作。

在职场中，愚蠢者轻视他人，善于搬弄是非，这常常源于他们的无知，因为他们看不见别人的优点，只看到别人的缺点，因此不懂得欣赏别人，往往自甘落后、招人讨厌。而高情商的人善于像智者一样思考，他们懂得赞美、欣赏别人。赞美不但使自己心情愉快，更会使自己身心健康。而且当得到被赞美者的良性回报时，你的自信也就提升了一层，也会使你更有魅力，形成人际关系的良性循环，从而使你在职场中左右逢源、步步高升！

8.切勿传播同事的隐私

大多数情况下，办公室的隐私一直被聪慧敏感的职场人士以一种看似淡漠、实则在意的目光关注着，也许正因为涉及到太多的个人利益、充斥着不为人所知的欲望，隐私也就很容易被当成手中可以利用的王牌，但是否打出这张牌就能成为最终的赢家，却是一道值得仔细斟酌的难题。其实，若想在职场中左右逢源、步步高升，就切勿传播同事的隐私！

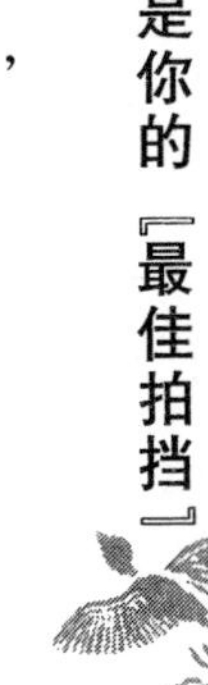

不做传播同事“隐私”的傻瓜

与同事同处在一个办公室里，这表面看似平静、实则激流暗涌的小世界里，你无意间知道的隐私也许是别人对你痛下杀手的原因；或者你因为急于改善目前糟糕的人际关系以求成为内部小圈子中强势一方的一员。不论你出于什么原因，都不要自以为“聪明”抓住了同事的“隐私”这个把柄，因为这有可能会影响你的前程。

在办公室做秘书的唐佳无意中发现业务员小江偷偷从电脑中调出别人的客户信息据为己有。唐佳便把这件事告诉了对自己一直不满、也与小江面和心不和的柯静，以此作为一个小小的讨好柯静的手段，要知道柯静可是老板的红人呢。当柯静在与小江的一次争执中讥讽她窃取别人的客户时，恼羞成怒的小江马上意识到这是唐佳说的，因为那次只有唐佳在场。

于是在以后的工作中，小江便经常向经理报告唐佳工作中总有失误：比如打错了价单、传真没有及时发出、忘了把客户的留言转告给她……这样在一年一度的调薪时，唐佳没有赶上那次涨幅高达30%的薪水调整，而柯静在经过这件事后虽然少了对唐佳的不满，但却与唐佳更加疏远起来。

在上文中，自以为是的唐佳之所以会空留懊悔，因为她把同事的秘密当成了取悦别人的手段，须知排挤别人、拉帮结派、打击一方来取悦另一方其实是一种很不光明的行径，柯静最终没能成为唐佳所希望的“知己”便是最好的证明。

有好奇心是人的天性，不过这种好奇心却会在无意中成为制造矛盾的根源。大家在一起谈论其他同事，将议论传播出去，就是制造同事之间的矛盾，使办公室人人自危，对你这个导火索只有避之唯恐不及。如果你知道能力强的同事的隐私，也许会成为他的心腹，也许会成为他的心腹之患。

出于好奇心的驱使，人对于获悉的秘密，是很难忘记的。用巧妙的方法处理这样的事情，才能使自己免于祸患。如果是在偶然的机会获得秘密，装作不知道这件事情，不要使事主怀疑到你的头上。要尽量避免加入谈论他人隐私的行列，不要凡事都爱凑热闹。要是没有酒量的人更要注意，避免酒后失言。即使无意中泄露出去，也要当作无辜的样子，给人本身是一件公开的事情的感觉。假如事关重大，也可以直接找当事人谈话，借以警告，以示如果真正出现了泄密，就能够追查到“责任人”。但是，这些补救措施也可能无法杜绝人们传播别人的隐私。

有位长舌妇向牧师承认说过许多人的闲话，她不知道还有没有办法可以弥补。牧师并没有对她说教，只是给她一个枕头，要她到教堂的钟楼上，把枕头里的羽毛散到空中去。她照着做了。牧师说：“好吧，现在把每一根羽毛再收集起来，放回枕头里去。”妇人为难地说：“牧师，那是办不到的！”牧师非常严正地说：“同样的，要追回所说的每一个闲话，那就更难办到了。”

在现实生活中，人们有时喜欢把自己的烦心事告诉别人。可能是在偶然间，有人把你当作真心的朋友对你倾诉衷肠，你获得了同事的隐私，切记千万不可得意，因为在无形之中你已经增加了一份担子，担了一份责任，在暗中受到了监视，暗藏了一丝祸端。不管有意还是无心，若同事的隐私从你之口暴露，既会使同事难堪，又会使你的信誉大打折扣。

在职场中，对同事隐私的传播会造成很大的负面影响，会使你在办公室轻者羞愧，重者颜面扫地。该同事对你恨之入骨，你与他的友情会戛然而止，也许在工作中还会成为对头。同时办公室的同事会对你另眼相看，与你的距离将会变得很遥远。要明白知人知面不知心，尤其是对于能力强的同事来讲，某个人的隐私也许就是他

要搞掉这人的一张牌。可能你就是无意之中帮了他的大忙，不过没有人会感谢你，而且所有的同事都会对你加倍提防小心。

不要跟同事谈论隐私

每个人都有自己的隐私，既然是隐私，就应该是属于个人秘密。在职场中，千万不要把自己的秘密告诉同事，因为同事都是“窃听器”兼“小广播”，稍不注意，就会影响前程！不要以为这是危言耸听，隐私本身就是一个相对而言的概念，一件在一个环境中无伤大雅的小事，换一个环境则有可能非常敏感。身处人际关系复杂的职场，你的年龄、家世、学历、经历、爱情、婚姻状况等，有时也属于隐私。

跟同事谈隐私，罗晶是吃过亏的。那个同事是她的老乡，也是工作上的搭档，关系很好，因此当罗晶确知自己怀孕时，最先就与她分享这个喜讯。

当罗晶怀孕快三个月时，所在的公司因管理不善倒闭了，罗晶和老乡都得重新找工作。罗晶从报上得知一家大工厂需招两个自己这行业的人，便约了老乡一同去面试。当时负责招聘的部门主管听说她们是旧同事时，还用奇怪的眼光看了她们一眼。第二天，罗晶就接到了那个主管的电话，要她去上班，她还高兴地告诉了老乡。

可是，等罗晶去报到时，主管却问她：“你是不是已经怀孕了?”罗晶一愣：“她怎么知道的?”她说：“你那个同来面试的同事刚打电话来说的。如果我不知道这事也就罢了，但现在我知道了，我就只能向你说声抱歉，我不想我的人进来半年就要休产假。”罗晶这才知道是老乡在背后捅了自己一剑，心里说不清是愤怒还是悲哀。那位主管侃侃而谈：“我当时就奇怪你们俩怎么同时来应聘，要知道这是竞争啊！她这种人，我不会要了；你如果生完小孩后还想来，可以再找我。”临走时，那位主管送给罗晶一句话：“不要把同事当朋友。”

把握好同事间和平、互助、友谊关系的尺度，以宽容、平和的心对待别人的隐私，实际上是在为自己减少惹来不必要危险与烦恼的可能。真正聪明的职场人士，是懂得“不要对别人的隐私抱有好奇心”这个道理的，要知道有些事只能点到为止。在职场中，为自己也为同事留下一片自由呼吸的空间，不是很好吗？

第十章

辨识贵人，你不是一个人在战斗

有贵人相助是人生的一大幸运，就连算命先生在发售各式“定心丸”时，都拿“命中有贵人”当个灵丹妙药。一个人能够抓住身边的贵人，是获取成功的捷径之一。假如你能得到贵人的帮助，你就会发现，成功其实并不是不可企及！

1.背靠“大树”机会多

这世界上有那么一些人，可能他们已经足够努力了，可能他们已经付出了全部的力量，可还是无法成功。其实并不是因为你没有能力，也不是因为你不勤奋，而是因为你缺少一个助你一臂之力的贵人。常言道：“背靠大树好乘凉”，当你迷茫无助之时，贵人会为你指点迷津；当你颓废放弃之时，贵人能使你重新振作；当你得意忘形之时，贵人能让你清醒冷静；当你需要帮助之时，贵人会为你雪中送炭。当你的生命中有了可以依靠的贵人，你就能梦想成真，实现成功梦想！

贵人相助，为你的成功铺平道路

人生中有贵人相助，能使你很快得到提拔。这也许是一个人晋升的最快的路线。

贵人对我们的人生是非常有帮助的：他在工作中指导你、帮助你，督促你事业的发展，为你提供指导，在人际困境中帮你排除困难，如果有可能，贵人对你的升职加薪甚至也能助一臂之力。

在通往成功人生的旅途中，贵人起到的作用举足轻重。在你开拓进取的过程中，贵人的力量让你事半功倍。

现实中，我们往往会将人生重要的选择点称做“人生的十字路口”，一个选择决定了我们未来的人生之路，并且每个人都只有一次选择的机会，因为经验、阅历和能力的限制，我们做出的选择可能不正确。但是此时，若是出现一位有经验、有阅历、有能力的贵人，那么可以说我们是幸运的。而且，多数时候我们无奈选择一条不尽如人意的道路，就是由于认识的局限性或者其他原因而走了弯路。但是，假如可以得到贵人的支持和帮助，我们的人生之路就会顺利得多。

世界银行高级副行长兼首席经济学家林毅夫，当年之所以能够拜在著名教授舒尔茨的门下学习经济学，就是因为他在一次义务翻译工作中认识了舒尔茨教授。在1980年的时候，曾经获得诺贝尔经济学奖的舒尔茨教授应复旦大学之邀进行学术访问，在访问快要结束的时候到北京大学演讲。那时候正值中国高考恢复不久，学校一时找不到英语专业又熟悉西方市场经济学的学生做翻译。林毅夫却不同了，他本来是从金门泅游到大陆的中国台湾军官，在中国台湾已经获得过企业管理学硕士，再加上流利的英语口语，于是校方便让他做舒尔茨教授的翻译。在合作的时候，林毅夫的英语水平让舒尔茨教授深感惊讶和欣赏。舒尔茨教授回国之后，又主动给北京大学经济学系以及林毅夫本人来信，邀请他到芝加哥大学经济学系继续攻读博士学位。在1982年的时候，林毅夫应邀来到芝加哥大学，当年80岁高龄、已多年不带博士生的舒尔茨教授破例将他收为关门弟子。正是由于这次芝加哥大学的留学经历，才为林毅夫日后的事业成功打下了坚实基础。

在现实生活中，事实就是如此，在当今时代，一个人如果能够结识到对自己人生有助益的关键人物，就能够成就自己的辉煌人生！

结识贵人，与优秀者为伍

有一位教授在创作时，曾经针对2000位百万富翁做了一项研究。最后得到了这样的结论：丰富的人际关系网是所有百万富翁的共同特点。而且他还同时说明：这些百万富翁都有一种很重要的能力，能够分辨自己所认识的人当中，谁比较有“利用价值”。他们并不单单是搜集一大堆名片，最关键是在于他们能辨认哪些人能够并且愿意帮助他们；他们知道该和哪些人保持交往，并且能够收到相互提携的效果——比如和对方互换信息，甚至合伙投资做生意等。

在西方有一则广为人知的格言：“重要的不在于你懂得什么，而在于你认识谁。”著名的管理大师德鲁克也曾经说过一个有些不近人情的比喻：“清理你的人脉就像清理你的衣柜一样，将不合适的衣服清出衣柜，才能将更多的新衣服放入衣柜。”这也许就是一个事实，二八法则可能很适用于人际关系。当你面临财务危机的时候，80%的所谓朋友不但不会主动借钱给你，甚至还会不接电话，对你避之惟恐不及；也许有20%的朋友，还会愿意在一定程度上给你正面的影响与帮助；不过可以改变你命运的朋友，一定超不过5%。所以，人是不可能对所有朋友都一视同仁，而且千万别把精力与信任放在那些酒肉朋友上，你应该把自己80%的时间花在最重要、最牢固、对人生最有影响和帮助的朋友上。对于我们每个人来说，只有不断地结识那些可以改变或帮助到自己的人，才有可能建立起在关键时候发挥效用的人脉资源库。

在2005年的时候，搜房网的总裁莫天全曾和Trader公司的董事长John Mcbain共进晚餐。在这个过程中，John说出了准备向搜房网投资2250万美元，以换取15%的股份。在那个时候，搜房网并不缺少资金，而且也无融资意向，所以，董事会的成员多数拒绝John的入股。不过，莫天全个人却坚持让John入股。他的观点是：John作为全球最卓越的企业家之一，而且Trader作为全球最大的分众广告传媒集团——“而对于公司治理、长远发展和规划而言，这两者都能给予我们启发和帮助”。

在此后的时间里，就是由于得到了 John 的帮助和引荐（John 曾把 Trader 公司在大洋洲的地产资讯业务，全部转让给了澳大利亚电讯）。在 2006 年 8 月 31 日的时候，中国互联网等到了它本年度数额最大的一笔投资，澳大利亚电讯以 2.54 亿美元（大约折合当时 20 亿元人民币）对搜房网 51%的股份进行收购，以此促成一次大家拍手的买卖。

在西方，有一句名言是这样说的："与优秀者为伍。"有一位教授在研究犹太人的财商，他最后得出的结论是："穷，也要站在富人堆里。"而且他后来还以此作书名，写成了一本著名的畅销书。其实，结识关键和重要人物，并不是要我们每个人都势利起来。不过有一点很重要，比如知己、好友、益友、重要的朋友，我们都需要。可能现在还看不到他们的帮助，但很多成功者能够给我们带来新的观念、价值、经验。

与关键性的重要人物成为朋友，首先一定不局限于你经常所接触的圈子，除非你本身已经是个很高端的人物。比如学生就能争取以志愿者的身份参加各种重要活动、成功人士演讲、校外会展等；毕业后力争进入一流大公司，通过自己的职业交际认识更多的成功者。

谈到关于人脉关系网，有一个人际关系专家曾经非常直白地问了一个问题："如果凌晨 2 点，你急需要 50 万元钱，你有多少个朋友会不问理由、二话不说、迅速到银行汇钱给你？"事实就是如此，在人生旅途中，如果你拥有了贵人这座靠山，你就不会再经常感到自己势单力薄，你就能在需要帮助的时候获得意外的支持，你就能解决很多你看似无能为力的问题……

2.要用一双慧眼寻找自己的贵人

在现实生活中，贵人不可能无缘无故地跑到你面前，他需要你去努力寻找，努力经营，不管是朋友或是对手，不管是上司或是下属，不管是同事还是陌生人，只有你用心寻找，他们都是有可能成为助你成功的贵人，并且让你受益终生！

找个贵人帮助你成功

常言道“一朝天子一朝臣，朝里有人好做官”、“朝中有一人，强似拾金银”……上述俗语都充分说明了贵人的重要性。根据相关研究机构对人力资源主管和求职者所进行的一项调查表明：有95%的人力资源管理者或求职者是通过人脉关系寻找到适合自己的人才或工作。

身在竞争激烈的职场，贵人能为我们提供机会、物质支持、做人做事的启迪、一点一滴的影响。有了贵人的帮助，我们至少得到三点好处：第一更易脱颖而出，第二可以说是成功捷径，第三把事办砸了能有人庇护。

当一个人离开校园，走进职场之后，学历就不再是最重要的砝码。工作履历，个人业绩，就显得重要起来。很多人缺少的不是自信，也不是理想，他们最缺的就是经验和阅历。一个刚进入社会的人，犹如刚从蚕茧中孵出的蚕，极其脆弱，完全凭借自己的努力，

要想快速成功，无疑是异想天开。因此，如果想快速实现自己的梦想，我们需要借助贵人的力量，找到我们的贵人。贵人有实力、有经验、有阅历，他们能使我们的生活改天换地。

贵人就是能够为我们解决实际困难，甚至改变人生道路的关键人物。成功的秘诀就是紧紧跟随在贵人身后，这样你就能在通往成功的路上少走弯路，快速成功。

找个贵人帮助你成功——这是雅芳公司CEO钟彬娴，全球最成功的华裔女性的成功之道。她曾经是《时代》杂志评选出来的全球最有影响力的25位商界领袖中的惟一一位华人女性，她在很多人心中就是一个楷模。

在为事业打拼的时候，钟彬娴可以说是一没有背景、二没有后台。大学一毕业，钟彬娴就加入鲁明岱百货公司做她最感兴趣的营销工作，也就是在那里，她认识了她职业生涯中的第一个贵人——鲁明岱百货公司历史上的首位女性副总裁法斯。在这位女总裁的提拔下，钟彬娴年仅27岁就进入了公司的最高管理层。

后来，钟彬娴又和法斯一起跳槽到玛格林公司，并且很快就升到了副总裁的位置。不过，钟彬娴还是认为在那里发展空间有限，于是辞职去了雅芳。在雅芳，她遇到了自己人生的第二位贵人——雅芳公司CEO普雷斯，在普雷斯的欣赏和破格提拔下，再加上钟彬娴个人的天资和努力，她很快坐上了CEO的宝座。

一个毫无背景的女性，在40出头就能升到这样的位置，实在让人惊叹，而其成功的关键就是由于她遇上了自己职业生涯中的贵人。这也被称之为当代成功速成法则，堪称成功的捷径。

在竞争激烈的职场中打拼，有一棵可以依靠的“大树”，能让人在很短的时间内学到别人用很长时间学到的东西，能够使人快速成长，而不单单是表面的升职、加薪速度加快。很多人说：“我的老板或领导，压根就没兴趣培养我，甚至冷落我，对我爱理不理，还有就是我的老板或领导很差很滥，从他们那里压根不能学到什么。”

如果是第一种状况，你就必须要先弄明白，如果你的上司或老板对你根本就没兴趣，他算你的“大树”吗？如果是第二种状况，可能一方面是你的上司或老板的确水平很差，不过另一方面也极有可能是你的学习心态和为人处世的角度有问题。遇到肯栽培你，愿意花时间培育你的“大树”当然好，不过就算遇不到，你也不要停止学习。不管你在领导眼中是怎样的，你自己心里都要明白，他们能够做到这个位置一定有其道理，要相信他们身上一定有值得你学习的地方。

因此，做一个好的职业生涯规划，首先需要找到一位贵人。

贵人也许是你的领导，也许是你身边的亲朋好友，也许是一位萍水相逢的陌生人。总之，只要是他们可以为你的人生道路做出指点和帮助，甚至影响你人生路线的都可以视为贵人。

其实，贵人可能就潜伏在你身边，只是你视而不见，要记住寻找贵人也需要一双“慧眼”。

如何慧眼识贵人

常言道，千里马还需要伯乐来发掘，身在职场的我们，同样需要有一个“贵人”慧眼识才，不然，你的才华就会被埋没。那么，什么样的人会是我们的“职场贵人”呢？事实上，他们可能就在我们身边，就看你能否发现并把握好机会了。例如以下十种职场贵人，看看你身边有没有符合条件的？

(1) 他会无条件力挺你

假如你身边有人会无条件力挺你，那他一定会是你的贵人。因为他的行动已经说明，他所做的一切只因为他相信“你”这个人，他接受你。当他知道有小人对你不利时，他会挺你，会为你说好话

来澄清！这种类型的人是从内心里接受你的，而且把你当自己人，你的任何举动都能让他或她上心。

（2）他愿意对你唠叨

在你的周围，总有些人喜欢唠叨你。事实上，并不是他对你有意见，而是由于他关心你，因此才会那么唠叨！原因就是他很在意你，所以他才愿意唠叨！他的唠叨其实是提醒，在事情还没发生的时候，他希望你能够少走一些弯路。

（3）他愿意与你同甘共苦

放眼这个世界，有太多只能同甘不能共苦的人，假如有一个人愿意陪你一起共度风雨，那他一定是你的贵人。因为，在你困难的时候留下来支持你的人不但需要勇气，更需要情义。这种类型的人能够陪你承担所有的苦，分享所有的乐，所以是贵人。

（4）他指导并提拔你

在生活中，有些人就像你的老师，总会在关键时候提醒教导你。不管他是和蔼或是严厉，能够指出你的缺点并教你改进，这样的人就是你的贵人。他把你的好看在眼里，同时也深知你的不足之处，他能帮助你，提拔你，他永远都不会嫌弃你。

（5）他乐于欣赏你的长处

不要怀疑，一个懂得发现你的长处、欣赏你的长处同时接纳你的长处的人，绝对是你的贵人。尤其是当你的长处是他缺乏的。在这样的情况下，他还是那么欣赏你，这足以说明他胸怀宽广，而且能与你共同发展，有这种人的企业一定能做大。

（6）他是你的榜样

贵人言出必行，说到就一定会做到，他们讨厌夸大，常会默默地做，做比说来得实际。这种类型的贵人具备实力且谦虚低调。不过，若是他们开始自大，他们也有可能由贵人变成小人。

(7) 他是一个遵守承诺的人

通常情况下，贵人都只会同意自己愿意遵守的承诺，原因是他们可以很清楚自己的能力所在，如果是自己能力达不到的绝不会承诺。和这样的贵人在一起，你最不需要担心被出卖。

(8) 他坚持对你的信任

贵人对你有100%的信任，就算全世界的人都不相信你，贵人也会坚持对你的信任。

(9) 他会为你而生气

假如他还会为你生气，你就要感激他。这都是因为他内心深处对你的在乎。试想一下，假如他完全不关心你，会理会你吗？爱的相反并不是恨，而是冷漠。假如你恨对方，这告诉我们其实自己还是很关心他，如果你对对方所做的一切，一点感觉也没有，这叫做冷漠，这才是完全不爱了。

(10) 他全意全意只为你

假如他愿意为你，只是因为你是你，那你一定非常幸福，因为他时时处处为你着想，那么他就是你的贵人。

假如你身边有这样的人，就一定要好好表现，千万别辜负了“贵人”对你的期望，也别错失了成功的机会。

3.投其所好，吸引贵人主动相助

试想一下，如果去钓鱼，你用的鱼饵，一定不是你喜欢吃的东西，而是鱼最喜欢吃的食物。在人际交往中也是这样，从对方最关

心、最感兴趣的事情做沟通，就一定能达到事半功倍的效果。

吸引贵人，从“投其所好”开始

所谓投其所好，就是别人喜欢什么，就说什么和做什么，有讨好之意。投其所好者受人欢迎，能赢得人心。除此之外，它也有“溜须拍马”，“谄媚奉承”之意，使自己从中得到好处。人际交往中，在掌握和了解对方的心理特点之后，就要“投其所好”，采取一些对方欣赏和赞同的行为，以博得对方的喜欢和接受。这样一来，对方就有可能成为助你成功的贵人。

在宋真宗时期，开封城里住着个闲汉，名叫于庆。这个人游手好闲，好吃懒做，家境贫寒。一天，他找邻居老秀才，请指点一条谋生道路。老秀才告诉他一个机密消息，大臣丁谓快要做宰相了。他让于庆上丁府投靠，但一定要于庆把姓名换成“丁宜禄”。问何以如此？老秀才笑而不答。老秀才的话果然灵验，丁谓不但高兴地收下了“丁宜禄”做仆人，并向人宣称：“吾得此人，大拜必矣！”

几天后，丁谓果真当上了宰相。丁宜禄水涨船高，当了相府总管。丁谓贪婪成性，人们纷纷通过丁宜禄打通关节。经手三分肥，不到一年，丁宜禄就捞到十万两白银的好处。老秀才因为当年的金言，也通过丁家主仆的门路，不费吹灰之力，当上了大州名郡的学官。

你可能会觉得不解，老秀才的话何以这般有效？原来，丁谓很迷信，他正排挤寇准企图取而代之，但尚未如愿，朝听鹊叫，夜观灯花，一见来投靠者的名字，恰是古时宰相家奴仆的通称，又是本家，连起来，十分吉利，所以才如此这般。他虽有才，但跳不过老秀才的算计。

在这件事情中，正是因为老秀才抓住了丁谓的心理，然后投其所好，结果如愿以偿。

在现实中，关于发掘对方心理，懂得站在对方的立场上来思考，设身处地，投其所好，发现对方的兴趣、要求，而后再进行引导，晓之以理、动之以情，使之与你的想法一致，最后使之接受。

据说：墨西哥的大企业家办公室中常有两把椅子并行排列，“商谈”时并肩而坐，这样便能促使“商谈”顺利完成。因为这时双方的步调一致、立场一致，给人们的就不是“你我”的感觉，而是“我们”的感觉。

老练的推销员在说服开始时，总是避免讨论一些容易产生意见分歧的问题，而只是在洽谈结束时，再把这些问题提出，这样双方比较容易得到一致的意见。

为了顺应对方与之同步，“询问”是一个有效的谈话方法。在整个说服过程中，推销员应该不断地向顾客提出问题，有了一问一答，我们就如同手握舵盘，可控制谈话的过程。

但必须要注意，在开始的时候最好只使用反问的方法提问，在说服进行到一定的阶段时，才能向顾客提出那些你想真正得到答案的问题。

诺伊·考尔德曾说过这样一句话：“或许我对世界的重要性渺小，可是我对自己的重要性却很大，我必须跟自己游戏、跟自己工作、跟自己享乐、跟自己受苦。”假如你要使人喜欢你，假如你想让他人对你产生兴趣，你必须注意一点的就是，谈论别人感兴趣的话题。你要别人怎么待你，就得先怎么样待别人。假如你想赢得人心，首先要让对方相信，你是最真诚的朋友。假如你想说服他人，应该首先从称赞与欣赏他人开始。

投其所好，“俘虏”贵人的心

其实，如果你想使他人和你在任何事情上合作，重点就在于，

一定要使他们自己心甘情愿。而我们若想达到让他情愿这个目的，就必须去迎合他的兴趣，也就是投其所好。只有这样做，对方的欲望才能被我们所激发，使进行中的事情达到我们的期望。

有一次美国著名思想家爱默生和独生子想把牛牵回牛棚，但是两人一起使尽了所有力气，却还是徒劳无功，牛就是不愿意进去。他们家里的女佣看两个大男人汗流浃背，却还是不成功，于是就上前帮忙。她只是拿出了一些青草让牛悠闲地嚼食，并一路喂它，结果很快就把牛引到了牛棚里，剩下两个大男人在那里目瞪口呆。

看电视、听收音机一定要先把频道调好，要不然再精彩的节目也会由于杂音太大而影响观看、收听效果。狗是天生就只喜欢吃骨头，不喜欢吃肉？这可能只是人一厢情愿的想法，强迫它们必须接受。要知道，钓鱼时用到的鱼饵，你不喜欢吃，但是鱼却喜欢吃。当你和一个人沟通交流时，要清楚对方最关心的是什么，然后“投其所好”，满足他的需要，才能进一步达到自己的目的。

在德国一家煤炭商店，有一个叫里特的推销员。这家商店生意虽然还算不错，但比邻的那家规模庞大的连锁商店，用煤从来不肯到里特的店中进货，宁愿跑远路到别的煤炭商店去购买。里特对这一情况百思不得其解，每当他看到连锁商店的运输卡车，拉着从别家店中购买的煤炭，从自己的店门口飞奔而过时，心中便泛起一种说不出来的滋味和苦恼。“这样下去不行！连近邻的关系都打不通，我不算是一个合格的推销人员！”想到这里，好胜的里特暗下决心，一定要说服或打通邻家的连锁店经理从他们的店中购买煤炭。

这天上午，里特彬彬有礼地出现在连锁商店总经理的办公室里。“尊敬的总经理先生！”里特说道，“今天来打搅您并不是为了向您推销我店的煤炭，而是有一件想请你帮助的事：最近我们准备就‘连锁商店的普及化将对我国产生什么影响’为题，开一个讨论会，我会在会上进行发言。你知道，在这一方面，我是个外行。所以，我想向您请教有关这方面的一些知识和情况。因为除了您，我再也想不到一个能给我以指点、更加合适的人了。我想您不会拒绝我的请求吧!”结果怎样呢？事后，里特如此说道：“原先，我和这位经理约定，只打搅他几分钟。这样，他才同意接待我。结果，我们谈了近两个小时的时间。这位经理不仅谈了他本人经营连锁商店的经过，他对连锁商店在国家商业中的地位与作用的认识，而且还吩咐一位曾写过一本关于连锁商店的小册子的部下，把他写的一本书送给了我；他又亲自打电话给全美连锁商店工会，请他们给我寄一份有关这个问题的讨论记录稿副本。谈话结束，我正要起身告辞的时候，这位经理笑容满面地将我送到门口。他祝我在讨论会上的发言能赢得听众，又再三叮嘱我一定要将讨论会的详情告诉他。在我离开的时候，他对我说了最后一句话：‘从春季开始，请你再来找我。我想本店的用煤由贵店来提供，不知道可不可以?’”

你一定会觉得非常神奇，一个很长时间都没能解开的死结，被里特用两个小时的谈话就解开了。其实，他只是在交谈中抓住了对方感兴趣的事情。在现实生活中，每个人都有他自己的喜好或感兴趣的领域。如果交谈涉及到这个领域时，交谈的双方很自然地就会感觉到自己像遇到“知音”一样。

对于经商者来说，以利诱之，投其所好可以说是经营中的绝招。在经商过程中，先以小利去俘虏对方，也许会失去一部分利益，但将来会得到更多，因此在经商过程中当你的客户或朋友遭遇困难的时候，你不妨付出真切的关心来安慰他人。就算对方只是一个陌生人或者是你的竞争对手，他同样会因为你的真心相待而感激万分。时时刻刻为他人着想、关心他人，你就能广交朋友，也会使你的事业一帆风顺、马到成功。

在每个人的一生中，都在寻找一种感觉，这种感觉就叫做重要感。在与人交谈的时候，你是一直不断地在讲，还是认真地在听他讲话呢？如果你在认真地听对方讲话，同时你又再问一些他感兴趣的话题，双方就会相谈甚欢。原因就是人们都喜欢谈论自己和自己感兴趣的话题。如果在人际交往中能把握住这一点，那么，你做任何事都会很成功，贵人又怎能不被你打动！

4.借力使力，遇到贵人就成功

“好风凭借力，送我上青云”是《红楼梦》中薛宝钗做的《柳絮词》中的一句。她一反大贬柳絮飘浮无根、无所依附的写法，而是用肯定态度对其做了赞美。而今看来，我们从中也可得到一个启示：一个人在事业上要想获得成功，除了靠自己的努力奋斗之外。有时需要借助他人的力量，才能平步青云或扶摇直上。有人说：专业是利刃，人脉是秘密武器。不管你从事的是哪一行，或从事何种职业或专业，要懂得寻找自己生命中的贵人，寻找对自己成功有利的关键性人物，然后借助他们成就自己人生的辉煌！

借助关键人物之力，成就自己事业

现实中，每个人都渴望成功，但出身贫寒、运气不佳、资源短缺……这都不是你的错。如果你能领悟“借力”的思想，学习“借力”的方法，掌握“借力”的技巧，从此你便开始走向成功！

古今中外，凡有所成就者，都是“借力”的高手，谁敢说，他的成功不需要“借力”；谁敢说，他的成功中没有“借力”。他们敢借、能借、会借、善借。最后，他们“借”出了一片新天地！

把“大树底下好乘凉”这句话用在人际关系密切的职场也很合适。在你的背后，如果有一个显赫的人物为你撑腰，你的人生旅途也一定会畅通无阻，哪怕是大雨倾盆也不必担心，因为你头顶始终有人为你撑着一把伞。相反，若是身后没有那么一把大伞，全靠一个人摸爬滚打，将会多么艰辛！

有句话说：一个人能否成功，并不在于你知道什么，而在于你认识谁。这句话其实并不是要人别去学专业知识，而是强调要找到可以依靠的“大树”，因为这是一个人通往财富、成功的入场券。

对于智者来说，他们懂得人脉对他们成功的重要性，它们知道人脉可以使他们更快地走向成功。美国老牌影星寇克·道格拉斯（知名男影星威尔逊·道格拉斯的父亲）年轻时落魄穷困，那一次，他搭乘火车的时候，和身旁的一位女士攀谈起来，没想到这短暂的交谈，聊出了他人生的转折点。几天后，他就被邀请到制片厂报到，原来在火车上与他交谈的那位女士是一位知名的制片人。

其实，上述这个故事的关键就在于，就算寇克·道格拉斯有当千里马的潜质，不过也还是需要得到伯乐的赏识，他才有可能梦想成真。

以前，企业在招聘人才的时候，把专业知识、学习能力等列为首要条件。到了现在，在经济高速发展的知识经济时代，技术、知识更新极快，任何事情单靠一个人的力量都是很难完成的。若是一个人知道及时培养人脉储蓄网络的支持体系，就能在很大程度上强化他的个人竞争力。

借助名人光辉，照亮自己财路

现实生活中，可能每个人都有这样的心理：名人的生活环境是不

平凡的，出于这种心理，每个人都不断地追逐、效仿名人。于是，所有和名人沾上边的东西就很容易成为抢手的东西，也正是由于人的这种心理作用，那些与名人在一起的人感到自己是无比的光荣，别人会因为对名人的爱戴而对你也感到崇拜，这就叫做借名人之力，点旺自己财气。

当年，百事可乐要进军前苏联市场，恰逢美国博览会 1959 年在莫斯科举行。于是，百事可乐的董事长唐纳德·肯特亲自来到现场，他凭着当时和美国副总统尼克松的私交，要求尼克松在陪同苏联领导人参观时，“想办法让苏联总理喝一杯百事可乐”。尼克松事前给赫鲁晓夫打了个招呼，所以赫鲁晓夫在经过百事可乐的展台的时候，随手拿起一杯百事可乐品尝，这时各位记者的镁光灯大亮。毫无疑问，此举对于百事可乐来说是一个特殊的且影响力极大的广告。善借名人之力的百事可乐借助这件事大打广告，从而在前苏联市场站稳了脚跟。

时隔五年，在 1964 年的美国总统大选中尼克松败给了肯尼迪，但百事可乐公司认准尼克松的外交关系，以 10 万美元的年薪聘请尼克松为百事可乐公司的顾问。当时，尼克松答应了，借助自己当副总统的旧关系，周游列国，积极兜售百事可乐，使百事可乐在世界上的销售额直线飙升。

中国的飞鸽自行车当年就是借助名人使自己广为人知的。1987 年天津自行车厂听说美国总统以及他的夫人即将访华，经调查他们了解到，1974 年到 1975 年间，布什担任美国驻中国联络处主任时，和夫人巴巴拉经常骑着自行车穿行于北京的大街小巷。从布什夫妇在天安门前金水桥拍摄的那张照片上看，布什骑的是一辆凤凰男式车，而布什夫人骑的那辆女车就是天津自行车厂生产的飞鸽牌自行车。经过调查分析，该厂大胆向有关部门建议，策划出一个向布什总统和夫人赠送飞鸽自行车的奇招。为了这个计划，职工们抓紧时间，特意加工装配了一辆绿白色的83型男车和一辆红白过渡色的84型女车。当时，他们特制的这两辆车是1988年底才研制出来的新品种，这种自行车造型美、重量轻、骑行轻便，经过质量鉴定测试达到国家规定的ISO421的安全标准。

到了来访的日子，布什总统和他的夫人抵达北京以后，在钓鱼台国宾馆的18楼大厅里，李鹏总理及夫人把两辆色彩明快的轻便飞鸽车作为国礼赠送给布什总统和夫人，布什夫妇俩非常高兴，连声说："好极了！好极了！"当时，这一新闻也得到了世界各大通讯社和一些著名报刊的重视，用十几种文字进行报道。在国内，新华社发表了消息与通讯，飞鸽自行车借此在全国各地名扬天下。

无独有偶，长城饭店也是借助美国总统访华之机宣传自己。1984年美国总统里根访华，临别的时候要举行一次盛大的答谢宴会。依照惯例，这种规格的宴会一般是在人民大会堂举行，但长城饭店的经营者们看中这一有利商机，积极争取，多方努力，终于使这次举世瞩目的盛大宴会在开业不久的长城饭店举行。这一活动使长城饭店的名声随着里根访华的新闻报道传遍了世界各地。由此，长城饭店的名声大大打响，其饭店的公关部经理幽默地向外界说：长城饭店跟着总统里根几乎跑遍了世界各地。

现实中诸如此类的例子还有很多，有的产品已投产很多年却一直默默无闻，偶然一次经名人推崇、使用，便身价倍增，名扬海内外。其实这些产品的功能，在名人使用以前已经存在，并非是在名人使用时提高的。那么，为何同一产品在这前后身价就大不相同呢？这就是借助名人的权威作了广告宣传，从而树立起了自身威信，大大地提高了自己的身价。

正所谓"一个篱笆三个桩，一个好汉三个帮"，若是把社会比喻成一张大网，那么其中的交织点就是由人所组成的，我们把这称之为人脉，贵人就好比是人脉中承上启下的交织点。没有贵人，你的人脉网就不能伸展，但若是有了贵人，你的人脉网就能四通八达，为你带来巨大财富！

5.陌生人，也许就是你要寻找的贵人

现实中，人们有一个普遍观点，能在关键时刻帮助自己的贵人，一定是跟自己有密切关系的人，事实却并非如此。只要你有和人交往的美好意愿，那么你就能和陌生人成为朋友，并且向他求助。其实，陌生人同样能为我们带来成功的机会。因此，当我们需要帮助的时候，勇敢地向陌生人求助吧，可能他就会成为你潜在的贵人。

陌生人可能就是你要找的贵人

在现实生活中，不管是人流拥挤的大街，抑或是工作中的各种商务交往中，陌生人无处不在。不过，很多人认为，尽管陌生人到处可见，却好像都是些和我们的生活毫不相干的人。但事情的真相真是这样吗？中国的传统观念认为成功者都是离不开“贵人相助”的，所以，每个人都希望能够得到贵人的扶持。因为每个人都明白，贵人能够让我们在通往人生的道路上不走弯路。不过，鲜为人知的是，贵人可能就“潜伏”在和你素昧平生的陌生人当中。

在一个夏日的午后，因为瞬间的倾盆大雨，街上的路人们纷纷进入就近的店铺避雨。一位陌生的老妇人也步履蹒跚地走进费城百货商店避雨。看到她略显狼狈的面容和简朴的服装，商店的售货员

都对她视而不见。此时，一个年轻人走过来真诚地说：“您好，我能为您做些什么吗?”老妇人微微一笑：“不用了，我在这儿避会儿雨，一会儿就走。”老妇人马上又感觉到了不安，不买人家的商品，却借用人家的屋檐躲雨，好像不太合适。于是，她开始在这家商店里转起来，就算只是买一双袜子呢，也算是给自己避雨找个心安理得的理由。

就在她犹豫徘徊之时，那个年轻人又走过来说：“夫人，您无需为难，我给您搬了一把椅子放在门口，您坐着休息就是了。”夏天的雨来得快去得也快，一个小时后，雨停了，老妇人在告别时向那个年轻人道谢，并要了他一张名片。一个月后，费城百货公司的总经理费罗收到了一封来信，信中要求把那位年轻人派往苏格兰收取一份装潢整个城堡的订单，而且还要让他承包自己家族名下的几个大公司下一季度办公用品的采购订单。

这个订单上费罗惊喜不已，粗略一算，这一封信所带来的经济利益，相当于他们公司两年的利润总和。费罗马上和写信人取得联系，才知道了事情的真相，这封信出自一位老妇人之手，而这位老妇人正是美国大富豪“钢铁大王”卡内基的母亲。费罗马上把那位叫加姆的年轻人，推荐到公司董事会上。毫无疑问，当加姆收拾好行装飞往苏格兰时，他已经成为这家百货公司的股东了。那一年，加姆 20 岁。在随后的几年里，加姆很快成为“钢铁大王”卡内基的得力助手，事业一日千里、飞黄腾达，成为美国钢铁行业仅次于卡内基的富可敌国的重量级人物。

就这样，加姆以一颗善待陌生人的心，展现了他为人的忠实和真诚，从而收获了贵人的青睐。可能你会觉得这样的机会实在太少，纯属巧合，其实并非如此，很多的时候，陌生人就是你未来成功之路上的贵人，他们随时在考验着你。就如加姆一样，由于他有对待陌生人的爱心，贵人才会垂青他。一个没有爱心的人，贵人也不可

能帮助他。由此可知，不要小看你身边的陌生人，他们也许对你的成功起着决定性的作用。

不知道你有没有注意过那些成功者，尤其是那些人际交往高手，他们总是可以通过自己的言行举止，让第一次见面的陌生人产生一见如故的感觉，很轻松地拉近彼此之间的距离，不但交了朋友，还能轻松促成生意。哲学家亚里士多德曾说过：对陌生人应该友好，因为每一次与陌生人相遇，都是一场战争。这句话非常有道理，假如你能够很好地与陌生人沟通，你就能把他变成你的朋友和贵人，而且主动与陌生人交往，更能扩大你的社交圈，为你的成功助一臂之力。

帮助陌生人，收获“未来”的贵人

日常生活中，如果你能对陌生人投之以桃，可能就会获之以李。假如你还是始终抱着一种“不要与陌生人说话”的观念死死不放，那么，机遇之神可能永远不会降临到你身上。

克林尔在美国的律师事务所刚开业时，连一台电脑都买不起。当移民热潮涌进美国的土地时，他接到了很多移民的案子，经常需要半夜三更被唤到移民局的拘留所领人。他开着一辆破旧的二手车，在小镇里奔忙。他的努力工作，最终取得了成功，办公室扩大了，电话线增加了五条，而且有了专职秘书、工作人员，也气派地开起了“奔驰”，可谓是风光无限好。

但是，人有旦夕祸福，一念之差，克林尔因投资股票不幸赔了个身无分文。更不幸的是，此时移民法又被再一次修改，职业移民名额大幅度削减，顿时门庭冷落，事务所面临着倒闭困境。就在此时，克林尔收到了一家公司寄来的一封信，信中写道：自己愿意把公司30%的股权转让给克林尔，而且聘他为自己公司和其他两家分公司的终身法人代理。

克林尔不敢相信自己的眼睛。他登门拜访，那位总裁是个只有40开外的英国裔中年人。“你还记得我吗?”总裁问。克林尔摇摇头，总裁微微一笑，从硕大的办公桌的抽屉里拿出一张皱巴巴的5块钱汇票，上面夹的名片，印着克林尔律师的地址、电话。可是克林尔实在想不起来什么事情了。“那是在10年前，移民局……”总裁说，“我在排队办工卡，终于轮到我了，移民局也马上就要关门了。当时，我不知道工卡的申请费用涨了5块钱，移民局不收个人支票，我也没有多余的现金，若是我那天不能拿到工卡，雇主就不会雇佣我了。关键时刻，是你给了我5块钱，我当时要你留下联系方式，好把钱还给你，你就给了我这张名片。”

克林尔也渐渐想起来了，不过还是不解地问：“后来呢?”“后来我就得到了梦寐以求的工作，很快我的工作有了起色。我到这家公司上班后的第一天就想还你钱，不过一直没机会。我只身来到美国闯天下，经历了太多冷遇和困难。这5块钱使我对人生的态度发生了改变，所以，我一直在等一个帮助你的机会……”

你不妨设想一下，若是克林尔对素不相识的这位未来总裁抱有提防的观念，没有帮助他，他还能得到这样的回报吗？再设想一下，在我们每个人的人生之路上，都可能会碰到这样那样的机会，由于我们对陌生人的偏见或者是自己的矜持，机遇可能就那么溜走了。因此，敢于和陌生人沟通，就有可能遇到未来的贵人。贵人通常分两类：一类是已经存在的贵人，比如你的朋友、上司，还有一类是潜在的贵人，这一类人对你来说，虽然暂时是陌生人，但如果你能够把握住每一次机会，他们就能成为你的贵人，并且帮你走上成功的金光大道。

6.平常多烧香，才有贵人帮

要想在关键时候有贵人帮你办事，就一定要抓紧感情这条线。一个求人办事的高手首先就要做一个善结人情关系的高手。人情关系好的人受人信任、得到尊重，别人会心甘情愿地替你办事。在很多时候，人情关系甚至是办事成功的关键所在，不过人情一定要在日常生活中积累，平常多烧香，不能等到有事才临时抱佛脚。

拥有人情资源好办事

在日常工作生活中，若发现有人需要帮忙，就要毫不犹豫地给予援助，因为人情关系就是财富，人际关系一个最基本的目的就是结人情，建立人情关系。施恩于人可以说是人情关系学中非常有效的策略和手段，也是开发利用人际关系资源最为有用的招数。

只要你平时注意积累人情，那么，你就永远与成功相伴。不管是你的朋友、同学、领导或是同事，能否与他们建立良好的关系并加以有效利用对你将来的成功都至关重要。一个没有良好人情关系的人，就算他再有知识，再有技能，也很难得到施展的空间。既然人情关系如此重要，那么怎样去获得人情关系呢？要想获得人情关系，就要学会使用各种途径和方法积累人情，厚植人情，这样关键的时候才能为你所用。因此，你现在“厚积”的人情关系，将是你以后遭遇危难时的避风港。

人际高手都有良好的人情关系，一个“好人情关系网”关系到求人办事能不能顺利地达到目的，不要与人失去联络，不要等到有麻烦时才想到别人。“关系”就像一把刀，常常磨才不会生锈。在人际交往中，情感交流是最重要的基础，彼此付出情感，自然会缩短心理距离，建立融洽的人际关系。如果在日常交往中你只注重功利性，却忽略情感付出，就无法起到联络感情的作用。总之，要想处理好人际关系，就要真心的付出情感，这样才能真正起到积累“人情”的作用。

观察一个成功人士的生活我们就会发现，他们通常都会有很好的人情关系，而这也正是成功的基础。人情关系越好，成功的机率也就越大；人情关系不好，你就很难成功。人情关系是靠自己主动建立的，是需要用心去维护的。不要抱怨在你困难时没人帮助你，也不要责怪他人太没有同情心，其实人情是需要你平常多花时间去“积累”的，否则你只能感叹“用时方恨少”。

要想有一个四通八达的人情关系网络，就要善于开发，每一个人都可能成为你成功路上有益的人。人情资源是由点到面，由一棵小树到一片森林，既而成为林海，那时你就能在林中休息，坐享其成了。因此，当你拥有了一定数量的人情资源，就等于拥有了一张进入成功和财富之门的门票。

早年间，戴笠在当军统头子的时候，每到逢年过节，都会派手下人出去送礼，这礼并非是送给达官贵人，而是送给总统府里的听差、门房、女仆或是文书。尽管他们身份地位低微，也绝不可参加什么国家大事或与总统套近乎，但就是他们却能起到不可小觑的作用。要知道，他们天天在总统身边，他们可以随时进入总统的房间，且对总统情绪的变化，他们也都一清二楚，这些都可以帮助戴笠捕捉住一些小信息；最重要的一点，就是他们可以直接接触到公文，公文在官场中积压是常有的事，有的甚至会搁置一年半载。但戴笠

是不敢轻举妄动总统的东西的。不过，那些清洁女工就不一样了，她们只要利用几分钟的便利，随手将戴笠的公文翻出，放到最上面就万事大吉。因此说人情对于每个人都很重要。

每个人要想成功都不可能单枪匹马，都要借助他人的力量，老奸巨滑的政客戴笠也不例外。这也告诉每一个向往成功的人，千万要重视你的人情关系，这可是所有成功者必备的秘籍。

厚积人情，成就自己事业

在现代社会，面对世事纷繁、人心不古，我们怎么才能在越来越复杂的社会中站稳脚跟，呼风唤雨，左右逢源，一帆风顺地逐步完善自己的人生呢？要想求人办事，免不了拉关系套人情。要办事，先求人，不论亲疏远近，在求人时都需要一定的人情关系。因此在求人办事时不妨学学“厚积人情”，也就是在平时就要广结人情，那么在你遇到困难时别人才会伸出援手，努力帮你解决。

是啊，要想求人办事时不遭到他人的拒绝，就必须在平时的生活中学会“厚积”。常言道：临事求人，不如退而结“网”，因此“厚积”就是人情之本。从一个更宽广的层面上来说，“厚积人情”也表明了你有非常好的人际关系。

人生在世，人情关系能够很大程度的帮助我们。经商，人情关系是钱；从政，人情关系是权；在家，人情关系是和谐；出门，人情关系是安全；办事，人情关系是成功；休闲，人情关系是欢愉。对于遭遇困难的人来说，人情关系可以让我们轻易得到帮助，因此，为你的人生积累一点吧。

说白了，人情关系其实就是人际关系网。人生活在这个世界上，难免会同各种各样的人打交道，更免不了使用各种各样的关系来为自己办事。人情关系在人生的整个过程中无疑是最重要的一笔资源。

著名的成功学大师卡耐基曾经说过这样一句话：一个人要想取得成功，专业知识的作用只占15%，而其余的85%则取决于人际关系。

世界首富比尔·盖茨的成就举世瞩目，其实他在20岁时签到了第一份合约，而且这份合约是跟当时全世界第一电脑公司——IBM签的。

在当时，比尔·盖茨只不过是一个在校读书的大学生，没有什么人脉资源。他是怎样钓到这条大"鱼"的呢？原来，比尔·盖茨之所以能够签到这一大单，中间有一个中介人——比尔·盖茨的母亲。比尔·盖茨的母亲当时是IBM的董事会董事，妈妈介绍儿子认识董事长，这是很合情合理的事情。这一次跟IBM的签约，奠定了比尔·盖茨事业成功的第一块基石。可以说，他正是借助妈妈找到了自己人生的贵人，最终成就了自己的事业。

谁是你的贵人？谁能帮你办事？都难逃一个"情"字。但是，"情"要深，贵人才有可能帮你把事办好。想培养深厚的人情并非是朝夕之功。这需要长时间的付出，就像是照顾一盆昂贵的兰花一样，需要长时间的细心照料和管理。别等到遇到了麻烦，才想起要去找别人。这就是人们常说的"闲时不烧香，忙来抱佛脚"。所以，亲朋之间常常往来进行感情投资还是非常有必要的。

正所谓"有付出，才有收获"，这是世间永恒的真理。不愿付出，只想收获的人，就好像守株待兔一样，最后一无所获、一无所有。只有平常厚积人情，用时自有贵人相助。

总而言之，有个"好的人情关系"，你就可以实现人生设计中的多种构想；融入"好的人情关系"的人堆里，会大大增强你的人际网络能量；没有"好的人情关系"，则到处受挫，举步难行。其实，只要你不断建立好的人情关系，同时提高自己的办事能力，这样就能在生活和工作中左右逢源，处处称心！

7.把握好身边的人脉

一个人之所以能够取得大的成就，不在于他个人的力量有多大，而在于他能够获得多少人的帮助。没有人可以脱离他人而独自成功，要想使自己的事业越做越大，就必须懂得怎样与他人合作，取他人之长补自己之短。在通往成功的道路上，如果能够借助他人的智慧，借助朋友的关系，依靠贵人的实力，成就一番大事业就会更容易！

朋友是人生中能够依赖的人脉财富

现代社会中，那些善于编织人际关系网的交际高手总是乐于雇用朋友的朋友，提携玩友或牌友的儿子，拉拢每一位将来可能对自己有利的人。如此一来，当自己需要他人帮助的时候，手上早就积攒了一堆现成的人情债可以借，并且通常都不费吹灰之力。

生活在这个世界上，谁都离不开朋友。多交一个朋友就等于多一条路，在你遭遇困难之时，是朋友们伸出了援手；若失去了朋友，你一定就会陷入孤立无助之中。朋友，是每个人人生中的巨大财富，是关键时刻能够依靠的人脉大树。

在杰克·伦敦十四岁的时候，他借钱买了一条小船，开始偷捕牡蛎。但是，他很快就被水上巡逻队抓住，被罚去做劳工。杰克·伦敦痛恨监狱的生活，最终想办法逃了出来，此后就开始走上流浪水手的道路。过了两年这样的生活后，杰克·伦敦跟随姐夫一起来到阿拉斯加，加入当时庞大的淘金者队伍。在这里，他结交到很多朋友。他这些朋友一大部分都是美国的贫苦大众，尽管生活艰辛，可是在他们的言行举止中依然充满了生命的热情与和谐的气氛。

在杰克·伦敦的众多朋友中，有一位叫坎里南的中年人，他来自芝加哥，他的辛酸经历就足够写一本厚厚的书。每次听到他的故事，杰克·伦敦都会潸然泪下，这些故事也激发了杰克·伦敦的创作灵感，于是他开始给自己设立目标：写作，写淘金者们的生活。

在朋友坎里南的热心帮助下，杰克·伦敦边工作边看书学习。到1899年的时候，年仅23岁的杰克·伦敦创作了处女作《给猎人》，接着又出版了小说集《狼之子》。他的作品都是以淘金工人的艰苦生活作为主题的，所以，受到了很多中下层人士的喜爱。杰克·伦敦逐渐走上了成功的道路，伴随着他图书的畅销，也为他带来了巨大的利益。

在最开始的时候，杰克·伦敦始终都想着和他同甘共苦的淘金朋友们，就是因为他们的生活他才有了写作的灵感和素材。他一有时间就去看望他的穷朋友们，和他们一起聊天、喝酒。但是随着财富数字的增加，杰克·伦救对钱也更加看重了，他还公开发表声明说他是为了钱才创作。而且，他自己的生活也越来越豪华奢侈，他拼命地挥霍着自己的钱。曾经的穷朋友早被他忘到了脑后，什么有难同当、有福共享都不过是空话、套话。

有一次，好朋友坎里南专程赶到芝加哥来看望他，可他的大多数时间都在忙于应酬各种宴会、酒席和建造他的豪宅，对坎里南不冷不热。再也感受不到从前温情的坎里南毅然离开了。逐渐地，杰克·伦敦的淘金朋友们都不再和他来往了。

没有了那些穷朋友，也就没有了创作的源泉，同时也就失去了财富的源泉，杰克·伦敦的创作思维枯竭了，他已经没有办法再写作一部出色的作品了。处在这样的日子里简直是煎熬，没过多久，处于精神和金钱双重危机的杰克·伦敦在自己的住处里用一把左轮手枪结束了自己年轻的生命。

成功和死亡就在这一念之差，而这其中的关键——朋友，起了重大的作用。就是因为杰克·伦敦开始对朋友的珍惜和情谊，才开启了他创作的成功之路；但是，在金钱与朋友之间他渐渐迷失了方向，抛弃了那些曾经与他一同经历风雨的朋友，同时也就选择了一条通向死亡的道路。

虽然我们每个人都知道，朋友多了路好走，但是千万别做忘恩负义的事，因为那既伤害朋友又伤害自己。珍惜你身边的每位朋友吧，也许有一天他们其中的某一位能在关键时刻帮你打造通向成功的路。

人脉是金，朋友多了事好办

现代人常说“有了关系，事就好办；没有关系，事就难办”。其实，很多时候，你所遭遇到的问题仅仅依靠个人的力量是无法解决的。不过，朋友多了会帮你出主意、出人力、出物力、出财力，与你一同寻找解决之道，于是你前方的路就变得更加宽广了。

年轻的人寿保险推销员威尔逊来自蓝领家庭，他平时的朋友不多。保林加先生是一位很优秀的保险顾问，而且拥有许多非常赚钱的商业渠道。他生长在富裕家庭中，他的同学和朋友都是学有专长的社会精英。威尔逊和保林加生活在两个完全不同的世界里，如果他们的业绩有差别，那么威尔逊自身因素确实应该承担一定的责任：没有人际网络，也不知道该如何建立网络，如何与来自不同背景的人打交道，而且少有人缘。一个偶然的机会，威尔逊参加了开拓人际关系的课程训练。受课程启发，他开始有意识地和在保险领域颇有建树的保林加联系，并且和保林加建立了良好的私人关系。他通过保林加认识了很多人，更让他欣喜的，他也由此打开了事业的新局面。

正如世界首富比尔·盖茨曾经说过的这句话："永远不要靠自己一个人花100%的力量，而要靠100个人花每个人1%的力量。"一个成功者，通常可以带动和影响他身边的人，他也能够理解和接受他们，使彼此之间的关系更融洽，达到很好的互动。就好比一匹好马能带你去到你向往的地方，一个好朋友也能带你实现你的愿望。

对于一个拥有强大人脉资源的人来说，他拥有的人脉资源不但广而且深。平时这些人脉资源能够使他比别人更迅速地获得有价值的信息，并进而转换成为升迁机会或者财富；在危急或关键时刻，这些人脉资源还能够使他转危为安。

魏师傅从工厂下岗两年多了，不过现在他又上班了。让他想不到的是，这次居然是工作主动找他的，当然这还得益于几年前魏师傅结识的一位朋友。

五年前魏师傅为了给儿子筹集上大学的学费，决定将自己的房子出租。在出租房子时，魏师傅认识了一家房屋中介公司的赵女士。在会谈中，双方商谈得很愉快。魏师傅把家搬到了别的地方，与赵女士的公司离得远了，双方联系得也少了。

不久后，魏师傅工作的厂子破产，个人承包之后，魏师傅下岗了，赋闲在家。一次魏师傅去河西办事，遇到了赵女士，双方聊了起来。在得知魏师傅下岗在家待业后，赵女士说自己的公司正在扩大，需要一个办理产权手续的员工，不知道魏师傅是否愿意屈就。魏师傅想，他们只是为了出租房子打过几次交道，双方又有好长时间未曾谋面，便以为这是一句客套话，并未往心里去，只是口头应承着说回家考虑一下。

不成想，魏师傅刚办好事回到家，赵女士就打电话问他是否下个星期就能上班。赵女士说，办房产手续对公司而言是一个重要岗位，交给陌生人不放心，魏师傅是个热心肠，又是熟人，如果方便的话，可以马上上班。过了一周，魏师傅就到赵女士的公司去上班了。如今赵女士的公司又扩大了，魏师傅成了河西分部的经理。

魏师傅深有感触地说："有了朋友这事情就好办，这话一点儿也不假呀。"

由上述可知，人脉资源对我们的人生起着重要的作用。曾经担任美国某大铁路公司总裁的A. H. 史密斯说过这样一句话："铁路的95%是人，5%是铁。"美国钢铁大王及成功学大师卡耐基经过长期研究得出结论说："专业知识在一个人成功中的作用只占15%，而其余的85%则取决于人际关系。"人生就是如此，你认识的朋友越多，你成功的机会就越多，你的人脉层次越高，你的钱就会来得又多又快。

办事不顺利的时候，有的人经常会埋怨说："若是我有足够多的关系，肯定能更加顺利地完成这件事！"其实，只要你和那些关键人物有所联系，那你有事情想要去请他帮助的时候，他就一定能及时伸出援手。这种与关键人物取得联系的有利条件，就是好人脉所拥有的巨大推动力。事实上，你编织的关系网越宽广，你做起事来就越方便，正如先人流传下来的"朝中有人好办事"。由上述可知，构建丰富有效的人脉网络能够帮助我们战胜人生道路上的很多坎坷，并且让我们所走的路变得平坦，直到获得成功。